Praxis Sprache 5

Herausgegeben von Wolfgang Menzel

Erarbeitet von Ute Hirth
Angelika Kluger
Roswitha Radisch
Günter Rudolph
Jürgen Schäfer

Illustriert von Konrad Eyferth

1 Blaue Ziffern kennzeichnen Aufgaben zur Differenzierung.

Die Lupe verweist auf Seiten aus anderen Kapiteln,
die die Lernbereiche funktional miteinander verzahnen.

Druck A 5 4 3 2 1 / Jahr 2008 07 06 05 04

Alle Drucke der Serie A sind im Unterricht parallel verwendbar.

Lektorat: Regina Nußbaum, Michael Rücker
Typographisches Konzept: Sandra Grünberg, Thomas Schröder
Lay-out und Herstellung: Sandra Grünberg
Umschlaggestaltung: Konrad Eyferth, Thomas Schröder
Druck und Bindung: westermann druck GmbH, Braunschweig

ISBN 3-14-**12 0685**-6

Praxis Sprache

5 Sprechen · Schreiben · Lesen

westermann

Praxis Sprechen, Schreiben, Lesen

8 Texte lesen – Texte verstehen

8 **Leise lesen – Sinn erfassen**
8 Aussagen über Schülerinnen und Schüler zuordnen
9 Fragen aus Texten beantworten
10 Texte und Bilder einander zuordnen
11 Texte mit unbekannten Wörtern erfassen
12 **Lautes Lesen**
12 Beim Vorlesen an den richtigen Stellen Pausen machen
13 Mit verteilten Rollen lesen – richtig betonen
14 Mutig sein – ausdrucksvoll lesen
15 Sinngestaltend lesen

16 Über mich und andere: Heimat

16 **Ich und andere**
16 Andere kennen lernen
17 Ich bin ich – Ein Selbstporträt
18 Ein Gedicht verstehen – ein Parallelgedicht schreiben
19 Ärger mit dem Ärger
21 **Erkundungen in Sachen Heimat**
21 Meine Heimat
23 Informationsmaterial beschaffen
27 Als Fachmann über ein Thema sprechen
29 Einen Brief oder eine E-Mail schreiben
30 **Einfach sagenhaft**
31 Merkmale von Sagen
33 Eine Sage lesen und verstehen
35 Ein Gedicht gestaltend vortragen
36 Sagenhafte Flurnamen – Sagenhafte „Spurensuche"

38 Entdeckungen in der Geschichte und in der Natur

38 **Entdeckungen in der Geschichte**
38 Sich in Texten informieren – Texte verstehen
42 Von einer Reise berichten
44 Von Abenteuern erzählen
46 Sprachliche Mittel beim Erzählen
48 Sich in Sachtexten informieren
50 Eine Kochanleitung schreiben
52 **Entdeckungen in der Natur**
52 Tiere beobachten und beschreiben
55 Eine Suchanzeige verfassen
57 Mit Rucksack und Kompass in den Wald – ein Gespräch
59 Verhaltensregeln formulieren
60 Ein Bild lesen und interpretieren
62 Einen Fachvortrag halten – Die Waldohreule
64 **Mit Gedichten durchs Jahr**
64 Kreatives Schreiben
67 Umschreiben von Gedichten
68 Sprachliche Gestaltungsmittel in Gedichten

70 Märchenhaftes und Unglaubliches

70 **Märchen**
71 Von Märchen erzählen
78 Ein Märchen und seine Bausteine
80 Erkennungsmerkmale von Märchen
82 Märchen schreiben – anschaulich erzählen
84 **Vorhang auf: Das Spiel mit Licht und Schatten**
84 Die Vorbereitung
85 Szenen schreiben
87 Die Aufführung
88 **Fantastische Begegnungen**
88 Eine Geschichte lesen und lebendig werden lassen
90 Zu einem Bild eine Fantasiegeschichte schreiben
92 Eine Geschichte aus veränderter Perspektive erzählen

96 Die Welt der Bücher und Bibliotheken

96 **Die Welt der Bücher und Bibliotheken**
96 Spurensuche – oder: Wissen wollen, wie es weitergeht
99 Einen Besuch in der Bibliothek vorbereiten
100 Eine Bibliothek erkunden
101 Nachschlagen, suchen, finden: Kataloge in Bibliotheken
104 Ein Jugendbuch vorstellen
106 EDV-Kataloge – Ein Buch mit dem PC ermitteln
108 Ein Kinderbuch rettet Wale

112 Reise in die Vergangenheit

112 **Namen**
112 Vornamen
114 Nachnamen/Familiennamen
115 Der Familienstammbaum
116 Orts- und Flurnamen
119 **Die Herkunft unserer Wörter**
119 Fremdwörter
121 Erbwörter und Lehnwörter

Schritt für Schritt: Wort – Satz – Text

126 Praxis Rechtschreiben

126 **Vokale – Konsonanten**
126 Buchstaben und Laute
127 Kurze und lange Vokale
128 Das h, mit dem wir Silben trennen
129 **Ein Konsonant – zwei Konsonanten**
130 Üben von Wörtern mit ff, ll, mm, nn, rr, ss, tt
131 Doppelkonsonanten in Wortfamilien
132 Strategie: Langform bilden
133 Auch tz und ck sind Doppelkonsonanten
134 **Wörter mit Dehnungs-h**
136 Kleine Texte zum Üben mit h-Wörtern
137 **Die Umlaute ä und äu**
138 Strategie: verwandte Wortformen bilden
139 **Wörter mit -ig, -lich und -isch**
141 **Wann schreibt man ß und wann ss?**
142 **Die Silbentrennung bei ck, pf, st, tz**
143 **Die Großschreibung von Substantiven (Nomen)**
144 **Erkennungszeichen von Substantiven (Nomen)**
146 Erkennungszeichen: Artikel
147 Erkennungszeichen: Pronomen
148 Erkennungszeichen: Adjektive
149 Erkennungszeichen: versteckte Artikel
150 Erkennungszeichen: Suffixe
151 **Übungstexte zur Großschreibung**
152 **Aus Adjektiven können Substantive (Nomen) werden**
153 **Aus Verben können Substantive (Nomen) werden**
154 **Getrennt- und Zusammenschreibung**
154 Immer getrennt: Substantiv + Verb
156 **Das Komma bei der Aufzählung von Wörtern**
157 **Das Komma zwischen Haupt- und Nebensatz**
159 **Die Satzzeichen der direkten (wörtlichen) Rede**
162 Übungstexte zu den Satzzeichen
163 **Teste dein Rechtschreibwissen!**

164 Praxis Grammatik

164 **Wichtige Wortarten wiederholen**
165 **Die Substantive (Nomen)**
167 Singular und Plural
169 Die vier Fälle
171 **Artikel**
173 Das grammatische Geschlecht
175 **Pronomen**
175 Personalpronomen
177 Possessivpronomen
178 Anredepronomen in Briefen
179 **Verben**
182 **Zeitformen**
183 Wie die Zeitformen in Texten verwendet werden
186 **Wie die Zeitformen gebildet werden**
187 **Adjektive**
191 Mit Adjektiven kann man vergleichen und unterscheiden
192 **Wo ist ein Satz zu Ende?**
193 **Satzglieder ermitteln**
193 Adverbiale
195 Das Subjekt
198 Das Prädikat
201 **Das Dativobjekt**
202 **Das Akkusativobjekt**
203 **Dativ- oder Akkusativobjekt?**
204 **Genitivobjekt – ein seltenes Objekt**
205 **Das Attribut**
206 **Satzverbindung und Satzgefüge**
209 **Wortfamilien**
209 Menschen gründen Familien – Wörter auch
212 **Zusammengesetzte Wörter**
214 **Abgeleitete Wörter**
214 Präfixe
216 Suffixe
218 **Arbeit an Wortfeldern**
218 Wortfeld: gehen
220 Wortfeld gesucht!
221 **Ordnung der Wörter nach Ober- und Unterbegriffen**
223 **Teste dein Grammatikwissen!**

224 Gewusst wie: Arbeitstechniken

224 **Gewusst wie: Einen Text erarbeiten**
228 **Gewusst wie: Gesprächsregeln**
228 Tipps für gute Gespräche
229 **Gewusst wie: Einen Text überarbeiten**
229 Gedanken und direkte (wörtliche) Rede
232 Treffende Adjektive
233 Wiederholungen
234 Wirkungsvolle Satzanfänge
235 Eine interessante Überschrift finden
236 **Wörter berichtigen**
238 **Mit dem Wörterbuch arbeiten**
238 Fremdwörter nachschlagen
240 Nachschlagspiele

242 **Fachausdrücke der Grammatik und Rechtschreibung**
Lösungen
Quellen

Leise lesen – Sinn erfassen

Aussagen über Schülerinnen und Schüler zuordnen

Olivers Meinung:
Tom ist zwölf Jahre alt. Das ist vielleicht ein angeberischer Typ! Immer muss er die tollsten Klamotten haben! Und ein Streber ist er auch. Herumstreiten tut er sich zwar selten. Meistens ist er ja ziemlich nett. Beliebt ist er trotzdem nicht …

Pauls Meinung:
Tom ist zwölf Jahre alt. Zugegeben, er ist zwar manchmal etwas angeberisch und er trägt auch gern die neuesten Sachen. Aber er ist in fast allen Fächern der Beste. Und er mag auch keinen Streit und ist immer hilfsbereit. Leider ist er nicht sehr beliebt …

A: … Aber für mich ist er der beste Freund.

B: … Und ich möchte ihn nie und nimmer zu meinem Freund haben.

1 Lies dir diese beiden Texte genau durch.
Entscheide dann, wer von beiden, Oliver oder Paul, am Schluss die Sätze A und B gesagt hat.

2 Kannst du deine Entscheidung auch begründen?
Sprecht gemeinsam darüber!

Charlottes Meinung:
Janina ist elf Jahre alt. Für ihr Alter ist sie noch ziemlich klein. Aber das macht ihr nicht viel aus. Sie ist nämlich sehr kräftig. Und wer sich mit ihr anlegt, dem zeigt sie, dass sie sich nicht so leicht etwas gefallen lässt. Sie kann sich gut durchsetzen …

Kiras Meinung:
Janina ist elf Jahre alt. Sie ist ein bisschen winzig geraten. Aber im Streiten ist sie ganz groß. Wehe, man legt sich mit ihr an! Dann kann sie richtig fuchsteufelswild werden. Sie kann sich einfach nichts gefallen lassen! Immer ist sie obenauf …

A: … Ich bewundere sie.

B: … Ich kann nicht sagen, dass ich sie besonders mag.

3 Wer von beiden, Charlotte oder Kira, könnte die Sätze A und B gesagt haben? Versuche deine Entscheidung auch zu begründen.

Fragen aus Texten beantworten

1 Lies dir den Text A aufmerksam durch:

Die Kinder haben heute Buntstiftzeichnungen angefertigt. Sie haben Herbstblätter abgemalt, die sie draußen gesammelt hatten. Da Lena und Jakob nebeneinander sitzen, können sie sich mit ihren Stiften manchmal aushelfen. Lena hat nämlich nicht so einen schönen gelbroten Stift wie Jakob. Und Jakob hat nicht dieses wunderbare Dunkelbraun, das in Lenas Kasten ist. Und für Herbstblätter braucht man nun einmal vor allem rote und gelbe, braune und vielleicht auch grüne Farben. Und natürlich auch ein Orange. Aber das haben beide in ihrem Buntstiftkasten. – Als sie ihre schönen Bilder in gelber, brauner und gelbroter Farbe fertig gemalt haben, packen sie ihre Stifte wieder ein. Da merkt Lena, dass ihr ein Buntstift fehlt. Welche Farbe fehlt ihr wohl?

2 Beantworte jetzt die Frage am Schluss des Textes. Sicher musst du das Ganze noch einmal lesen.

Die Kinder schauen sich ihre bunten Zeichnungen an. Lena hat schöne große Blätter gemalt, ein gelbes Kastanienblatt, ein rotes Ahornblatt, das aber noch nicht ganz fertig geworden ist, und ein grünes Birkenblatt – und dazu drei glänzende braune Kastanien. Jakob hat sechs kleinere Blätter gemalt: gelbrote Rosen-, braune Brombeer- und gelbe Weidenblätter. Jetzt brauchen sie den Haufen bunter Herbstblätter, der auf dem Tisch liegt, nicht mehr. Jakob wirft alle Blätter in den Papierkorb. Da schreit Lena: „Nein, noch nicht! Hol das eine wieder raus! Ich bin doch noch gar nicht fertig!“ Jakob sieht sich Lenas Bild noch einmal an und holt das Blatt wieder heraus. Welches Blatt eigentlich?

3 Auch diesen Text musst du sicherlich zweimal lesen, wenn du die Frage beantworten willst.

C

Auf einmal kommt Joschka dazu und sieht sich Lenas und Jakobs Bild an. „Find ich nicht gut!“, sagt er. „Herbstblätter sollen doch schön bunt sein. Da ist ja Grün drauf!“ Jakob protestiert: „Sag mal, spinnst du? Ich habe doch gar kein Grün benutzt.“ Hat er Recht oder nicht?

4 Hat nun Jakob Recht? Und welches Bild könnte Joschka gemeint haben? Dazu musst du die Texte A und B sicherlich noch einmal genau lesen.

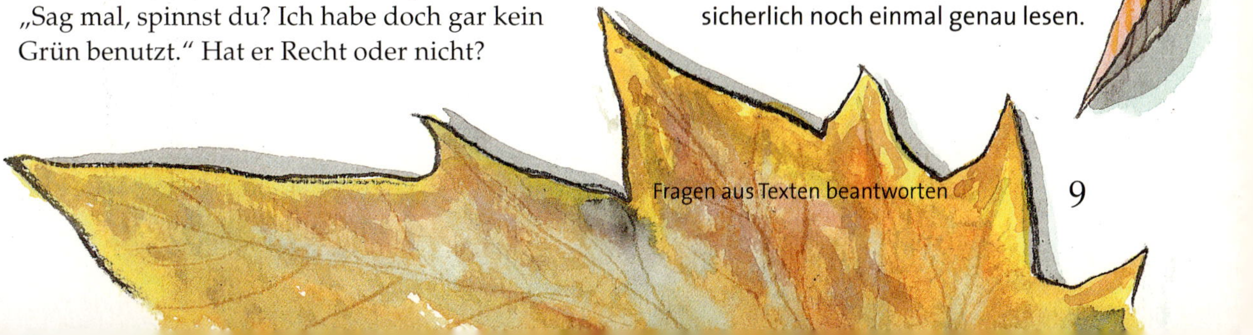

Texte und Bilder einander zuordnen

Buchfink
Der Buchfink ist etwa 15 cm groß. Das Männchen hat eine auffällig rötlich-braune Brust. Der Rücken ist kastanienbraun. Die Flügel haben deutliche weiße Streifen. Der Schwanz ist farbig gestreift. Das Weibchen ist weniger auffällig gefärbt. Der Schnabel des Buchfinks ist kurz und kräftig. Die Zähne sind scharf und spitz. Seine Stimme: ein lauter, schmetternder Gesang.

Sperling (Spatz)
Das Sperlingmännchen hat einen dunkelgrauen Scheitel, einen kastanienbraunen Nacken und einen schwarzen Fleck auf der Kehle, der beim Weibchen fehlt. Brust und Bauch sind grau, Rücken und Flügel mattbraun mit hellen Streifen. Der Sperling hat nur ein Auge. Sein bräunlicher Schnabel ist kurz und kräftig. Der Sperling ist knapp 15 cm groß. Stimme: geschwätziges Zirpen und Tschilpen.

Amsel (Schwarzdrossel)
Das Männchen ist schwarz mit spitzem, leuchtend orangegelbem Schnabel und einem hellen Ring um die Augen. Das Weibchen ist dunkelbraun mit etwas heller gefleckter Kehle und braunem Schnabel. Amselweibchen haben keine Federn. Auf dem Boden hüpft die Amsel mit beiden Beinen zugleich. Sie wird etwa 25 cm groß. Stimme: melodisches Flöten.

Elster
Die Elster wird bis zu 45 cm groß. Ihr Kopf und ihr Hals sind tiefschwarz, Schultern und Bauch leuchtend weiß. Der Schnabel ist schwarzgrau. Die Elster hat einen auffällig langen Schwanz. Ihre Tatzen sehen so ähnlich aus wie die einer Katze. Stimme: lautes und schnelles Schackern und Krächzen.

1 Beantworte folgende Fragen:
- * Welcher Text gehört zu welchem Bild?
- * Welcher der Vögel ist am größten?
- * Welcher Vogel hat wohl die schönste Stimme?
- * Bei welchen Vögeln unterscheiden sich äußerlich die Männchen von den Weibchen?

2 In jedem Text ist ein Satz, der nicht stimmt. Suche diese Sätze heraus.

Texte mit unbekannten Wörtern erfassen

Schalokkis mit Remotenjucke

Das ist ein Essen, das jeder schon einmal gegessen hat. Natürlich wird es in Wirklichkeit anders genannt. Aber wenn man gut aufpasst, versteht man auch so, was gemeint ist. Also: Die fadendünnen Schalokkis lässt man in kochendem Salzwasser etwa 15 Minuten lang ziehen. Dann schüttet man sie in ein Sieb, sodass das Wasser abtropfen kann. Etwas Butter oder Olivenöl darauf – und die Schalokkis sind fertig. Darüber kommt eine heiße Jucke aus frischen Remoten oder Remotenmark, die man mit Sahne andickt. Wer geriebenen Käse mag, kann ihn darüber streuen. Und jetzt: Bissen für Bissen um die Gabel gewickelt und schlupf, sind sie im Mund.

1 In diesem Text findest du einige Fantasiewörter. Lass dich beim Lesen nicht von ihnen irritieren! Wenn du immer weiter liest, bekommst du den Sinn der Sache heraus. Kannst du aus dem Zusammenhang ermitteln, was die komischen Wörter bedeuten?
* Was sind *Schalokkis*?
* Was sind *Remoten*?
* Was bedeutet *Jucke*?
* Und was ist dann also *Remotenjucke*?

Palles mit Toschi

Palles mit Toschi hat jeder schon einmal gegessen. Wo? Na, auf dem Jahrmarkt oder am Kiosk. Die Verkäuferin schüttet dort eine Portion Palles in ein Sieb und hält es für ein paar Minuten in das heiße Fett. Das zischt! Dann nimmt sie einen Pappteller, manchmal auch eine Papiertüte und füllt die Palles da hinein. Meistens fragt sie dich: „Rot oder weiß?“ Oder sie fragt: „Mit Ketschup oder mit Toschi?“ Du willst sie lieber weiß! Also drückt sie auf die Tube und gibt dir, was du dir gewünscht hast. „Lass es dir schmecken!“, sagt sie noch – und reicht dir eine Serviette, damit du dir nachher den Mund abwischen kannst.

2 Lass dich von den komischen Wörtern nicht durcheinander bringen! Wenn du dir den Text vorliest, merkst du sicher, um was für ein Essen es sich hier handelt.
* Was sind *Palles* und was *Toschi*?
* Und was bedeutet hier *rot* und *weiß*?

3 Welche Bilder gehören zu welchen Texten? Ein Bild gehört zu keinem Text!

Lautes Lesen

Beim Vorlesen an den richtigen Stellen Pausen machen

Das Kinderzimmer aufräumen

Carlotta hängt neue Poster auf den Fußboden
macht sie sauber das Regal
räumt sie auf das Bett
schüttelt sie auf die Schultasche
stellt sie ordentlich in die Ecke
den Papierkorb schüttet sie aus auf dem Schreibtisch
macht sie Ordnung ganz fürchterlich
sah es bei ihr aus dem Besuch
kann sie jetzt endlich beweisen,
wie ordentlich sie ist.

Den Keller aufräumen

Das macht Timo mit seinem Freund Jan
geht er in den Keller und stellt
die Fahrräder an die Wand und in den Werkzeugschrank
räumt er das Werkzeug ein unter der Treppe
holt er den alten Müllsack vor die leeren Flaschen
packt er hinein in seine Hosentasche
steckt er sich eine Zange und Jan
findet einen Schraubenschlüssel in seiner Hosentasche
ist der viel besser aufgehoben wer weiß
ob man ihn nicht mal gebrauchen kann!

1 Diese beiden Texte solltest du zuerst einmal so lesen, wie sie da stehen, von Zeile zu Zeile. Das klingt natürlich komisch. Aber du sollst ja auch Spaß an dem Unsinn haben.

2 Nun aber sollst du sie in einem zweiten Durchgang so lesen, dass sie Sinn machen. Da musst du natürlich darauf achten, **wo** du die richtigen Pausen machst. Meistens ist das nicht am Ende einer Zeile, sondern irgendwo mitten in den Zeilen. Versuche es einmal!

3 Wenn du die Texte kopierst oder abschreibst, kannst du natürlich auch Pausenzeichen einsetzen:
Carlotta hängt neue Poster auf | den Fußboden
macht sie sauber | das Regal …

Mit verteilten Rollen lesen – richtig betonen

Wo warst du denn die ganze Zeit?
Ich glaube, der Hund muss mal Gassi.
Dein Bruder muss den Hund mal ausführen.

Ich war vorhin gerade mit dem Hund draußen.
Ich war vorhin gerade mit dem Hund draußen.
Ich war vorhin gerade mit dem Hund draußen.

Kommst du mal zu uns?
Joschi spielt doch auch mit.

Nein, ich spiele nicht mit.
Aber ich spiele nicht mit.

Wo wart ihr denn heute?
Wir waren gestern im Kino.

Wir waren heute im Kino.
Und wir waren heute im Kino.

Habt ihr zu Hause ein Haustier?
Ich habe zu Hause einen großen Hund.

Ja, wir haben einen kleinen Hund.
Und wir haben einen kleinen Hund.

Hast du mich gestern nicht gesehen?
Ich habe dich gestern in der Stadt gesehen.

Nein, ich habe dich nicht gesehen.
Aber ich habe dich nicht gesehen.

Was isst du denn am liebsten?
Ich mag am liebsten Spaghetti mit Ketschup.

Ich esse am liebsten Milchreis.
Und ich esse am liebsten Milchreis.

Was hast du denn da an?
Ich mag am liebsten meine alten Turnschuhe.

Ich habe mir neue Turnschuhe gekauft.
Ich habe mir neue Turnschuhe gekauft.

Kannst du nicht heute mal zu mir kommen?
Sehen wir uns bald einmal wieder?

Ja, ich besuche dich morgen.
Nein, ich besuche dich morgen.

Was suchst du denn da?
Ich habe eine neue Uhr bekommen.

Ich habe meine neue Uhr verloren.
Und ich habe meine neue Uhr verloren.

Was ist das denn Schönes?
Ich habe eine Katzengeschichte geschrieben.
Ich habe meine Katze gezeichnet.

Ich habe ein Bild von meiner Katze gemalt.
Und ich habe ein Bild von meiner Katze gemalt.
Und ich habe ein Bild von meiner Katze gemalt.

1 Das ist eine Leseübung mit Partner.
Ein Kind liest immer die Sätze auf der linken Seite
und das andere die auf der rechten.
Auf der rechten Seite stehen nun Sätze,
die immer **fast** gleich aussehen.
Aber jedesmal wird ein anderes Wort betont.
Die Betonung richtet sich nämlich danach,
was der andere gesagt hat.

2 Probiert das Lesen nun
zu zweit einmal aus!
Achtet gegenseitig darauf,
ob die Betonung auch stimmt.
Wechselt dann die Rollen.

Mutig sein – ausdrucksvoll lesen

S. 35

Traust du dich | ↱ einen Murkel zu fratzen? ||
Traust du dich | ↱ einen Murkel zu fratzen? ||
Traust du dich | ↱ einen Murkel zu fratzen? ||

Nein, nein, nein! | Ich kann das nicht! ||
Nein, nein, nein! | Das ↱ kann ich nicht! ||
Nein, nein, nein! | Ich ↱ kann das nicht! ||

Die „Lesezeichen" bedeuten:
– Das unterstrichene Wort soll betont werden.
– Ein Strich (|) bedeutet:
kleine Pause; ein Doppelstrich (||): große Pause.
– Der Pfeil ↱ bedeutet:
Hier darf man die Stimme nicht absinken lassen.

1 So kannst du üben:
- Suche dir einen Partner oder eine Partnerin.
- Einer liest die Fragen leise durch, einer die Antworten. Achtet auf die Zeichen fürs Lesen!
- Lest jetzt die Sätze zusammen: einer die Fragen, einer die Antworten. Achtet aber genau auf die Betonungszeichen! Jedesmal sollen Fragen und Antworten etwas anders klingen.

2 In einem zweiten Leseversuch solltet ihr jetzt die Fragen und Antworten auch gefühlsmäßig auf verschiedene Weisen ausdrücken:
- geheimnisvoll, fast flüsternd
- ängstlich, leise, zitternd
- wütend, laut, schreiend
- witzig, lachend, kichernd
- und, wenn ihr wollt, noch mit anderen Gefühlen.

3 Macht ähnliche Leseproben auch mit folgenden Unsinnversen:

Dauster, wonn ich dich verknügle!
Dir in doine Protzen bügle!
Hauderwetsch, wenn ich dich packe,
knoll ich dir ne Rox ans Schlacke!

Jümmer wühnen! Jümmer ochzen!
Jümmer muss ich treunen, schlochzen!
Moine Nüse trüpfelt schurig.
Och, mir üst ersutzlich trurig!

In der grummel Flotterlucht
unterm Broch – schluchzt eine Gucht.
Zorgt und murkt und schluttert mich.
Uh! Wie brust das gruselig!

Sinngestaltend lesen

Die beiden Radfahrer

Ein Radfahrer ↱ wollte auf einer Brücke ↱ über einen Bach hinüber. ||
Zu gleicher Zeit ↱ wollte ein anderer Radfahrer ↱ herüber. ||
Mitten auf der Brücke | trafen sie sich. ||
Sie konnten aber nicht aneinander vorbei; ↱ |
denn die Brücke | war viel zu schmal. ||
Der eine klingelte. |
Der andere ↱ klingelte auch. ||

Der eine sagte:
„Fahr zurück! Ich war zuerst auf der Brücke!"
Der andere sagte:
„Fahr du doch zurück! Ich war zuerst da!"
Der Erste fragte:
„Wie soll ich denn zurückfahren? Ich kann doch hier nicht wenden?"
Der andere erwiderte:
„Dann schieb doch dein Fahrrad rückwärts!"
So stritten sie lange miteinander.
Aber keiner wollte nachgeben.
Auf einmal fuhren sie mit ihren Fahrrädern aufeinander los.
Die Räder krachten und die Lenker schepperten.
Da fielen sie beide in den Bach hinunter und wurden platschnass.
Das hatten sie nun davon!

Wolfgang Menzel nach Johann Peter Hebel

1 Wenn du diesen Text gut vorlesen kannst, wirst du deinen Zuhörern sicherlich Freude bereiten. Dafür musst du aber üben! Und üben heißt: den Text für das Vorlesen vorbereiten. Vor allem musst du ihn dir selbst immer wieder **laut** vorlesen.

2 Im ersten Abschnitt sind die „Lesezeichen" schon eingefügt:
- wo du kleinere (|) und größere Pausen (||) machen solltest;
- welche Wörter du besonders betonen solltest (sie sind unterstrichen);
- wo du die Stimme nicht absinken lassen darfst (↱).

Diese Zeichen solltest du im zweiten Abschnitt auch einsetzen (auf Folie oder auf einer Kopie).

Ich und andere

Andere kennen lernen

Herzlich willkommen in der 5. Klasse!
Sicher lernt ihr in diesem Schuljahr mit vielen neuen Mitschülern gemeinsam. Damit das gut funktioniert, solltet ihr euch besser kennen lernen. Die folgenden Anregungen können euch dabei helfen.

„Ich kenn dich doch" – Ein Spiel

Bei diesem Spiel gehen alle Mitspielerinnen und Mitspieler zu schöner Musik im Klassenraum herum.
Wenn die Musik stoppt, sucht man sich einen Partner oder eine Partnerin, die man noch nicht so gut kennt.
Erfragt den Namen, erkundigt euch nach Hobbys, nach Geschwistern, nach Lieblingsmusikgruppen usw.
Wenn die Musik wieder ertönt, geht ihr weiter. Beim nächsten Stoppen der Musik sucht ihr euch wieder euren „alten" Partner/eure Partnerin. Nach der Begrüßung mit „Ich kenn dich doch, du bist …" erzählt ihr eurem Gegenüber alles, was ihr von eurer ersten Befragung behalten habt.

Interviews führen

Wichtige Informationen über eure Mitschülerinnen und Mitschüler könnt ihr auch durch Interviews erhalten. Allerdings solltet ihr euch zuvor schon einmal Gedanken darüber machen, was ihr gern erfahren möchtet.

1 Überlege dir Fragen für dein Interview.
Notiere dir diese Fragen oder Stichwörter auf einem Notizzettel.

2 Die Ergebnisse aus den Interviews stellt ihr anschließend in der Klasse vor. Das könnt ihr mit Hilfe eurer Notizen mündlich tun.
Oder: Ihr gestaltet mit euren Stichwörtern einen **Steckbrief**.
Überlegt, wie ihr eure Ergebnisse übersichtlich anordnen könnt.
Ein Foto würde euer Porträt sicher gut ergänzen.

Ich bin ich – Ein Selbstporträt

1 Erstelle nun einen Steckbrief über dich. Versuche es einmal mit einer anderen Gestaltung, die etwas mehr Zeit benötigt:
- Hefte ein weißes Blatt Papier an die Tafel.
- Stell dich davor und lass deinen Kopf seitlich von den Strahlen des Tageslichtprojektors beleuchten.
- Lass einen Mitschüler die Umrisse deines Kopfes (das Profil) zeichnen.
- Schneide nun dein Profil aus und schreibe deine persönlichen Steckbriefdaten hinein.

2 Zu einem Selbstporträt gehören nicht nur Äußerlichkeiten. Finde heraus, welche Eigenschaften **du** besitzt. Suche dir dazu von den folgenden Adjektiven acht aus, die deiner Meinung nach auf dich zutreffen. Begründe deine Auswahl. Schreibe die Begründung im Satz in dein Heft.
hilfsbereit: Wenn ein Mitschüler etwas nicht versteht, erkläre ich es ihm gerne.

S. 187

cool	faul	gutmütig	lustig	schlau	nachdenklich
ehrlich	fleißig	hilfsbereit	musikalisch	sportlich	wild
einfallsreich	frech	humorvoll	mutig	stark	witzig
erfinderisch	fröhlich	kratzbürstig	nett	still	oft wütend
ernst	gesellig	laut	ordentlich	strebsam	zaghaft
etwas verrückt	gut gelaunt	lebhaft	ruhig	streitsüchtig	zänkisch
fantasievoll		lieb		verlässlich	

3 Nun zeige deinen Mitschülern, welche Eigenschaften du besitzt. Suche dir einen Partner, der dir hilft. Lege dich auf ein Stück Tapete. Dein Partner zeichnet einen Umriss von dir. Schneide den Umriss aus und schreibe die Eigenschaften hinein, die du für dich herausgefunden hast.

4 Heftet eure Selbstporträts an die Wand. Erklärt, warum ihr gerade diese Eigenschaften für euch selbst ausgewählt habt. Dazu könnt ihr auf eure Begründungen aus Aufgabe 2 zurückgreifen.

5 Vielleicht kennt ihr euch nun schon etwas besser und könnt gegenseitig noch weitere Eigenschaften ergänzen, die ihr bei euren Mitschülern kennen gelernt habt.

Ein Gedicht verstehen – ein Parallelgedicht schreiben

1 Lest euch das folgende Gedicht einmal laut vor.
Ihr könnt es auch mehrmals lesen.

Sieben Seelen

Ich will euch erzählen
von meinen sieben Seelen.
Die erste ist fleißig,
die zweite ist faul,
die dritte will reden,
die vierte hält's Maul,
die fünfte ist feige,
die sechste hat Mut,
die siebente mahnt sie:
Nun vertragt euch mal gut!
Meine sieben Seelen sind so verschieden
wie du und ich.
Und doch ergeben sie
zusammen:
mich.

Roswitha Fröhlich

2 Hier ist von **sieben** Seelen die Rede.
Hat man denn nicht nur eine Seele?
Wie versteht **ihr** das?

3 Schaut euch einmal genauer an, wie dieses Gedicht aufgebaut ist.
- Wenn ihr genau lest, könnt ihr Paare ausfindig machen. Woran könnt ihr sie erkennen?
- Die siebte Seele hat eine ganz besondere Aufgabe! Welche ist das?
- Was stellt ihr fest, wenn ihr euch das erste und das letzte Wort anschaut?

4 Schreibt ihr nun einmal ein Parallelgedicht.
- Erzählt darin, welche Seelen ihr bei euch ausfindig macht. Wie viele Paare findet ihr?
- Möchtet ihr auch einer Seele eine besondere Aufgabe geben?
- Achtet darauf, dass eure Gedichte in der ersten Zeile mit **Ich** beginnen und in der letzten Zeile mit **mich** enden.

lachen weinen
traurig froh
… …

Ärger mit dem Ärger

1 Schaut euch die folgende Situation einmal aufmerksam an.

Sebastian geht in der Pause an seinen Platz zurück. Dabei streift er ohne es zu merken mit seinem Ärmel Florians Federmappe. Die fällt zu Boden und kippt aus.

Florian ist sauer:

Eh, du Blödmann, du spinnst wohl!

Sebastian entgegnet verwundert:

Ich habe doch gar nichts getan!

Florian wird langsam wütend:

Was heißt hier nichts getan? Das lasse ich mir nicht gefallen, dass du einfach meine Federmappe runterwirfst und meine Stifte kaputtmachst!

Auch in Sebastian steigt nun allmählich Wut auf:

2 Ergänze das Gespräch. Wie könnte es ausgehen?
Schreibe den Ablauf in dein Heft.
Denke an die Zeichensetzung bei der direkten Rede.
Lest eure Ergebnisse anschließend vor. Was stellt ihr fest?

S. 160

3 Versucht einmal Gründe dafür zu finden, warum Florian gleich so wütend geworden ist. Tauscht eure Ideen aus.

Vielleicht ist es ja nicht das erste Mal, dass Sebastian Florians Mappe herunterwirft …

Es könnte ja sein, dass Florian heute sowieso einen schlechten Tag hat. Und dann passiert das auch noch mit seiner Mappe …

4 Versetzt euch auch einmal in die Situation von Sebastian. Wie mag er sich fühlen? Was mag er denken?

So was Blödes aber auch! Hab ich doch gar nicht extra gemacht. Der stellt sich vielleicht an, der Typ!

5 Findet nun einmal gemeinsam eine andere Lösung für den Konflikt von Florian und Sebastian:
Es soll ein versöhnlicher Schluss sein. Ein Schluss, den man eigentlich nach dem bisherigen Verlauf des Gesprächs nicht erwartet.
Überlegt dazu:
– Was müssten die beiden Jungen anders machen?
– Wie könnten sie aufeinander reagieren?

6 Arbeitet mit einem Partner und schreibt einmal auf, wie solch ein versöhnlicher Dialog lauten könnte.

7 Vergleicht eure Ergebnisse anschließend in der Klasse. Welche Gemeinsamkeiten/Unterschiede stellt ihr fest?

Die Klasse 5a der Mittelschule Frankenberg hat darüber diskutiert, wie das Zusammenleben in der Klasse besser funktionieren kann. Sie haben sich dazu verschiedene Regeln aufgestellt:

Wir lassen den anderen zu Wort kommen und hören zu.

Wir brausen nicht gleich auf, wenn jemandem mal ein Missgeschick passiert.

Wir entschuldigen uns für ein Missgeschick oder einen Fehler.

8 Wie haben die Schülerinnen und Schüler ihre Regeln formuliert, damit sich **alle** angesprochen fühlen?

S. 228

9 Formuliert nun eure Regeln für das Zusammenleben in der Klasse. Sammelt zunächst einmal Stichwörter, damit ihr wisst, was euch wichtig ist:
zuhören, ausreden lassen, höflich sein,
niemanden beschimpfen,
andere Meinungen zulassen …

10 Formuliert jetzt eure Regeln.
Überlegt auch, wie ihr sie anschließend groß (lesbar!) und für alle übersichtlich in der Klasse anbringen möchtet.

Erkundungen in Sachen Heimat

Meine Heimat

1 Führt in eurer Klasse einmal folgendes Experiment durch:
- Jeder von euch schließt einmal für eine Minute die Augen und denkt über das Wort **Heimat** nach.
- Anschließend schreibt jeder spontan **fünf Stichwörter** auf, die euch rund um das Thema **Heimat** einfallen.

2 Tauscht eure Ideen in der Klasse aus.

Alexander und Robert haben sich in den Ferien kennen gelernt. Nun möchte Robert noch mehr von Alexander wissen und schreibt ihm eine E-Mail:

Heimat

Löschen Antworten An alle Weiterleiten Drucken

Von: Robert <Robbe@datenfundus.de>
Datum: Mi, 24.August 200... 15:44:05 Europe/Dresden
An: "Alexander (E-Mail)" <Alexander.grenz@yxk.de>
Betreff: Heimat

Hallo, lieber Alexander,

heute schicke ich dir mal eine E-Mail, denn die Post dauert mir zu lange.
Was du mir neulich über dich und deine Kumpels erzählt hast, finde ich cool. Weißt du, ich möchte dich gerne einmal in deiner Heimat besuchen. Vielleicht kann ich ja dann auch mal deine Clique kennen lernen? Und können wir dann auch mal Tischtennis spielen in eurer Turnhalle? Da ich auch ein toller Linksaußen in meinem Fußballverein bin, würde ich gerne auch in deiner Fußballmannschaft mitspielen. Außerdem könnte ich meine Angel mitbringen, damit wir an dem kleinen Bach, den du mir so genau beschrieben hast, angeln gehen können. Gibt es bei euch eigentlich auch einen Zeltplatz?
Wenn das Wetter nicht mitspielt, können wir ja ins Kino gehen oder ins Schwimmbad.
Was kann man denn bei euch sonst noch so alles machen?
Ich freue mich schon darauf, etwas von dir zu hören.
Viele Grüße – und bis bald

Robert

3 Sprecht darüber, was Robert unter **Heimat** versteht.
- Was genau interessiert ihn?
- Was möchte er unbedingt kennen lernen?

4 Auch im folgenden Lied geht es um das Thema **Heimat**.
Lest es euch zunächst einmal durch.

Das Haus mit blanken Fenstern, mein Zimmer unterm Dach,
die Schwalbe, die ihr Nest gebaut, am Wiesenrain der Bach

Im Garten all die Blumen, das Beet, das ich bestellt,
der Löwenzahn am Wegesrand, das leuchtend gelbe Feld

Die Freunde auf dem Schulweg, der Sportplatz und das Bad,
der Weg, den ich erkunde mit meinem neuen Rad:
Das ist meine Heimat.

nach Irmgard Krauthoff

5 Was gehört für die Verfasserin dieses Liedtextes alles zur Heimat?
Zählt einmal auf.

6 Sammle nun einmal in einem Gedankenschwarm (Cluster), was für dich **Heimat** bedeutet.
So kannst du vorgehen:
- Schreibe das Wort Heimat groß in die Mitte eines Blattes und kreise es ein.
- Notiere deine Gedanken dazu ringsherum in Stichwörtern.
- Schreibe nicht nur sichtbare Dinge auf, sondern auch etwas, das du dir vorstellst: Gedanken, Gefühle, Erinnerungen, Geräusche ...

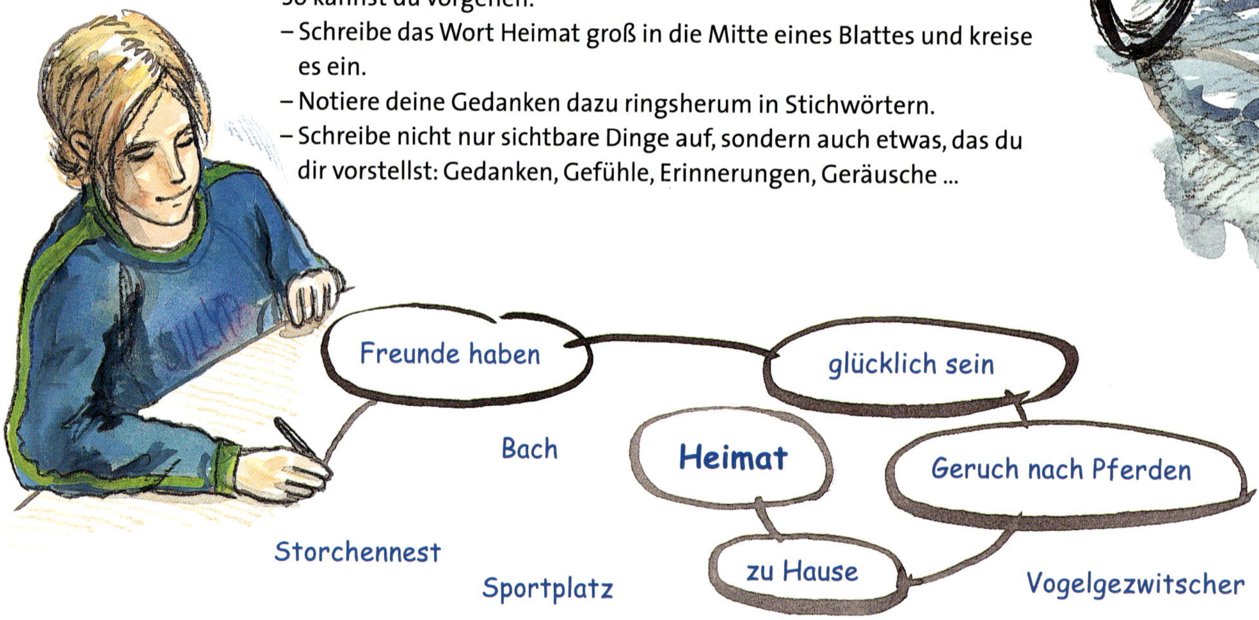

7 Schreibe nun mit Hilfe deines Gedankenschwarms einen kleinen Text zum Thema **Heimat**. Dazu kannst du Begriffe, die besonders eng zusammengehören, einkreisen und durch eine Kette miteinander verbinden.
So hast du schon gleich eine richtige Orientierungshilfe für deinen Text.

Informationsmaterial beschaffen

1 Erkundet nun euren Heimatort etwas genauer. Ihr könnt ...
- in einem Reiseführer nachschlagen (eventuell aus der Bibliothek ausleihen); S. 99
- aus der Tageszeitung eurer Region („Thüringer Allgemeine", „Freie Presse", „Schweriner Volkszeitung", „Potsdamer Neueste Nachrichten") Artikel heraussuchen, die über eure Heimat Auskunft geben;
- euch im Internet informieren. Geht auf die Homepage eures Wohnortes oder einer Stadt in der Umgebung. Zu welchen Bereichen findet ihr Informationen?

2 Wenn ihr zum Beispiel Informationen zu Potsdam sucht, könnt ihr unter folgender Adresse im Internet recherchieren: http://www.potsdam.de
Welche Informationen erhaltet ihr hier? Tauscht euch darüber aus.

3 Auch beim Fremdenverkehrsamt könnt ihr fündig werden.
Schaut euch dazu die Abbildung an.
Welche Informationen erhaltet ihr hier?

4 In der Tourist-Information (**i**) bekommt man auch Stadtpläne.
Suche auf dem Stadtplan von Potsdam,
wo sich das Fremdenverkehrsamt befindet.

5 Stell dir vor, du willst einem Touristen den Weg vom Fremdenverkehrsamt zum Planetarium beschreiben.
Du kannst ihm auch ein kleines Zettelchen mitgeben.

- Suche den Ausgangspunkt und den Endpunkt des Weges.
- Finde heraus, auf welchen Straßen (Straßennamen beachten!) du zum Endpunkt kommst.
- Bedenke, dass es mehrere Möglichkeiten geben kann. Entscheide dich für eine Variante.
- Suche markante Punkte (z. B. Gebäude) auf dem Weg zum Ziel. Vergiss sie nicht in deiner Wegbeschreibung.
- Achte auf die Richtung der Straßen (rechts, links, geradeaus). An Kreuzungen münden mehrere Straßen. Es kann hilfreich sein, sie zu benennen.

> Ausgangspunkt:
> Tourist-Information **i**
> Friedrich-Ebert-Straße
> ...

6 Stellt euch nun eure Ergebnisse vor.
Prüft auch nach, ob eure Beschreibungen zum Ziel führen.

7 Stell dir vor, du bist als Reporter oder Detektiv in Sachen Heimat unterwegs. Reporter nutzen für ihre Recherche z. B. das Interview (siehe Seite 18). Aber auch durch Telefonieren gelangen sie an Informationen. Bereite dich auf ein solches Telefongespräch vor. Folgendes musst du beachten:

- Suche im Telefonbuch die Telefonnummer deines Ansprechpartners.
- Schreibe Vorwahl- und Telefonnummer auf.
- Überlege, was dein Anliegen ist, und bereite gemeinsam mit einem Partner einen Stichwortzettel mit Fragen vor (siehe Interview auf Seite 18).
- Achte auch auf eine freundliche Begrüßung.
- Nenne deinen Namen und formuliere dein Anliegen. Nun kannst du deine Fragen stellen.
- Verabschiede dich höflich und bedanke dich für das Gespräch.
- Denke daran, dass auch dein Partner als Experte Antwort geben muss.

8 Besonders effektiv ist die Informationsbeschaffung in Form von Teamarbeit. Jeder übernimmt einen bestimmten Bereich, z. B.:

a) Freizeitmöglichkeiten
b) Sehenswürdigkeiten
c) Erzeugnisse aus der Landwirtschaft
d) Das Leben eines Künstlers
e) Geschichtliches
f) Sportliches
g) ...

9 Überlegt nun, welche Formen der Informationsbeschaffung (Internet, Reiseführer, Touristeninformation, Telefonieren ...) ihr nutzen möchtet. Dann kann eure Arbeit beginnen.

Mittweida
(0 37 27)

Stadtverwaltung

Stadtverwaltung Mittweida	**9 67 - 0**
Markt 32	
Fax 9 67 - 1 80	
http://www.mittweida.de	
E-Mail: Stadtverwaltung@mittweida.de	
Sekretariat Bürgermeister	**96 71 01**
Bürgertelefon	**96 75 00**
Hauptamt	**96 71 03**
· Personal	**96 71 30**
Kämmerei	**96 72 01**
Fax 96 71 81	
· Stadtkasse	**96 72 13**
· Kommunale Abgaben	**96 72 03**
· Liegenschaften	**96 73 40**
Ordnungsamt	**96 71 41**
Fax 96 71 83	
· Ordnungsangel.	**96 71 47**
· Einwohner-meldestelle	**96 71 49**
· Standesamt	**96 71 51**
· Wirtschafts-förderung	**96 73 32**
· Gewerbe-angelegenheiten	**96 73 13**
Fax 96 71 82	
Schul-verwaltungs-, Kulturamt, Soziales	**96 74 01**
Fax 96 71 86	
· Schulverwaltung	**96 74 16**
· Kultur-angelegenheiten	**96 74 02**
· Soziales	**96 74 12**
Bauamt	**96 73 21**
Fax 96 71 84	
· Bauordnung	**96 73 23**
· Stadtplanung	**96 73 00**
· Verkehrs-angelegenheiten	**96 73 10**
· Tiefbau	**96 73 12**
· Bauhof Leiter	**96 73 46**
Fremden-verkehrsamt	**96 73 50**
Fax 96 71 85	
Gerätehaus FFw	**96 71 55**
Bauhof	**22 66**
Chemnitzer Str. 13 a	
Fax 61 24 61	
Stadtgärtnerei	**32 18**
Ortschafts-verwaltung Frankenau	**93 03 41**
Ortschafts-verwaltung Ringethal	**24 21**
Ortschafts-verwaltung Lauenhain	**9 28 84**
Stadtarchiv	**96 74 07**
Stadtbibliothek	**96 74 20**
Pfarrberg 1	
Museum	**34 50**
Kirchberg 3	
Fax 97 96 16	
Städtisches Freizeitzentrum	**6 29 50 - 0**
Sport- und Bäderbetrieb/ Sporthalle	**9 99 70**
· Schwimmbad	**29 85**

Als Fachmann über ein Thema sprechen

1 Präsentiert nun die Ergebnisse eurer Heimatrecherche anhand eines Vortrags. Bezieht dabei einen Stadt- oder Ortsplan und andere Anschauungsmaterialien (Fotos, Zeichnungen, Zeitungsartikel usw.) mit ein. Ein Plakat kann euren Vortrag eindrucksvoll ergänzen. Vielleicht könnt ihr im Kunsterziehungsunterricht das Plakat vorbereiten.
Auch die nachstehenden Tipps können euch helfen.

1. Sortieren der gesammelten Informationen

- Zuerst solltet ihr kurz das Thema eures Vortrages beschreiben.

- Anschließend müsst ihr die verschiedenen Informationen nach einzelnen Überschriften sortieren, damit ihr euch nicht wiederholt oder alles durcheinander bringt.
  In eurem Fall könnten die Überschriften heißen:
  Wo lebe ich?
  Welche Sehenswürdigkeiten gibt es in meiner Heimat?
  Was kann ich alles in der Freizeit unternehmen?

- Schreibt nun die geordneten Informationen auf Stichwortkarten.
  Das hilft euch später, wenn ihr beim Vortragen einmal etwas vergessen habt.

- Überlegt euch auch einen passenden Schluss: Zum Ende eures Vortrags solltet ihr noch einmal zusammenfassen, was euch besonders wichtig gewesen ist.
  Erkundigt euch auch bei euren Zuhörern, ob sie noch Fragen haben.

2. Anschauungsmaterial vorbereiten

Ihr möchtet sicher, dass das Publikum euren Vortrag gespannt verfolgt. Also solltet ihr eure Informationen interessant präsentieren. Folgende Hilfsmittel könnt ihr einsetzen:

- Bilder (z. B. Prospekte, Poster, vergrößerte Zeichnungen, Folien, Dias)
- Tonaufnahmen (Ausschnitte auf Kassette oder CD)
- eventuell kurze Videoausschnitte
- mitgebrachte Originalgegenstände

♦ Am besten notiert ihr auf euren Stichwortkarten in einer anderen Farbe, an welchen Stellen ihr euer Anschauungsmaterial einsetzen möchtet.

3. Den Vortrag halten

So ein Vortrag wird nicht etwa von Anfang bis zum Ende nur vom Blatt abgelesen, sondern – wie der Name schon sagt – vorgetragen. Ihr seid ja inzwischen Experten für euer Spezialgebiet zum Thema „Heimat" geworden.
Da fällt es euch bestimmt nicht mehr so schwer, die Mitschüler und Mitschülerinnen kurz in euer Spezialgebiet einzuführen.

Hinweise für den richtigen Auftritt:

♦ Trainiert am besten schon zu Hause mit den Stichwortkarten.

♦ Funktionieren Overhead-Projektor, CD-Spieler oder Videorekorder, damit ihr euer Anschauungsmaterial auch einsetzen könnt?

♦ Schreibt das Thema eures Vortrags an die Tafel.

♦ Wartet, bis euch alle zuhören.

♦ Sprecht langsam, laut und deutlich zu eurem Publikum.

♦ Seht eure Zuhörer unbedingt während des Vortrags an, auch wenn ihr zwischendurch einmal etwas vorlesen wollt.

Einen Brief oder eine E-Mail schreiben

1 Schau dir noch einmal die E-Mail von Robert auf Seite 21 an.

2 Du weißt nun so viel über deine Heimat, dass du Robert in einem Brief oder in einer E-Mail antworten kannst:
- Teile ihm mit, welche Plätze du ihm unbedingt zeigen willst.
- Was genau kannst du ihm zu den Freizeitangeboten in deinem Heimatort sagen?
- Wo triffst du dich immer mit deinen Freunden?
- In welchen Vereinen bist du? Wohin wirst du ihn mitnehmen?
- …

3 Wie beginnst du deinen Brief? Begründe deine Entscheidung.

Sehr geehrter Robert, Werter Robert, Mein lieber Robert,

Hallo Robert, Mein allerliebster Robert, Lieber Robert, Verehrter Robert,

Potsdam, den …

??????????????,

ich freue mich schon riesig auf deinen Besuch in den Herbstferien. Alles ist schon bestens für dich vorbereitet. Soll ich dir schon mal verraten, was …
…
…
…

??????????????

4 Mit welcher Grußformel beendest du deinen Brief?

Tschüss, bis bald Mit freundlichen Grüßen Mach's gut

Alles Liebe Es grüßt dich ganz herzlich dein Viele Grüße

Einfach sagenhaft

Merkmale von Sagen

1 Vielleicht seid ihr bei der Informationsbeschaffung rund um eure Heimat auf Geschichten gestoßen, die etwas Sagenhaftes an sich haben. Lest dazu einmal das folgende Gedicht.

Sagen

Wenn man ins Sagenreich spaziert
Der Pfad der Wahrheit sich verliert
Wenn Menschen ungewöhnlich handeln
Und dunkle Mächte gern verwandeln
Wo mystisch magisch Kräfte walten
Da trifft man seltsame Gestalten

Hexen, Drachen, Riesen, Geister
Bewohnen zahlreich dieses Land
Kobold, Zwerge, Zaubermeister
Die gehen ihnen oft zur Hand

Wiesen, Seen, Berge, Felder
Nur die Natur ist ihr zu Haus
Sümpfe, Höhlen, tiefe Wälder
Dort hecken sie was Dunkles aus

Neben all den vielen Bösen
In dieser sagenhaften Welt
Gibt es auch noch gute Wesen
Darunter oft ein starker Held

König, Kaiser, Ritter, Feen
Die müssen mutig und mit List
Manche Prüfung überstehen
Dass Unheil abgewendet ist

Sagen, die sind frei erfunden
Sie sind, wie jedermann bekannt
Nicht an Tatsachen gebunden
Geschichten aus dem Märchenland

Doch eines kann man nicht bestreiten
Die Sage lässt sich gern begleiten
Von wahren, unleugbaren Rahmen
Wie Orte, Länder, Zeiten, Namen

Und sei er noch so klein und fern
In jeder steckt ein wahrer Kern

Michael Seiterle

2 Stellt einmal zusammen, was ihr über Sagen erfahrt. Arbeitet zu zweit und notiert euch dazu Stichwörter. Tauscht euch anschließend in der Klasse aus.

3 Auch im folgenden Text erfahrt ihr etwas über die Merkmale von Sagen.
Lest ihn aufmerksam durch.

4 Jetzt kannst du bestimmt die folgende Übersicht über Sagen vervollständigen.
Übertrage sie in dein Heft und ergänze die fehlenden Informationen.
Vergleicht anschließend in der Klasse.

Eine Sage lesen und verstehen

1 Lest die Sage vom Kaiser Barbarossa zunächst einmal leise.
- Tauscht euch anschließend in der Klasse darüber aus, was ihr behalten habt.
- Auch über Wörter und Textstellen, die ihr nicht gleich verstanden habt, könnt ihr euch verständigen.

Die Barbarossa-Sage

Der alte Kaiser Friedrich I. Barbarossa (sprich: Friedrich der Erste Barbarossa) ist durch einen geheimnisvollen Zauber in ein unterirdisches Schloss des Kyffhäuserberges versetzt worden. Dort sitzt er schlafend auf einem Stuhl von Elfenbein an einem großen, runden Tisch aus Marmorstein, den Kopf in die Hände gestützt. Sein roter Bart leuchtet wie Feuersglut und ist durch den Tisch hindurch bis auf die Füße, ja sogar fast um den ganzen Tisch gewachsen. Damit ihm nichts passiert, wacht der treue Zwerg Alberich. Alberich wartet schon sehr aufgeregt, denn alle hundert Jahre wacht sein Herr auf. Gerade sind wieder die hundert Jahre vergangen und Alberich beobachtet, wie Barbarossa langsam sein gewaltiges Haupt bewegt. Er blinzelt mit den Augen zu ihm hinüber. Er hört, dass Barbarossa in seinen gewaltigen Bart etwas murmelt. Er kennt bereits die Worte. Schnell macht sich der kleine, flinke Zwerg auf, die steilen ausgetretenen Stufen nach oben zu klettern. Vorsichtig lugt er hinaus ins Freie. Doch enttäuscht zieht er sich wieder zurück, denn die schwarzen Raben fliegen und krächzen immer noch um den Berg. Der Rückweg über die steinernen, kalten Stufen fällt ihm schwer. Wieder muss er seinem Kaiser mitteilen, dass es noch nicht so weit ist, in die Welt zurückzukehren, um Frieden und Einheit zu stiften. Barbarossa wird traurig, seufzt und schließt langsam die Augen, um abermals hundert Jahre zu schlafen. Man erzählt sich, dass der Bart des Kaisers erst ganz um den runden Marmortisch gewachsen sein muss, bis das Warten ein Ende hat. Erst dann wird ein stolzer Adler sich in die Lüfte emporschwingen und die hässlichen krächzenden Raben vertreiben. Das ist das Zeichen für Barbarossa, mit seinen gleichsam verzauberten Gefährten hinauf in die Welt zu steigen und dort Gerechtigkeit und Ordnung zu schaffen.

2 Welcher geheimnisvolle Zauber umgibt Kaiser Barbarossa? Lest Textstellen vor, die darüber Auskunft geben.

3 Der treue Zwerg Alberich hat eine ganz besondere Aufgabe. Erklärt sie mit euren eigenen Worten.

4 Nur alle hundert Jahre einmal gibt es die Chance für Barbarossa, befreit zu werden.
- Welche Voraussetzungen müssen erfüllt sein?
- Was hat Barbarossa nach seiner Befreiung vor?

5 Barbarossa und Alberich führen in der Sage ein kleines Gespräch. Spielt diese kleine Szene einmal vor. Macht euch vorab Gedanken darüber, wie die beiden wohl miteinander sprechen, z. B. *murmeln, flüstern, beklagen* …

6 Suche auf der Wanderkarte den Weg von Kelbra zur Burg Kyffhäuser. Beschreibe diesen Weg. Achte auf Wegbezeichnungen, Parkplätze, Gaststätten … Vielleicht könnt ihr einen Wandertag dazu nutzen, die Gegend um den Kyffhäuser zu erkunden.

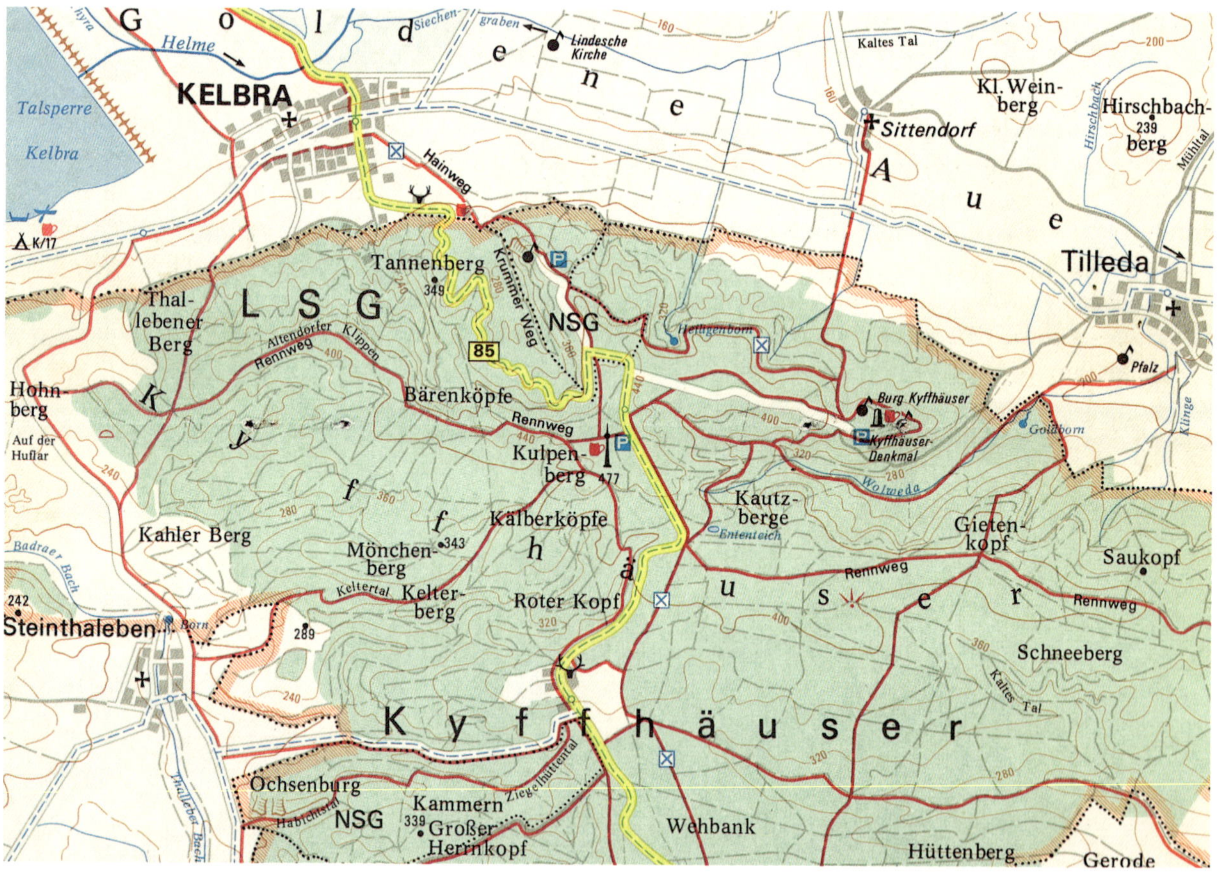

Ein Gedicht gestaltend vortragen

Barbarossa

Der <u>alte</u> Barbarossa, ↱
der <u>Kaiser</u> Friederich, |
im <u>unter</u>irdischen Schlosse ↱
hält er <u>verzaubert</u> sich. ||

Er ist niemals gestorben;
er lebt darin noch jetzt.
Er hat im Schloss verborgen
zum Schlaf sich hingesetzt.

Er hat hinabgenommen
des Reiches Herrlichkeit
und wird einst wiederkommen
mit ihr zu seiner Zeit.

Der Stuhl ist elfenbeinern,
darauf der Kaiser sitzt;
der Tisch ist marmorsteinern
worauf sein Haupt er stützt.

Sein Bart ist nicht von Flachse
er ist von Feuersglut,
ist durch den Tisch gewachsen,
worauf sein Kinn ausruht.

Er nickt als wie im Traume;
sein Aug' halb offen zwinkt,
und je nach langem Raume
er einen Knaben winkt.

Er spricht im Schlaf zum Knaben:
„Geh hin vors Schloß, oh Zwerg,
und sieh, ob noch die Raben
herfliegen um den Berg!

Und wenn die alten Raben
noch fliegen immerdar,
so muss ich auch noch schlafen
verzaubert hundert Jahr."

Friedrich Rückert

1 Bereite dieses Gedicht einmal für einen gestaltenden Lesevortrag vor.
Die erste Strophe haben wir schon einmal vorbereitet.
Nun bist du an der Reihe.
Arbeite am besten mit einer Kopie.

S. 14

- Wenn du einen Text zum Vorlesen vorbereitest, lies ihn zuerst nur für dich (laut oder leise). Tu das einmal, zweimal oder auch dreimal. Dann verstehst du besser, worum es geht.
- Danach markierst du im Text **Lesehilfen**, die dir das Vorlesen erleichtern sollen. Dabei kannst du die Zeichen rechts verwenden oder dir Anmerkungen machen.

Betonung: Wort <u>unterstreichen</u>

Pause: senkrechter Strich |

lange Pause: Doppelstrich ||

Stimme oben lassen: Haltepfeil ↱

Tonfall: geheimnisvoll, murmelnd

Sagenhafte Flurnamen – Sagenhafte „Spurensuche“

S. 117

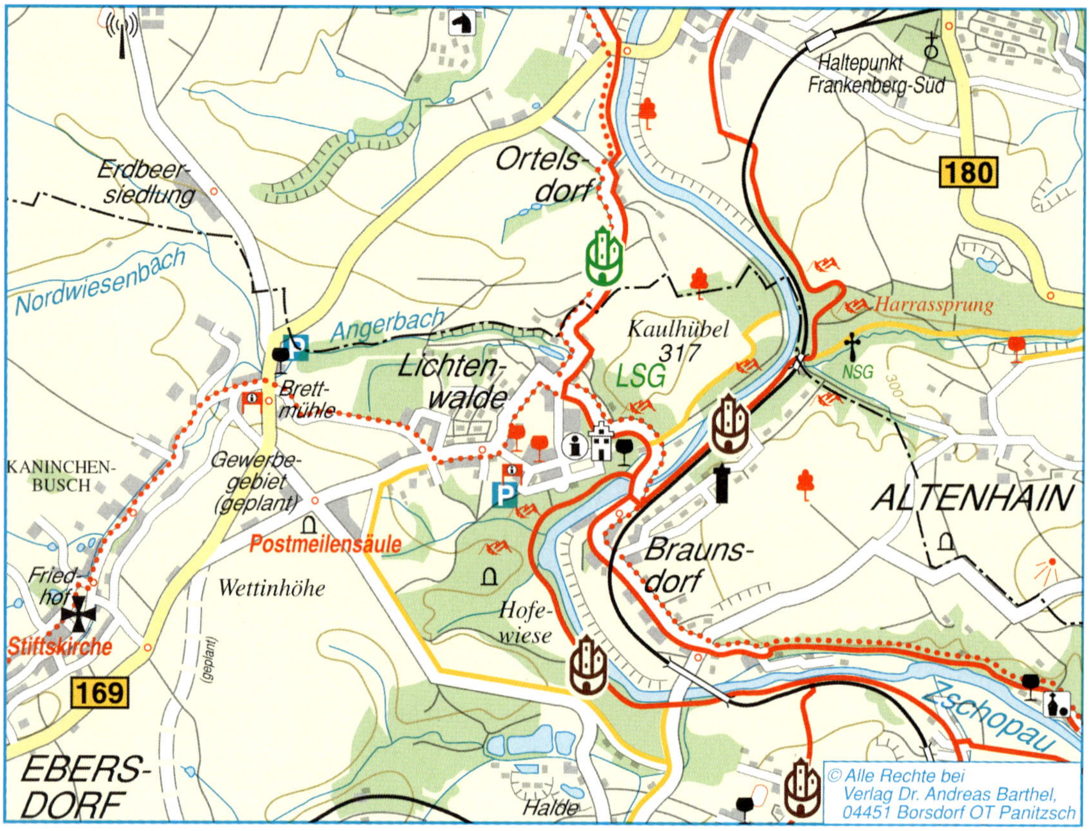

1 Ein romantischer Wanderweg führt von Schloss Lichtenwalde über die Zschopau am Fluss entlang zum Harrasfelsen. Habt ihr den Felsen auf der Wanderkarte gefunden? Die Geschichte, die man sich von ihm erzählt, könnt ihr hier nachlesen.

Harras, der kühne Springer

Zwischen Frankenberg und Lichtenwalde ragt auf dem rechten Ufer der Zschopau ein hoher Fels auf, der „Harrasfelsen“ genannt wird. An ihn knüpft sich folgende Sage.

Der Ritter Harras, der Besitzer von Lichtenwalde, geriet einst mit seinem Nachbarn auf dem Schellenberge in einen gewaltigen Streit. Sie stritten so ernsthaft, dass es um Leben und Tod ging. Als sich nun Harras eines Tages mit seinem Gefolge auf der Jagd rechts der Zschopau befand, wurde er von seinen Feinden überrascht. Erschrocken sah sich Harras einer riesigen Zahl von Kriegern gegenüber. Er war ja nur mit seinen Jagdgesellen unterwegs. Es entspann sich ein furchtbarer Kampf. Die Krieger vom Schellenberge hatten leichtes Spiel, denn Harras' Jagdgesellen waren schnell vernichtet. Mit Schrecken erkannte er, dass nur er als Einziger noch am Leben war. Was sollte er tun?

In wilder Flucht enteilte er, die Verfolger dicht hinter ihm. Er hörte das Schnaufen der Pferde, das Kriegsgeschrei seiner Feinde. Plötzlich wurde es licht vor ihm. Er war auf einer Anhöhe angelangt, von der er vor sich in der Tiefe die Zschopau rauschen hörte. Drüben lag sein Schloss Lichtenwalde. Es war zum Greifen nahe und trotzdem konnte er es nicht erreichen. Es gab keine Rettung mehr. Sollte er in die Hand seiner Feinde fallen und im Turm des Schellenbergers elend umkommen? Nimmermehr! Lieber wollte er einen ehrenvollen Tod in den Wellen der Zschopau suchen. Entschlossen nahm er allen Mut zusammen und stieß seinem braven Ross, das sich wild aufbäumte, die Sporen in die Seiten. Mit Todesverachtung setzte der kühne Ritter zum Sprunge in die unheildrohende Tiefe an. Schaudernd und ehrfurchtsvoll standen seine Feinde auf dem Felsen und beobachteten das grausige Geschehen. Harras wurde von den wild aufspritzenden Wellen der Zschopau verschlungen. Nach anfänglichem Schweigen brachen sie in Siegesgeheul aus. Was war aber das? Sie trauten ihren Augen kaum. Der Siegesschrei verstummte, denn aus den Fluten tauchten Ross und Reiter wieder auf. Sie gelangten wohlbehalten ans andere Ufer. Harras schickte noch einen kurzen Blick hinauf auf den Felsen, wo seine Todfeinde sprachlos und mit Entsetzen standen. Nun konnte er ungehindert zu seinem Schlosse Lichtenwalde reiten.

Bald darauf unternahm er eine Wallfahrt zum Gnadenbilde der Maria in Ebersdorf, um für seine wunderbare Rettung zu danken. Er stiftete ein silbernes Hufeisen, das später durch ein eisernes ersetzt wurde. Dem hohen Felsen gegenüber wurde unter einer mächtigen Eiche ein Denkstein mit der Inschrift „Dem tapferen Springer Ritter von Harras" errichtet. Noch heute steht ein kunstvolles Grabmal in der Kirche zu Ebersdorf, das Dittrich von Harras darstellt. Er soll der kühne Springer gewesen sein.

2 Könnt ihr euch nun erklären, warum der Name *Harrassprung* (s. Wanderkarte) entstanden ist?

3 Lies die Sage. Finde als Sagendetektiv heraus, was der wahre Kern der Sage ist und was man im Laufe der Jahre frei erfunden hat.
Welche Merkmale einer Sage entdeckst du noch?

4 Als Sagendetektiv kannst du dich auf „sagenhafte" Spurensuche machen.
Finde Sagen aus deiner Heimat; schreibe sie auf.
Du kannst auch ein Bild dazu malen.

5 Tragt all eure Sagen zusammen und fertigt ein Buch mit „Heimatsagen" an.

6 Bereite eine Sage deiner Wahl für das laute Vorlesen vor.
Tipps zum Vorbereiten des Textes findest du auf Seite 35.

Entdeckungen in der Geschichte

Sich in Texten informieren – Texte verstehen

S. 224

1 Im folgenden Text erfahrt ihr etwas über die Vorgeschichte der ersten Entdeckungsreise von Kolumbus. Lest euch den Text zunächst still durch.

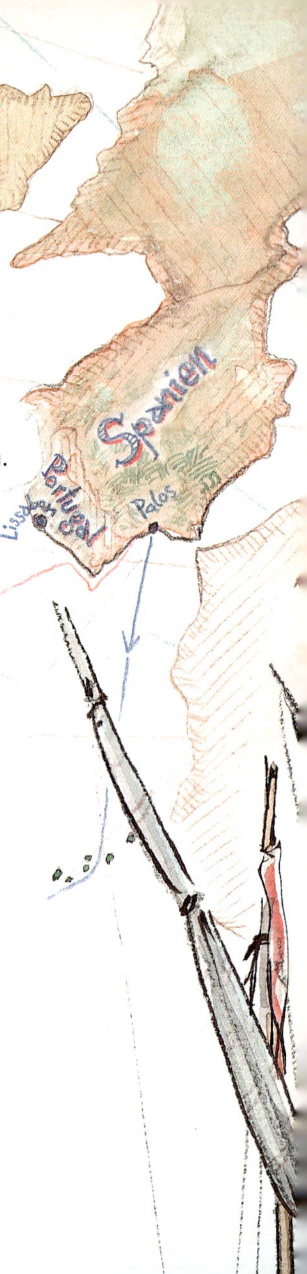

Christoph Kolumbus

Schon immer verspürten manche Menschen den starken Drang in die Ferne oder den heftigen Wunsch Schätze zu finden. Einige trieb einfach der Hunger nach Erlebnissen hinaus in die Welt. Einer der bekanntesten Entdecker ist Christoph Kolumbus.

Er stammte aus der norditalienischen Hafenstadt Genua. Schon in jungen Jahren fuhr er zur See. Im Jahre 1477 siedelte er nach Lissabon (Portugal) über. Dort beschäftigte er sich mit den Gedanken des italienischen Gelehrten Toscanelli. Dieser behauptete, dass die Erde eine Kugel sei und dass man deshalb das reiche Gewürz- und Goldland Indien auf dem Seeweg nach Westen erreichen könnte. Kolumbus war begeistert von der Idee. 1483 bat er den portugiesischen König Johann II. um Geld für eine Seereise nach Indien. Doch der wollte ihn nicht unterstützen. Darum wandte sich Kolumbus an den König von Spanien, der ihm schließlich die Reise finanzierte. Im Juni 1492 reiste Kolumbus in die kleine spanische Hafenstadt Palos, wo er drei Schiffe seeklar machte und die Besatzung anheuerte. Sechs Wochen später wurden die letzten Vorräte an Bord verstaut.

2 Jetzt wisst ihr schon eine Menge über Kolumbus und seine Pläne.
Überprüft nun, was ihr euch gemerkt habt.
Übertragt die folgenden Fragen auf sieben kleine Kärtchen.
Beantwortet die Fragen mit Hilfe des Textes.
Schreibt die Antworten in Stichwörtern auf die Rückseite der Kärtchen.

1) Woher stammte Kolumbus?
2) Wohin siedelte Kolumbus 1477 über?
3) Von welcher Idee war er begeistert?
4) Wen bat er um Geld?
5) Wer finanzierte seine erste Reise?
6) Welche Vorbereitungen musste er treffen?
7) In welchem Jahr begann seine erste große Entdeckungsreise?

3 Habt ihr alles richtig gemacht?
Geht mit euren Kärtchen in der Klasse umher und befragt euch gegenseitig.
Vergleicht eure Antworten.
Geht bei Unstimmigkeiten an den Platz zurück und schaut im Text nach.
Das könnt ihr so lange machen, bis ihr alle Antworten sicher kennt.

Kolumbus hat nun endlich alles beisammen, was er für seine Reise benötigt – das Geld, die Schiffe und die Mannschaft. Das Abenteuer kann beginnen.

4 Lest den folgenden Text *Kolumbus segelt gen Westen* laut vor. Achtet besonders darauf, welche Gedanken und Gefühle die Besatzungsmitglieder während der Reise bewegen.

Kolumbus segelt gen Westen

„Beeilung, und schafft die Ballen hier an Bord der Pinta! Die Niña und die Santa Maria können schon auslaufen", rief ein weißhaariger Mann mit italienischem Akzent. „Dieser Admiral Kolumbus! Er bringt uns noch alle um!", sagte ein Leichtmatrose, „Will er doch tatsächlich Kurs nach Westen nehmen, um nach Osten zu kommen. Eine verrückte Idee! Wie hat er den König und die Königin bloß überreden können, ihm dafür Geld zu geben?" „Das war nicht schwer", meldete sich ein Leichtmatrose, „Ferdinand und Isabella glauben, dass er dort Gold findet, und sie wollen die Herrscher über alle neuen Länder werden, die Kolumbus entdeckt. Wie auch immer, unser Admiral ist der tüchtigste Seefahrer von ganz Spanien. Es wird schon gut gehen."

In den acht Jahren, die Christoph Kolumbus gebraucht hatte, um das Geld für die Reise aufzubringen, hatte er ungezählte Einwände anhören müssen. Jetzt aber wartete er nur noch auf günstige Winde, um mit der Flut auszulaufen. Angeführt von Kolumbus auf der Santa Maria, stach die kleine Flotte mit drei Schiffen am Freitag, dem 3. August 1492, von der spanischen Küste aus in See. Kolumbus glaubte, dass er Indien (Asien) innerhalb von drei Wochen erreichen würde.

Auf den Kanarischen Inseln machte er Halt und nahm Proviant und Wasservorräte für einen Monat an Bord. Am 6. September segelte er gen Westen, in die unerforschten Weiten des Atlantiks. Viele Seeleute weinten, als sie die Küste hinter sich verschwinden sahen. Um ihnen Mut zu machen, ordnete Kolumbus nach wenigen Tagen an, dass nur noch bei Tage gesegelt werden durfte, damit sie nicht vor Indien auf Grund liefen. Außerdem benutzte er einen einfachen Trick, den er in seinem Logbuch (Schiffstagebuch) beschrieb: „Um ihnen die Furcht vor einer allzu langen Fahrt zu nehmen, verringerte ich die Anzahl der bereits zurückgelegten Seemeilen. Sie sollten nicht wissen, wie weit wir uns schon von Spanien entfernt hatten. Für mich selbst habe ich natürlich eine genaue Berechnung angestellt."

Sie kamen rasch voran, erreichten aber nach zwei Wochen nicht, wie erhofft, Indien, sondern die Sargassosee. Die Wasseroberfläche war hier so dicht mit Tang bedeckt, dass die Schiffe nur sehr langsam vorankamen. Sogar die erfahrenen Seeleute bekamen es mit der Angst zu tun. Am 24. September schrieb Kolumbus ins Logbuch: „Sie sagen, es sei Irrsinn, das eigene Leben für die Verrücktheiten eines Fremden zu riskieren."

Zum Glück ertönte am nächsten Tag bei Sonnenuntergang ein Freudenschrei von Martin Pinzón, dem Kapitän der Pinta: „Land in Sicht!" Die Männer vergaßen alle Meutereiabsichten und kletterten in die Takelage. Von dort oben entdeckten auch sie endlich Land. Kolumbus fiel auf die Knie und dankte Gott. …

5 Auf den verschiedenen Etappen der Reise wechseln die Gedanken und Gefühle der Besatzung.
Untersucht in den ersten vier Abschnitten, was den Mitgliedern der Mannschaft im Kopf herumgeht. Nennt entsprechende Textstellen.

War es wirklich Land, was der Kapitän des Schiffes „Pinta" entdeckt hatte?

Nein, was er für einen Küstenstreifen gehalten hatte, waren in Wahrheit Sturmwolken am Horizont.

6 Versetze dich in die Lage eines der Matrosen.
Schreibe alles, was du fühlst – deine Ängste und Sorgen, deine Wünsche und Hoffnungen – in dein Tagebuch.
Verwende die folgenden Informationen:

- Es ist kein Land in Sicht.
- Eure Mannschaft ist nach wochenlanger Fahrt am Ende der Kräfte.
- Das Brot ist schimmlig, das Fleisch von Maden zerfressen.
- Das Trinkwasser stinkt entsetzlich.
- Keiner weiß, ob er seine Familie jemals wiedersieht.

Von einer Reise berichten

1 Lest leise, was weiter geschah.

… zwei Wochen später:

Erst zwei Wochen später mehrten sich Anzeichen für die Nähe des Festlandes. Im Wasser trieb ein Stück Holz, das offensichtlich bearbeitet worden war, und es flog eine Schar von Landvögeln über ihre Köpfe hinweg.

Eines Nachts glaubte Kolumbus, in der Ferne Licht zu sehen. Später gestand er: „Ich brannte so sehr darauf, Land zu sehen, dass ich meinen eigenen Augen nicht traute." Doch er hatte richtig gesehen. Um zwei Uhr in der Frühe ertönte von der Pinta der Böllerschuss einer Kanone – das verabredete Zeichen dafür, dass der Ausguckposten Land gesichtet hatte.

Bei Sonnenaufgang entdeckten die Seeleute eine wunderschöne, bewaldete Insel. Die Lagune, die das Eiland umgab, bildete einen natürlichen Hafen, groß genug „um allen Schiffen Europas Platz zu bieten". Kolumbus ließ sich in einem Beiboot an Land rudern. Die Kapitäne der Pinta und der Niña folgten. Am Strand rollten sie das königliche Banner aus und sprachen Dankgebete. Sie gaben der Insel den Namen „San Salvador".

Auf seiner Reise nach Westen eroberte Kolumbus noch weitere Inseln. Auf der Insel „Hispaniola" (heute „Haiti" und „Dominikanische Republik") ging das Schiff von Kolumbus, die Santa Maria, zu Bruch. Kolumbus ließ 40 Männer auf der Insel zurück, um eine Kolonie zu gründen.

Am 16. Oktober setzten die Pinta und die Niña Segel und brachen zur Heimreise nach Spanien auf. Nach einem Monat auf hoher See gerieten sie in einen gewaltigen Sturm. Riesige Wellen rollten über die Schiffe hinweg und die Seeleute waren auf das Schlimmste gefasst.

Auch Kolumbus fürchtete, dass er ertrinken und die Welt nie von seinen Entdeckungen erfahren würde. Deshalb schrieb er alle wichtigen Ereignisse seiner Reise auf, verschloss den Bericht in einem Fässchen und warf es ins Wasser.

2 Was könnte Kolumbus notiert haben?
Bedenke, er musste sich **kurz fassen**.
Jede weitere Welle konnte das Schiff zerstören.
Für Gedanken und Gefühle war also keine Zeit.
Doch die Nachwelt sollte unbedingt
von seiner Entdeckungsreise erfahren.

3 Lies noch einmal still den gesamten Text „Kolumbus segelt gen Westen“.
Halte die wichtigsten Ereignisse in Form von Stichwörtern fest, z. B.:
Anzahl der Schiffe: drei Schiffe – „Santa Maria", „Niña", „Pinta"
Datum der Abreise, Ziel der Reise
erster Halt – Ort und Zweck
Entdeckungen
Datum der Rückreise
Hindernisse und Gefahren

4 Nun bist du Kolumbus. Vervollständige den folgenden Bericht.
Nutze dazu deine Stichwörter aus Aufgabe 3
und schreibe den Bericht für die Nachwelt.

16. November 1492

Mit drei Schiffen stachen wir am 3.8.1492 in See.
Mein Ziel war es, Indien in Richtung Westen nach drei Wochen zu erreichen.
Auf der … machten wir zum ersten Mal Halt und nahmen dort … und … an Bord
…
…
…

.S.
.S. A .S.
X M Y
XpoFERENS

(Kolumbus – Kapitän)

5 Lest euch die Berichte gegenseitig vor
oder hängt sie im Klassenzimmer aus.

Von Abenteuern erzählen

Viele von euch kennen sicher das Buch *Robinson Crusoe* von Daniel Defoe. Doch nur wenige wissen vielleicht auch, dass Robinson wirklich gelebt hat.

Der wahre Robinson hieß Alexander Selkirk (1676–1719) und war der Sohn eines schottischen Sattlers. Im Alter von 19 Jahren führte er einen Aufstand an. Um der Bestrafung zu entgehen, fuhr er zur See.

Im Jahre 1703 heuerte er auf einem Freibeuterschiff (Kaperschiff der Regierung) an. Vor der Westküste Südamerikas hatte Selkirk mit dem Kapitän eine heftige Auseinandersetzung.

Der Kapitän wollte den streitsüchtigen Offizier nicht mehr an Bord haben. So wurde Selkirk auf der Inselgruppe „Juan Fernandes“ ausgesetzt. Das Schiff fuhr weiter und er musste allein auf der Insel zurückbleiben.

Die Insel vor der Küste Chiles, auf der Selkirk ausgesetzt wurde, heißt heute Isla Robinson Crusoe.

1 Lies den Text *Der wahre Robinson Crusoe* zunächst still durch.

Der wahre Robinson Crusoe

Selkirk schaute dem davonsegelnden Schiff nach, bis auch der höchste Mast in der Ferne verschwunden war. Für die Schönheit und üppige Pracht der Insel Juan Fernández hatte der Ausgestoßene keinen Blick. Es überkam ihn bittere Einsamkeit. Erst der Hunger brachte ihn auf andere Gedanken. Er lud seine Muskete und machte sich auf die Suche nach etwas Essbarem. Längst abgewanderte Siedler hatten Ziegen und anderes Vieh auf dem Eiland zurückgelassen. An diesem Abend grillte Selkirk ein zartes Zicklein am Spieß über einem Feuer aus Treibholz. Die großen Blätter eines Baumes aß er als Gemüsebeilage. Danach schlief er ein.

Mitten in der Nacht erwachte er aus seinen Träumen. An seinem Schuh knabberte eine große braune Ratte. Mit einem Satz war er auf den Beinen und sah, dass es ringsum von Ratten nur so wimmelte. In dieser Nacht machte Selkirk kein Auge mehr zu.

Bis zum Morgengrauen hatte er einen Plan, wie er die Ratten loswerden und gleichzeitig seine Einsamkeit erträglicher machen konnte. Mit ein paar schmackhaften Stücken Ziegenfleisch lockte er einige der vielen Inselkatzen in sein Lager. Bald wachten an die hundert über seinen Schlaf. Er erfreute sich an ihrer Gesellschaft und sang ihnen etwas vor.

Monate und Jahre vergingen. Selkirks Kleider waren von Dornen zerrissen, die Schuhe zerfielen in Stücke. Als er kein Schießpulver mehr hatte, fiel er mit bloßen Händen über die Ziegen her.

Einmal wäre er bei einer solchen Jagd fast zu Tode gekommen. Er hatte eine Ziege an den Rand einer Klippe getrieben. Als er vorsprang, um sie zu packen, stürzten sie gemeinsam in eine Schlucht! Er wäre vermutlich gestorben, hätte die Ziege seinen Aufprall nicht abgefedert. Doch sie war tot.

Andere Gefahren drohten von der See. Täglich suchte er den Horizont ab – und nicht bloß, weil er auf Rettung hoffte. Er fürchtete, dass Spanier aufkreuzen und ihn töten oder versklaven würden. Wenn spanische Schiffe in der Bucht vor Anker gingen, versteckte sich Selkirk. Als er sich einmal nicht mehr rechtzeitig in Sicherheit bringen konnte, pfiffen ihm Gewehrkugeln um die Ohren. Nur seine Wendigkeit rettete ihm das Leben. Er kletterte auf einen Baum und kauerte reglos zwischen den Ästen, bis die spanischen Soldaten das Interesse an ihm verloren hatten.

Nach mehr als vier Jahren auf der Insel sah Selkirk endlich, worauf er so sehnsüchtig gewartet hatte – die Masten zweier englischer Segelschiffe. Er entzündete ein Feuer und beobachtete, wie ein Ruderboot aufs Ufer zusteuerte. Doch zu seinem großen Entsetzen machte es plötzlich kehrt. Verzweifelt schürte er das Feuer, bis die Flammen hoch aufloderten. Das Boot aber verschwand in der Abenddämmerung. Die Seeleute hatten Selkirks Feuer gesehen, es aber irrtümlich als spanisches, also feindliches Signal missverstanden. Als er zwei Tage später dann doch gerettet wurde, bot der „König von Juan Fernándes" einen sonderbaren Anblick: Mit seinem Bart und den Kleidern aus Ziegenfell sah er „wie ein wilder Geißbock" aus.

2 Bildet Kleingruppen und tragt zusammen, wie Selkirk allein auf der Insel zurechtkam. Fertigt eine Mind-Map (Gedankenlandkarte) an.

3 Der Sprecher eurer Gruppe erzählt mit Hilfe der Mind-Map von Selkirks Inselabenteuer.

Sprachliche Mittel beim Erzählen

1 Stellt euch einmal vor, Alexander Selkirk hätte im Text auf Seite 44/45 höchstpersönlich von seinen Abenteuern und Erlebnisssen erzählt. Was wäre an seiner Erzählung anders gewesen? Woran liegt das?

2 Schlüpft gedanklich einmal hinein in die Haut von Alexander Selkirk. Schreibt die ersten beiden Absätze des Textes auf Seite 44/45 um in die **Ich-Perspektive**. Lasst auch Gedanken und Gefühle von Selkirk mit einfließen.

Ich schaute dem davonsegelnden Schiff nach, bis auch der höchste Mast in der Ferne verschwunden war. Eine bittere Einsamkeit überkam mich. Da segeln sie dahin, die Schurken, und lassen mich tatsächlich hier allein zurück, dachte ich voller Verzweiflung.
Plötzlich überfiel mich ein entsetzlicher Hunger. Ich lud meine Muskete und machte mich auf die Suche nach etwas Essbarem. Was für ein Glück, dass längst abgewanderte Siedler Ziegen und anderes Vieh auf dem Eiland zurückgelassen hatten. An diesem Abend grillte ich mir …

3 Lest eure Ergebnisse vor.
Wie wirkt der Text in der veränderten Form auf euch?

4 Nun ist Selkirk ja allein auf der Insel und er kann mit keinem Menschen direkt reden. Aber durch die „Gedankenrede" könntet ihr seine Sorgen, Ängste und Hoffnungen lebendig werden lassen.
Versetzt euch einmal in folgende Situationen und vervollständigt Selkirks „Gedankenreden". Ihr könnt selbst auch noch weitere erfinden.

- Als er nachts von Ratten „besucht" wird …
  Oh Schreck, das ist ja widerlich! Was habt ihr hier zu suchen, ihr elenden Viecher …
- Als er kein Schießpulver mehr hat …
  Nun ist alles verbraucht …, das war mein letzter Schuss …
- Als er die Masten englischer Segelschiffe entdeckt …
  Träume ich? Oder bin ich wahnsinnig geworden?
  Das kann doch nicht …
- Als Selkirk feststellt, dass das englische Schiff kehrt macht …
  Was macht ihr denn? …

5 Lest eure Ergebnisse vor. Lobt euch gegenseitig für gelungene Texte.

6 Im Text „Der wahre Robinson“ wird für den Leser sehr schön deutlich, was **nacheinander** passiert.
Schreibt **Satzanfänge** heraus, die genau ausdrücken, **wann** und **in welcher Reihenfolge** Selkirks Erlebnisse auf der Insel stattfinden, z. B.:
Erst …
An diesem Abend …

Finde weitere acht Beispiele.

Der Erzähler hat die Tiere, Pflanzen und Gegenstände so beschrieben, dass wir sie uns sehr gut vorstellen können.
Er sagt nicht nur *die Pracht der Insel*, sondern *die **üppige** Pracht der Insel*.
Er sagt nicht nur *Einsamkeit*, sondern ***bittere** Einsamkeit*.

7 Verständigt euch darüber, was *üppige Pracht* und *bittere Einsamkeit* bedeuten.
Erklärt, was das Hinzufügen der Adjektive an der Beschreibung ändert.

S. 187

8 Sucht nun weitere Substantive (Nomen) aus dem Text, die durch ein Adjektiv näher beschrieben werden.
Schreibt die Wortgruppen auf.
Vergleicht eure Ergebnisse und erklärt, welche zusätzlichen Informationen ihr durch die Adjektive bekommen habt.
… Zicklein; … Ratte; mit ein paar … Stücken; … Schiffe

9 Einige Substantive (Nomen) in der Erzählung über den wahren Robinson haben aber keine Adjektive bei sich.
Da ist es schwer, sich ein genaues Bild zu machen.
Lest noch einmal die Zeilen 28 bis 34.

10 Verändert den Text nun so, dass folgende Substantive durch ein Adjektiv genauer bestimmt werden.
- Welche Adjektive könnten jeweils passen? Macht Vorschläge!
- Wählt anschließend aus, welche Adjektive die beschriebene Situation am besten treffen. Begründet!

Er hatte eine **?** Ziege an den Rand einer **?** Klippe getrieben. Als er vorsprang, um sie zu packen, stürzten sie gemeinsam in eine **?** Schlucht. Er wäre vermutlich gestorben, hätte die **?** Ziege seinen **?** Aufprall nicht abgefedert.

11 Erzählt nun die ganze Geschichte *Der wahre Robinson* in der Ich-Form.
Nutzt dazu die Ergebnisse der vorherigen Übungen. Tipp: Manchmal könnt ihr Sätze zusammenfassen. Und manchmal dürft ihr ruhig auch etwas weglassen.

Ich schaute dem davonsegelnden Schiff nach, bis auch der höchste Mast in der Ferne verschwunden war. Eine bittere Einsamkeit überkam mich. Da segeln sie dahin, die Schurken, und lassen mich tatsächlich hier allein zurück, dachte ich voller Verzweiflung. Plötzlich überfiel mich…

Sich in Sachtexten informieren

Auch die Kartoffel wurde von Seereisenden mit nach Europa gebracht. Doch wie sollte man die Menschen dazu bringen, diese unbekannte Knolle in den Speiseplan aufzunehmen?

1 Ihr kennt doch das Sprichwort:
„Was der Bauer nicht kennt, das isst er nicht."
Was genau ist damit gemeint?
Trifft das auch auf euch zu?

Im folgenden Text findet ihr ein Beispiel dafür, wie lange es manchmal dauert, bis sich etwas Neues durchsetzt. Und manchmal wurde auch ein wenig nachgeholfen!

Der „Kartoffelbefehl"

Die Kartoffel stammt ursprünglich aus den peruanischen Anden, wo sie den Indianern seit 2000 Jahren als Nahrungsmittel bekannt war. Heute ist die Kartoffel eines der beliebtesten Nahrungsmittel unserer Zeit, doch das war nicht immer so.

Der spanische Eroberer Francisco Pizarro brachte die knollige Pflanze Mitte des 16. Jahrhunderts nach Europa. Die Verbreitung als Kulturpflanze bei uns dauerte gut 200 Jahre. Doch wie sollte man die Menschen dazu bringen, diese unbekannte Knolle in den Speiseplan aufzunehmen?

In Preußen brauchte man sogar eine List des Königs, um die Bauern zum Anbau der Kartoffeln zu bringen.

Für Friedrich II., den „Alten Fritz", war die Kartoffel Soldatenproviant. Also erließ er 1756 den berühmten „Kartoffelbefehl", wonach überall im Land Kartoffeln angebaut werden sollten. Trotzdem kam die Verbreitung nicht recht voran.

So gab der König die Order Kartoffelfelder anzulegen und von Soldaten bewachen zu lassen. Und tatsächlich! Nachts schlichen sich die Bauern heimlich auf die Felder, um nachzusehen, was es dort so streng zu bewachen gäbe.

Die Garde schaute großzügig weg. Gleich sackweise wurden so die „verbotenen Früchte" geklaut, denn jeder Bauer wollte den wertvollen Erdapfel in seinem Acker haben.

Dann mussten noch die Städter überzeugt werden. Das geschah durch eine weitere List: Der Alte Fritz ließ sich häufig in kleinen Städten der Mark-Brandenburg oder in Schlesien in aller Öffentlichkeit Kartoffeln servieren. Was dem König schmeckte, musste etwas Besonderes sein. So kam man auf den Geschmack.

Und heute ist die Kartoffel aus unserer Küche nicht mehr wegzudenken.

2 Der Text informiert euch über die Herkunft und Verbreitung der Kartoffel. Überprüft, ob ihr euch alles genau gemerkt habt, und entscheidet: Ist die Aussage wahr oder falsch?

a) Die Kartoffel wurde schon vor 2 000 Jahren in Peru angebaut.
b) Von Indianern wurde die Pflanze im 16. Jahrhundert nach Europa gebracht.
c) Die Verbreitung der Pflanze dauerte 200 Jahre.
d) Im Jahre 1765 erließ Friedrich II. den so genannten „Kartoffelbefehl".
e) Um die Kartoffel auch in den Städten bekannt zu machen, ließ der König an die Bürger Kartoffeln verschenken.
f) Der Alte Fritz ließ sich in aller Öffentlichkeit Kartoffeln servieren.

3 Es gibt noch viele interessante Informationen über die Herkunft und Verbreitung der Kartoffel. Seht in verschiedenen Lexika und im Internet nach. Tragt eure Ergebnisse auf einem Plakat zusammen.

4 Wie war wohl der Wortlaut des „Kartoffelbefehls"? Entwerft den Text für einen öffentlichen Aushang, der alle Bauern des Landes dazu aufruft, Kartoffeln anzubauen! Welche Überredungskünste wollt **ihr** einsetzen?

5 Lest eure Texte vor. Welche Texte sind besonders gut gelungen? Hängt sie dann im Klassenzimmer aus.

Eine Kochanleitung schreiben

Inzwischen ist die Kartoffel nicht mehr von unserem Speiseplan wegzudenken. Es gibt sogar Gaststätten, die vorwiegend Kartoffelgerichte anbieten.

In dem Restaurant „Zur Knolle" haben viele Kinder ein Lieblingsgericht. Weil so viele Gäste nach dem Rezept gefragt haben, hat der Küchenchef die Kochanleitung in seiner Gaststube ausgehängt.

1 Lest die folgende Kochanleitung laut vor.

Für vier Personen:

Abgekühlt kommt die Schinken-Zwiebelmischung zu der geriebenen Kartoffelmasse. Nun wünsche ich dir gutes Gelingen.

Schäle ein Kilogramm rohe Kartoffeln und reibe sie. Oh, verflixt, jetzt habe ich mich geschnitten! Ein Pflaster, schnell! Ich brauche ein Pflaster! Nun musst du die Zwiebelstückchen zum Speck geben und so lange braten lassen, bis sie glasig sind. Meine Mutter mag keinen Speck. Danach schälst du eine mittelgroße Zwiebel und hackst sie klein. Ach, wie lästig! – Immer tränen mir beim Zwiebelschälen die Augen, schnief! Zuletzt kannst du das Ei, einen Esslöffel Mehl und ein wenig Salz und Pfeffer hinzugeben.

Ach, die Zwiebel lässt sich aber schlecht schälen!

Zum Ausbraten füllst du für jede Portion eine Kelle Pufferteig in eine Pfanne und lässt sie von beiden Seiten schön braun werden. Drei Scheiben Schinkenspeck schneidest du in kleine Würfel und lässt sie in einem Esslöffel erhitztem Fett leicht anbraten. Manche Reiben sind scharf. Pass auf, dass du dich nicht verletzt!

2 Der Koch ist sicher ein Spaßvogel. Was stimmt hier nicht? Woran habt ihr das erkannt?

3 Welche Sätze gehören ganz sicher nicht in eine Kochanleitung? Warum ist das so?

4 Lest die entsprechenden Sätze vor. Wie viele sind es insgesamt?

5 Wie heißt das Gericht eigentlich, für das der Koch seine Anleitung geschrieben hat?

6 Schreibe eine Kochanleitung für Kartoffel ...! Beachte dazu die Hinweise rechts.

7 Ihr könnt selbst weitere einfache Rezepte aufschreiben und illustrieren. Bringt dazu von zu Hause eure Lieblingsrezepte mit. Achtet auf die Hinweise rechts.

8 Aus den Rezepten lässt sich bestimmt ein schönes Kochbuch herstellen.

Wie man eine Kochanleitung anfertigt:

- Kochanleitung für …
  Name des Gerichtes
- Zutaten
  Was und wie viel du brauchst
- Anzahl der Portionen
  Für wie viel Personen die Zutaten berechnet sind
- Vorbereitende Tätigkeiten
  Was du tun musst, bevor das Kochen beginnt
- Anleitung in sinnvoller Reihenfolge
  Arbeitsschritte der Reihe nach ordnen

9 Wenn ihr die folgende Anleitung in die richtige Reihenfolge bringt, könnt ihr garantiert einen leckeren Nachtisch genießen.

Mele al forno

Ihr benötigt für vier Personen:

4 Äpfel
4 Esslöffel Butter
100 Gramm Marzipan
1 Tasse Apfelsaft
3 Esslöffel Rosinen
1/2 Tasse Orangensaft
5 Esslöffel Sahne
3 Teelöffel Zitronensaft
50 Gramm gehackte Nüsse
4 Esslöffel Zucker

Fünf Minuten vor Ende der Garzeit die Marzipanmasse über den Äpfeln verteilen und mitbacken

Backofen auf 220°C vorheizen und die Äpfel 15 bis 20 Minuten darin garen

Äpfel mit Apfelausstecher entkernen

Den Apfel-, Orangen- und Zitronensaft angießen und den Zucker darüber verteilen

Eine feuerfeste Form ausfetten und die Äpfel einsetzen

Zwischendurch Marzipan, Rosinen, Sahne und gehackte Mandeln verrühren

Entdeckungen in der Natur

Tiere beobachten und beschreiben

1 Hier erzählt ein Kind, welche Beobachtungen es auf dem Nachbargrundstück gemacht hat. Lest den Text laut.

Federwolke, Tom und Kasimir

Frau Becker von nebenan hat ein kleines Häuschen mit einem Grundstück drumherum, das aussieht wie eine Mischung aus Spielplatz und Müllkippe. Das Tollste daran aber sind die vielen Katzen, die sich auf diesem Gelände tummeln.

Immer wieder habe ich versucht sie zu zählen, doch ich kam stets auf eine andere Zahl. Manchmal zählte ich dreizehn, doch am nächsten Tag waren es zwölf, und einmal habe ich es tatsächlich auf fünfzehn gebracht. Ich war mir aber nie sicher, denn sie blieben ja beim Zählen nicht still auf ihren Plätzen sitzen, sondern sie waren ständig in Bewegung. Außerdem sahen sich manche so ähnlich, dass ich nie ganz sicher war, ob ich sie nicht zweimal gezählt hatte. Da gab es eine kleine Weiße mit einem grauen Kopf und einen dicken orangeroten, gestreiften Kater, die konnte man gut von den anderen unterscheiden. Doch dann waren einige grau gestromte Katzen dabei, mindestens drei oder vier schwarz und hellbraun gestreifte und noch einige schwarzweiß gefleckte, die sich sehr ähnlich sahen. Dem orangeroten Kater hatte ich den Namen Tom gegeben, die kleine Weiße nannte ich Federwolke und die eine grau gestreifte Katze, die größte von ihnen, nannte ich Kasimir, weil ich sicher war, dass es auch ein Kater war.

Einmal beobachtete ich, wie Federwolke friedlich auf einem Strohballen vor sich hin döste. Sie hatte ihre Augen halb geschlossen, ihre kleinen Pfoten übereinander gelegt. Die rosa Zunge lugte aus ihrem Schnäuzchen hervor. Plötzlich kam Tom stolz wie ein Ritter anspaziert, stolzierte zielbewusst an den anderen Katzen vorbei über das Gelände und machte sich an Federwolke heran. Er begann sie freundlich zu lecken und zu putzen. Die hielt aber wohl nichts von solchen Zärtlichkeiten; jedenfalls fing sie erst an zu maunzen und dann schrie sie sogar. Doch was geschah da? Wie aus dem Nichts, jedenfalls konnte ich nicht sehen, woher er auf einmal kam, preschte Kasimir heran.

Sofort machte er einen gefährlich aussehenden Buckel und jagte Tom in einer wilden Hetzjagd durch den Garten. Einige andere Katzen sahen den beiden noch erstaunt nach, bis diese schließlich irgendwo hinter dem Haus verschwanden. Und was tat Federwolke? Gar nichts! Sie blieb verträumt liegen, blinzelte in die Sonne und ihre rosa Zunge sah noch immer zwischen den Zähnen hervor, gerade so, als wenn nichts geschehen wäre. Nach einiger Zeit kam Tom völlig zerzaust hinter dem Haus hervor und wischte sich seine blutende Nase ab. Das war vielleicht ein Anblick!

Ein andermal habe ich etwas gesehen, was ich fast nicht glauben konnte, aber es ist wirklich passiert. Diesmal war es Hasenfuß, der meine Aufmerksamkeit herausforderte. Ich hatte einer der grau gestromten Katzen diesen Namen gegeben, weil sie mir immer etwas ängstlich erschien. Ob es ein Kater oder eine Katze war, wusste ich nicht. Ich bin nicht einmal sicher, ob ich immer dieselbe Katze so nannte; denn von dieser Sorte gab es drei oder vier. Jedenfalls spazierte Hasenfuß quer über den Platz vor dem Haus, als sich plötzlich mit lautem „Schack-schack-schack" zwei Elstern aus einem Baum auf ihn herabstürzten und ihm wild flatternd um die Nase flogen. Hasenfuß blieb für einen Augenblick wie angewurzelt stehen und schaute verdutzt zu den Vögeln hinauf. Als die dann aber immer wieder seinem Kopf und Rücken gefährlich nahe kamen, sprang er in höchster Eile auf den alten Schuppen zu, die Elstern immer hinter ihm her. Dort duckte er sich total verschreckt an eine Wand, wo er in sich zusammensank und ängstlich liegen blieb. Da ließen die wütenden Vögel von ihm ab und verschwanden wieder im Baum. Dass Katzen Vögel jagen, hatte ich ja schon oft beobachtet; dass aber auch Vögel Katzen jagen, hatte ich zum ersten Mal gesehen. Was es so alles gibt, erfährt man erst, wenn man auch ganz genau hinschaut!

2 Das Grundstück sieht aus wie eine Mischung aus Spielplatz und Müllkippe. Könnt ihr euch vorstellen, wie es da aussieht? Malt ein Bild – so wie ihr euch das Gelände vorstellt, oder beschreibt den Platz genau.

3 Vier Katzen werden in diesem Text mit Namen genannt. Welche könnt ihr auf den Bildern von Seite 52 erkennen?

4 Übertrage die unten stehende Tabelle in dein Heft und ergänze die fehlenden Angaben. Lies dazu den Text noch einmal aufmerksam!

Name:	Tom	Federwolke	Kasimir	?
Aussehen:			grau gestreift; die größte Katze	
Verhalten: (Bewegungen, Körperhaltung, Töne)	stolziert; kommt anspaziert; beginnt zu lecken und zu putzen		prescht heran; macht einen Buckel; jagt	

5 Dass Katzen Vögel jagen, ist bekannt. Welche neue Entdeckung konntet ihr durch den Text machen? Lest die entsprechende Textstelle vor!

6 Habt ihr eine Idee, wie die eine Katze zu dem Namen „Hasenfuß“ gekommen sein könnte? Begründet eure Meinung!

7 Nach einer wilden Hetzjagd kam Tom völlig zerzaust und mit blutender Nase hinter dem Haus hervor. Was könnte passiert sein? Das könnt ihr spannend erzählen! Nutzt dazu die folgenden Tipps!

Was heißt „spannend“ erzählen?

Wenn ihr euch über Bücher oder Filme unterhaltet, benutzt ihr oft die Wörter *Spannung, spannend* oder *gespannt*.

So wie eine Wäscheleine an zwei Pfosten gespannt ist oder die Saiten einer Gitarre gespannt sind, so gibt es auch bei einer Geschichte solche Punkte, zwischen denen sich eine Spannung aufbauen kann.

Wie aus dem Nichts preschte Kasimir heran. Er machte einen Buckel und jagte Tom in einer wilden Hetzjagd durch den Garten

↔

Nach einiger Zeit kam Tom völlig zerzaust hinter dem Haus hervor und wischte sich seine blutende Nase ab. Das war vielleicht ein Anblick!

- Es geschieht **etwas Aufregendes** – z. B. etwas, das für die Katzen gefährlich werden könnte, z. B.:
  Tom verschwindet unter einem Schrotthaufen und bleibt an einem rostigen Nagel hängen. Kasimir ...

  Schreibe weiter oder denke dir andere Gefahren aus.

- Du kannst deine **Befürchtungen** und **Hoffnungen ausdrücken**, z. B.:
  Ich habe Angst um die beiden. Wenn nun Tom mit seinem schönen orangeroten Fell in dem Draht hängen bleibt. Wenn … Hoffentlich …

  Schreibe weiter.

- Du **beschreibst genau**, wie es am Ort des Geschehens aussieht, z. B.:
  Überall ragt … Stacheldraht heraus. … Man hört sie … und … Es klingt gefährlich. Ob sie sich wohl um eine Maus streiten oder …?

  Setze anschauliche Verben und Adjektive ein und schreibe weiter.

- Du kannst die Katzen **eine Unterhaltung führen lassen** (direkte Rede), z. B.:
  Kasimir schrie: „Verschwinde hier, das ist mein Platz, …“ „Ich kann solange hier bleiben, wie …,“… erwiderte Tom trotzig.

  Setze die Unterhaltung fort oder erfinde selbst ein Gespräch.

Eine Suchanzeige verfassen

1 Eines Tages vermisst Frau Becker ihren Kasimir. War euer Haustier auch schon einmal verschwunden? Was kann man da tun?

2 An Bäumen oder Hauswänden habt ihr sicher schon manchmal so genannte „Suchanzeigen" gesehen. Diese Zettel haben Menschen dort angebracht, die ihre Katze, ihren Hund oder ihren Vogel vermissen. Welche Angaben könnt ihr auf solchen Zetteln finden?

3 Welche Angaben sind aus eurer Sicht **unbedingt notwendig**, damit Passanten das gesuchte Tier auch erkennen und seinem Besitzer gegebenenfalls zurückbringen können? Sammelt gemeinsam Stichwörter an der Tafel.

4 Schaut euch diese Fragen an und vergleicht mit euren Stichwörtern.
- Habt ihr alle Fragen bedacht?
- Was müsst ihr eventuell noch ausbauen oder ergänzen?
- Weshalb muss man unbedingt auch an den letzten Punkt denken?
- Würdet ihr eventuell auch ein Foto oder eine Zeichnung hinzufügen? Begründet.

Was für ein Tier?
Wann entlaufen/weggeflogen ?
Wo?
Wie sieht es aus?
Wie verhält es sich normalerweise?
Auf welchen Namen hört es?

Anschrift und Telefonnummer des Besitzers

Was man an einem Hund oder an einer Katze beschreiben kann

Kopf: schmal, rund, groß, klein …
Schnauze/Maul: rundlich, spitz, breit, schmal …
Ohren: spitz, aufrecht, herabhängend, lang, kurz …
Haare und Fell: kurz, lang, wuschelig, glatt, lockig, rau, zottelig, gestreift, gestromt …
Körperbau: schlank, gedrungen, groß, klein, schmal …
Schwanz: lang, kurz, herabhängend, wuschelig, geringelt …
Beine: kurz, lang, krumm, gerade, dünn …
Farben: braun, scharz, weiß, gefleckt, gesprenkelt, hell, dunkel …
Wie das Tier ist (sein Wesen): sanft, freundlich, lieb, ruhig, temperamentvoll …

S. 187

5 Erstelle nun eine Suchanzeige für eine Katze oder für einen Hund. Nutze dazu diese Wörtersammlung und eure Ergebnisse aus Aufgabe 4.

6 Bewertet, ob eure Suchanzeigen gut gelungen sind. Begründet.

Mit Rucksack und Kompass in den Wald – ein Gespräch

Adrian und Torsten wohnen in Leipzig, mitten in der Großstadt. Zum ersten Mal dürfen die beiden Freunde mit ins Sommerlager in den Harz fahren. Auch Laura und Peggy aus ihrer Klasse sind dabei. Nach dem ersten Treffen mit dem Gruppenleiter Rainer sind die vier schon ganz begeistert. Es soll auch eine Tierbeobachtung geben, die erst spät am Abend beginnen wird. Die Jungen und Mädchen machen schon Pläne.

1 Lest das Gespräch mit verteilten Rollen.

ADRIAN: Das Wichtigste hab' ich schon, ein prima Messer. Ist sogar eine kleine Säge dran.

TORSTEN: Prima, kann man im Wald ja mal ausprobieren. Ich nehme meine Taschenlampe mit. Die hat voll Power. Damit leuchten wir den ganzen Wald aus.

LAURA: Ist doch Vollmond, hat Rainer gesagt.

TORSTEN: Kann ja schlechtes Wetter sein, oder? Dann verlaufen wir uns wenigstens nicht.

PEGGY: Keine Gefahr! Ich nehme einen Kompass mit.

ADRIAN: Da kannst du nachts ja wohl nichts mit anfangen.

PEGGY: Der funktioniert immer. Zeigt immer nach Norden!

LAURA: Rainer hat gesagt, dass es lange dauern kann, bis wir etwas beobachten können. Und wenn wir Pech haben …

ADRIAN: Also, irgendwann werden die Tiere ja wohl aus ihren Löchern –

LAURA: aus ihrem BAU!

ADRIAN: … aus ihrem Bau herauskommen. Die brauchen schließlich ihr Futter.

TORSTEN: Logo! Dann warten wir eben die ganze Nacht. Macht doch Spaß!

PEGGY: Klar, wir packen ein ordentliches Picknick ein.

ADRIAN: Ich könnte auch meinen Discman mitnehmen oder den Gameboy. Das wird eine Superparty!

TORSTEN: Du brauchst noch Platz im Rucksack für die warmen Sachen.

ADRIAN: Also, das ist doch wohl übertrieben, lange Hose und Anorak. Ist doch schließlich Sommer! Da reichen Shorts und T-Shirt.

PEGGY: Dann denk auch gleich an Mückenspray.

ADRIAN: Frauensache. Kannst du mir ja mal leihen!

PEGGY: Klar, wenn du mal meinen Rucksack trägst …

LAURA: Wir sollen doch zum nächsten Mal überlegen, wie man einen Beobachtungsposten im Wald bauen kann. Kann man nicht einfach ein kleines Zelt mitnehmen?

TORSTEN: Selber machen ist doch viel spannender. Wir spannen einen Draht von Stamm zu Stamm, reißen ein Paar Äste und Zweige ab und lehnen sie gegen den Draht.

ADRIAN: Und das hält?

LAURA: Wenn man die Äste etwas in die Erde bohrt …

2 Notiert euch, was die einzelnen Kinder vorhaben.

3 Wie beurteilt ihr die Pläne von Adrian, Torsten, Laura und Peggy? Begründet, warum ihr etwas **gut** oder **nicht gut** findet.

4 Was erwarten Adrian und die anderen Kinder von dieser Nacht im Wald?

5 Ob das wohl alles so ablaufen wird? Begründet eure Meinung.

6 Sprecht darüber, welche Ausrüstungsgegenstände für diese Unternehmung **bei Nacht** wichtig sind – und **welche nicht**!

7 Was würdet ihr für eine Walderkundung bei Tag in den Rucksack packen? Schreibt eine Packliste.

Packliste für Waldforscher

1. eine Lupe
2. ...

Verhaltensregeln formulieren

Rainer, der Gruppenleiter, lässt sich von den Vorbereitungen der Kinder berichten. Mit dem folgenden „Trick“ will er die Gruppe zum Nachdenken anregen.

Geht ruhig ganz allein in ein großes Waldgebiet und wagt euch tief hinein. Da habt ihr die größte Chance, ein richtiges Abenteuer zu erleben.

Wer Angst hat, kann ja seinen Weg mit abgehauenen Ästen und Zweigen markieren oder hin und wieder ein Zeichen in die Rinde der Bäume schnitzen. Waldwege, die alle benutzen, vermeidet möglichst.

Mit einem ordentlichen Stock ausgerüstet, könnt ihr das Unterholz erforschen. Was euch im Weg ist, wird zur Seite geschlagen, giftige Pilze köpft gleich, dann werden sie keinem gefährlich. Seltene Pflanzen nehmt ihr natürlich mit. Schließlich wollt ihr nachschlagen, wie sie heißen. Vielleicht erwischt ihr auch einen besonderen Käfer, den ihr in einem Plastikbeutel transportieren könnt. Solltet ihr einen Hügel der Roten Waldameise entdecken, stochert ordentlich darin herum. Ihr werdet etwas erleben! Solltet ihr auf eine Schlange treffen, schlagt schnell zu, man kann ja nie wissen!

Wenn ihr aber Jungtiere findet oder eine andere spannende Entdeckung macht, schlagt laut Alarm. Schließlich sollen die anderen auch etwas davon haben!

1 Da stehen nicht nur dem Förster die Haare zu Berge! Geht die Anweisungen der Reihe nach durch und nehmt Stellung dazu.

2 Schreibt nun Regeln für das richtige **Verhalten im Wald** auf. Schaut euch dazu folgende Vorschläge an und sprecht darüber, wie sie auf euch wirken.

Es ist streng verboten, Bäume zu beschädigen!

Die Baumrinde darf nicht mit Messern oder scharfen Gegenständen verletzt werden. Daraus entstehen Baumwunden.

Bitte, die Bäume nicht beschädigen.

Wir schützen alle Pflanzen und Bäume im Wald!

Ein Bild lesen und interpretieren

Alle Tiere auf einmal im Wald zu erleben,
das wäre ein besonderer Glücksfall.
Hier aber könnt ihr in Ruhe mit den Augen im Wald
spazieren gehen und viele seiner Bewohner entdecken …

1 Welche Tiere kennt ihr?
Was wisst ihr über sie?

2 Einige Tiere habt ihr in der Natur vielleicht auch schon einmal selbst beobachtet. Erzählt davon.

3 Welche Tiere könnt ihr in der Dämmerung und bei Nacht beobachten? Welche Tiere sind wohl eher **nur am Tag** zu sehen?

Einen Fachvortrag halten – Die Waldohreule

S. 224

1 Lest euch den folgenden Text zunächst einmal in Ruhe durch.

Vom Ende der Abenddämmerung bis zum frühen Morgen jagt dieser Greifvogel im Waldgebiet und am Waldrand. Mindestens vier Tiere pro Nacht verschlingt die Waldohreule. Die meisten davon sind Nager, hauptsächlich Feldmäuse. Aber sie verschmäht auch Maulwürfe nicht. In harten Frostzeiten, wenn die Tiere nicht aus dem Bau herauskommen, jagt sie auch Vögel. Daneben vertilgt sie große Mengen Insekten. Gelegentlich greift sie auch ein Kaninchen.

Den Tag verbringt die Waldohreule eng an den Stamm eines Baumes gedrückt oder aber sie sitzt in den dichten Zweigen eines Nadelbaums. Darunter lassen sich längliche Bällchen finden. Das sind die so genannten Gewölle, die Reste der Beutevögel, die unverdaulich sind. Die Eule wirft sie mit dem Schnabel wieder aus.

Im Frühling balzen die Männchen. Dann kann man ihre Rufe hören: U – u – u! Die Waldohreulen bauen selbst keine Nester. Sie benutzen vor allem alte Nester der Krähen oder Elstern. Das Weibchen legt vier bis fünf Eier. Manchmal, wenn es wenig Nahrung gibt, werden auch weniger Eier gelegt.

Die Jungen schlüpfen nach vier Wochen und nun muss vom Vater die ganze Nacht viel Beute herbeigeschafft werden, um die Kleinen zu füttern.

Trotzdem stirbt das zuletzt geschlüpfte Eulenkind manchmal, weil es von den stärkeren Geschwistern weggeschoben wird.

Im Alter von vier Wochen verlassen die jungen Eulen das Nest und „klettern“ auf die umliegenden Bäume. Bei Gefahr machen sie sich so groß wie möglich. Sie plustern die Federn auf und stellen die Flügel breit auseinander. Dazu knappen sie mit dem Schnabel und fauchen.

Wenn die junge Eule ausgewachsen ist, sieht sie mit ihren aufstellbaren Federbüscheln, die Ohren ähneln, wie ein kleiner Uhu aus. Wenn sie nachts auf Jagd zwischen den Bäumen dahingleitet, sind die braunschwarzen Federn, die ihre Stirne schmücken, zurückgelegt. Ihre Augen glänzen wie eine orangefarbene Flamme. Sie sind umrahmt von rötlich weißen Federscheiben. Wenn sie mit ihren scharfen Augen ein Beutetier erspäht, lässt sie sich geräuschlos fallen und packt dann das Tier mit den kräftigen Fängen. Und bald beginnt die nächtliche Jagd aufs Neue.

2 Erarbeitet euch den Text nun genauer:
- Zu welchen einzelnen „Themen“ erfahrt ihr etwas in den fünf Abschnitten?
- Formuliert für die Abschnitte passende Zwischenüberschriften.

Tag und Nacht der Waldohreule

Frühling und Brutpflege

Die Jungen machen sich selbstständig

3 Ergänzt nun zu jeder Zwischenüberschrift Stichwörter, mit deren Hilfe ihr genauere Informationen zu den verschiedenen Themen geben könnt.

4 Wähle ein Waldtier aus und informiere dich über seine Besonderheiten und seine Lebensweise. Überlege, wo du Informationen bekommen und sammeln kannst.

5 Bereite einen Fachvortrag zum Thema **Tiere des Waldes** – z. B. „Die Eule“ vor.

So kannst du vorgehen:

- Überlege, was deine Zuhörer über das Tier erfahren sollten:

  – Was ist das für ein Tier? Wie sieht es aus?
  – Wo ist seine Unterkunft?
  – Wie verbringt es den Winter?
  – Wovon ernährt es sich?
  – Wie verhält es sich zu anderen Tieren?
  – Welche Besonderheiten oder Auffälligkeiten hat es?
  – Ist es eher bei Tag oder eher in der Nacht zu sehen?

- Schlage nach und sammle Informationen.
  Wo? – in Biologiebüchern, in Sachbüchern, in Lexika, im Internet …

- Notiere Stichwörter zu deinen Fragen.
  Übe mit Hilfe der Stichwörter deinen Fachvortrag zu halten.

Und so gelingt dein Vortrag bestimmt:

S. 27

- Thema nennen
- laut und deutlich sprechen
- die Mitschüler beim Vortragen anschauen
- Notizzettel in die Hand nehmen
- neu beginnen, wenn du dich „verheddert“ hast
- den Fachvortrag deutlich abschließen
  (Das war’s. Danke, dass ihr zugehört habt!)

Mit Gedichten durchs Jahr

Kreatives Schreiben

Viele Dichter haben ihre Gefühle und Gedanken zu den Jahreszeiten aufgeschrieben. Wenn ihr diese Gedichte lest, erfahrt ihr, wie die Jahreszeiten uns Menschen beeinflussen, wie das Wetter und die Veränderungen in der Natur uns in eine besondere Stimmung versetzen, wie Wünsche und Träume wach werden … Aber lest selbst!

Frühling

Nun ist er endlich kommen doch
Im grünen Knospenschuh.
„Er kam, er kam ja immer noch!"
Die Bäume nicken sichs zu.

Sie konnten ihn all erwarten kaum,
Nun treiben sie Schuss auf Schuss;
Im Garten der alte Apfelbaum,
er sträubt sich, aber er muss.

O schüttle ab den schweren Traum
Und die lange Winterruh!
Es wagt es der alte Apfelbaum;
Herze, wags auch du!

Theodor Fontane

1 Welche Stimmung vermittelt euch das Gedicht von Theodor Fontane? Woran liegt das? Nennt entsprechende Verse, die diese Stimmung deutlich machen.

Lebewohl

Die Wälder kahl, die Wege leer,
Es tanzt im Feld kein Hase mehr.
Das Bächlein siecht, das Mühlrad stockt,
Und Kuh und Kalb stehn angepflockt.

Die Tage kurz, die Nächte lang,
Der Sturm macht mir mein Püppchen bang.
Wie schön es doch im Sommer war:
Ein Kranz von Mohn hing um sein Haar.

Die Vögel fort, die Spiele aus.
Kein Kind ruft jetzt vor unsrem Haus.
Der Vater raucht, die Mutter strickt,
Ganz leis die Uhr zum Abend tickt.

Heinrich Roggendorf

2 Welche Beobachtungen könnt ihr im Gedicht von Heinrich Roggendorf machen?
Zeigt am Beispiel von einzelnen Versen, wie er die Herbststimmung spürbar macht.

3 Um diese Natureindrücke auch einmal zu erleben, müsst ihr in die Natur hinausgehen. Lasst euch den Wind um die Nase wehen und entdeckt die Veränderungen auf den Feldern, Wiesen und in den Gärten.
Und: Entdeckt auch Veränderungen an euch selbst!
- Macht mit eurer Lehrerin einen Unterrichtsgang. Nehmt dazu Papier und Schreibzeug mit.
- Notiert euch auf dem Weg, welche typischen Erscheinungen ihr für die entsprechende Jahreszeit finden könnt.

Im Herbst

Pflanzen und Tiere	**Verhalten der Menschen**	**Wettererscheinungen**
fallende Blätter	Laub harken	windig
Vogelflug nach Süden	verwelkte Blumen abschneiden	Nebel
…	…	kühle Luft
		…

4 Sicher wird jeder von euch auf dem Spaziergang etwas anderes beobachtet haben.
Ins Klassenzimmer zurückgekehrt tragt ihr nun eure Ergebnisse in Kleingruppen zusammen. Am besten ist dafür das Erstellen einer Mind-Map (Gedankenlandkarte) geeignet.
– Legt ein großes Blatt Papier in die Mitte eures Tisches.
– Schreibt in die Mitte die Jahreszeit und tragt die „Hauptäste" ein.
– Danach werden die „Seitenäste" gestaltet.
Jeder von euch kann seine Beobachtungen eintragen.

5 Nun habt ihr umfangreiches Wortmaterial über den Herbst gesammelt. Jetzt könnt ihr euch selbst als Dichter erproben. Beginnt ganz einfach. Nutzt dazu eure Mind-Map!
Von den folgenden Möglichkeiten könnt ihr eine oder mehrere auswählen:

Vertikalgedicht (Akrostichon)

Schreibt neben jeden Buchstaben des Wortes „HERBST" ein Wort, eine Wortgruppe oder einen Satz, z. B. so:

Hagel
E
R
Bunte Blätter
S
T

Hagel heute
E
R
B
Sturm
T

Heute hagelt es.
E
Regenbogen
B
S
T

Elfer-Gedicht

Die Regeln für ein
Elfer-Gedicht heißen:
1. Zeile: ein Wort
2. Zeile: zwei Wörter
3. Zeile: drei Wörter
4. Zeile: vier Wörter
5. Zeile: ein Wort

Herbst

Sturm
Blätter fallen
Braune, rote, gelbe
Sie schlagen wilde Purzelbäume
Clowns

Wichtig ist für euch: Ein Elfer-Gedicht erzählt immer eine ganz kurze Geschichte! Und der Schluss (die 5. Zeile) darf auch ganz und gar überraschend sein!

Umschreiben von Gedichten

Ihr könnt auch ein Sommergedicht zu einem Herbst- oder Wintergedicht umwandeln.
Sucht die für die jeweilige Jahreszeit typischen Wörter heraus und ersetzt sie durch neue, andere Wörter.

Ihr könnt die Reime erhalten oder neue Reime bilden.

Sommerfest in **grünen** Zweigen	Winterfest in weißen Zweigen	a	Kreuzreim
ist für heute angesagt.	ist für heute angesagt,	b	
Blumenelfen tanzen Reigen,	zarte Flocken tanzen Reigen,	a	
ehe noch der **Morgen tagt**.	ehe noch der Abend naht.	b	

Volkslied

Sommerfest in grünen Zweigen
ist für heute angesagt,
Blumenelfen tanzen Reigen,
ehe noch der Morgen tagt.

Amsel, Drossel, Fink und Meise
stimmen längst ihr Instrument.
Schon verklingt die alte Weise,
Meister Specht ist Dirigent.

Wie das flötet, wie das klinget,
hoch im Baum und wie im Spaß
zupft ein alter schwarzer Rabe
liebevoll den Brummelbass.

willst du auch zum Feste gehen,
musst du vor der Sonn' aufstehn.

Winterfest in weißen Zweigen,	a	Paarreim
die Bäume ihre Äste neigen.	a	
Flockentanz ist angesagt,	b	
bevor der neue Morgen tagt.	b	

Sprachliche Gestaltungsmittel in Gedichten

Verschneit liegt rings die ganze Welt

Verschneit liegt rings die ganze Welt,
Ich hab nichts, was mich freuet,
Verlassen steht ein Baum im Feld,
Hat längst sein Laub verstreuet.

Der Wind nur geht bei stiller Nacht
Und rüttelt an dem Baume,
Da rührt er seine Wipfel sacht
Und redet wie im Traume.

Er träumt von künftger Frühlingszeit,
Von Grün und Quellenrauschen,
Wo er im neuen Blütenkleid
Zu Gottes Lob wird rauschen.

Joseph von Eichendorff

1 In diesem Gedicht wird uns der Winter auf besondere Weise sehr nahe gebracht. Schaut euch einmal an, wie Joseph von Eichendorff das gemacht hat. Welche Beobachtungen in der Natur könnt ihr wahrnehmen?

2 Ein Baum spielt in diesem Gedicht eine ganz besondere Rolle.
- Was tut er alles?
- Wie fühlt er sich?
- Wovon träumt er?

Wenn in einem Gedicht Jahreszeiten, Pflanzen, Tieren oder Gegenständen menschliche Eigenschaften und Verhaltensweisen zugesprochen werden, so nennt man das **Personifikation**. Auf diese Weise werden sie vermenschlicht.

3 Im ersten Vers gibt es auch ein Ich, das erzählt.
– Wer mag dieses Ich sein?
– Wie stellt ihr es euch vor?

Wenn es ein „Ich" in Gedichten gibt, das erzählt, so nennt man es das **lyrische Ich**. Es kann vom Autor oder von der Autorin, die das Gedicht verfasst hat, unabhängig sein.

4 Denkt jetzt noch einmal an den Baum: Könnt ihr eine Verbindung zwischen dem Baum und dem Ich herstellen? Belegt eure Meinung mit Textstellen.

5 Malt den Baum aus dem Gedicht von Joseph von Eichendorff. Welche Farben wählt ihr dazu?

6 Ihr könnt auch selbst Naturerscheinungen **personifizieren**. Probiert es einmal aus! Wählt passende Verben aus, die eigentlich das Handeln von Personen bezeichnen, die aber mit den Vorgängen in der Natur vergleichbar sind.

Der Bach schläft unter einer dicken Eisdecke
(wie ein Mensch in seinem Bett)
Der Regen ...
Die Knospe ...
Die Tanne ...
Die Äste ...
Der See ...

singen schmücken stöhnen
wollen träumen freuen
erzählen trauern schlafen schweigen

Märchen

Von Märchen erzählen

1 Manche dieser Figuren und Gegenstände kennt ihr bestimmt. Welche davon sind für euch „gut“ und welche „böse“?

2 An zwei Stellen im Bild haben sich ein Tier und ein Gegenstand eingemogelt. Findet sie heraus.

3 Auch ihr habt zu Hause schöne Märchenbücher. Bringt sie einmal mit in eure Klasse. Ihr könnt auch in der Schulbibliothek Märchenbücher ausleihen und sie in eurem Klassenraum ausstellen. So könnt ihr sie anschauen, darin blättern und schmökern.

4 Stelle jetzt dein Lieblingsmärchenbuch in der Klasse vor:

- Schreibe den Autor und den **Titel des Märchenbuches** an die Tafel.
- Gib einen kurzen **Überblick über den Inhalt** des Buches, wenn es mehrere Geschichten enthält.
- Begründe, warum du dieses Märchenbuch **besonders magst**.
- Wähle eins deiner **Lieblingsmärchen** und **besonders spannende Abschnitte** daraus aus.
- Informiere über die **Hauptfiguren**, den **Handlungsort**, die **Zeit** und die **Ausgangssituation**.
- **Erzähle** nun die Handlung mit deinen eigenen Worten **nach** und **lies** ein oder zwei **Abschnitte vor**.
- Du kannst deine **Zuhörer in deinen Vortrag einbeziehen**, indem du sie vermuten lässt, wie das Märchen weitergeht oder endet.

5 Welche anderen Märchenfiguren kennt ihr noch? Sammelt sie einmal gemeinsam an der Tafel. Ihr könnt dazu auch in eure mitgebrachten Märchenbücher schauen.

Der schwarze Stier von Norroway

1. Anfangsformel

Es war einmal ein armes Waschweib, das hatte eine einzige Tochter, und die hieß Meg. Der konnte sie nichts weiter mitgeben als ihr Wissen darum, wie man saubere Wäsche wäscht. Eines Tages kam Meg zu ihr und sagte: „Mutter, back mir einen Kuchen und pack mir etwas Wegzehrung ein, ich will in die Fremde ziehen und dort mein Glück versuchen."

2. Weiter Weg

Meg legte das Essen in den Korb, ging die ganze Nacht hindurch und den ganzen nächsten Tag und als es erneut Abend wurde, erreichte sie eine Hütte, in der eine Hexe und ihre Tochter wohnten.

„Wenn du dein Glück suchst", meinte die Hexe, „dann solltest du hier am Fenster warten und die Augen offen halten. So kannst du es gleich von Weitem kommen sehen."

Auf Anraten der Hexe schaute Meg also eine ganze Woche Tag für Tag erfolglos aus dem Fenster. Am ersten Tag der zweiten Woche trottete der schwarze Stier von Norroway die Straße hinunter und die Hexe sagte: „Da ist es ja. Du bist hierher gekommen, um dein Glück zu suchen, und hier ist es." Sie schob die verängstigte Meg auf den breiten Rücken des Stiers und blickte ihr zusammen mit ihrer Tochter schadenfroh hinterher.

Der Stier trug Meg den ganzen Tag und die ganze Nacht, bis sie ein graugrünes Schloss an einem Fluss erreichten. „Das ist das Haus meines ältesten Bruders“, sagte das Tier. „Wir werden hier übernachten.“

3. Zauberdinge

Als Meg am nächsten Tag wieder auf den Rücken des Stieres kletterte, reichten die Schlossbewohner dem Mädchen einen süß duftenden graugrünen Apfel und sagten: „Schneide ihn erst entzwei, wenn du in die erste große Bedrängnis kommst.“

Der Stier trug Meg den ganzen Tag, die ganze Nacht und auch den ganzen nächsten Tag, bis sie zu einem gelben Schloss an einem breiten Fluss kamen.

„Hier wohnt mein zweitältester Bruder“, sagte der Stier. „Heute werden wir hier übernachten.“

Meg wurde genauso gastlich aufgenommen wie im Schloss zuvor und am kommenden Morgen reichte man ihr eine süß duftende, wunderschöne Birne und sagte ihr, sie solle sie aufheben bis zu dem Tag, an dem sie zum zweiten Mal in ihrem Leben in arge Bedrängnis käme.

4. Magische Zahlen

Das dritte Schloss war purpurrot und diesmal bekam Meg eine süß duftende, wunderschöne Pflaume mit der Auflage, sie so lange aufzuheben, bis sie zum dritten Mal in ihrem Leben in große Gefahr käme.

5. Gute und böse Figuren

Kurz nachdem sie das dritte Schloss hinter sich gelassen hatten, erreichten Meg und der Stier ein dunkles Tal, das von hohen Bergen umstanden war und von keinem Sonnenstrahl erreicht wurde.

Der Stier bat Meg abzusteigen und forderte sie auf: „Warte hier auf mich. Wir kommen nur weiter, wenn ich den Wächter des Glastales im Kampf töte. Wenn es rings um dich ganz blau und sonnig wird, dann weißt du, dass ich gewonnen habe. Wird hingegen alles blutrot, dann weißt du, dass ich verloren habe. Aber rühr dich auf keinen Fall vom Fleck. Wenn du dich auch nur einen Schritt fortbewegst, finde ich dich hier nicht mehr wieder."

Meg setzte sich auf einen Felsen und wartete. Mit einem Mal wurde es ganz hell und die Sonne strahlte vom blauen Himmel herab. Da wusste sie, dass der Stier den Kampf gewonnen hatte. Vor lauter Freude hob sie einen Fuß und kreuzte ihn über dem anderen. Kurz darauf kam der Stier mit blutverschmiertem Fell wieder das Tal entlanggetrabt. Obwohl Meg ihn deutlich erkennen konnte, sah er sie nicht und hörte auch nicht ihr Rufen. Er lief an ihr vorbei und Meg sah ihn nie wieder.

Betrübten Herzens erhob sich Meg und wollte alleine losgehen, aber kaum war sie aufgestanden, rutschte sie aus und fiel hin. Da erkannte sie, dass die Felsen des Tals sich in spiegelglattes Glas verwandelt hatten, das so glatt und rutschig war wie Eis. Der Hüter des Glastals war zwar tot, aber das Tal selbst hatte sich nicht verändert und Meg war in ihm gefangen wie eine Spinne in einer Tonschüssel.

Nachdem sie tagelang vergeblich nach einem Ausgang gesucht hatte, erreichte Meg schließlich eine Schmiede, hinter der die Glaswände wie Gletscher aufragten. Dem Schmied dort brachte Meg schluchzend ihre Geschichte vor.

„Wenn du sieben Jahre für mich den Blasebalg bedienst und die Zange hältst, fertige ich dir ein Paar eiserne Schuhe an, mit denen du das Tal wieder verlassen kannst", brummte der Schmied.

Also bediente Meg sieben Jahre lang den Blasebalg und hielt die Zange. Auch wenn ihr dabei manchmal die Sinne schwanden und ihr die glühende Hitze die Wangen verbrannte, beklagte sie sich nicht.

Am Ende der Zeit schmiedete der Mann dem Mädchen ein Paar eiserne Schuhe mit Stachelsohlen.

Mit diesen Schuhen kam Meg die spiegelglatten Abhänge des Glastals hinauf, aber am Ende bereitete ihr jeder Schritt eine wahre Höllenqual. Als sie oben war, schleppte sie sich zu der Hütte der Hexe und ihrer Tochter zurück und bat die beiden, sie wieder aufzunehmen.

„Wie gut, dass du hier bist", meinte die Hexe. „Letzte Nacht hat der Prinz von Norroway einen Anzug aus schwarzem Leder hier gelassen, der über und über mit Blutflecken beschmutzt ist. Er will diejenige zur Frau nehmen, die den Anzug wieder sauber bekommt. Du bist doch die Tochter einer Wäscherin – du darfst bei uns wohnen, wenn du für uns den Anzug reinigst."

Meg breitete den Anzug aus und bearbeitete die Blutflecken mit einem Stück Waschleder, so wie ihre Mutter es ihr vor vielen Jahren gezeigt hatte.

6. Verwandlung

Sobald die Blutflecken mit dem Waschleder in Berührung kamen, verschwanden sie. Der Anzug glänzte wie neu und Megs Füße wurden auf der Stelle wieder heil, als wären sie nie verletzt gewesen. Daraufhin rannte Meg mit dem Anzug über dem Arm zur Hütte zurück. Die Hexe nahm ihn ihr weg und kicherte: „Vielen Dank, meine Liebe. Du hast meiner Tochter Glück gebracht."

Und dann sperrte sie Meg ins Dachstübchen ein, damit sie nicht mit dem Prinzen von Norroway sprechen konnte.

Als der Prinz am Abend erschien, um seinen Anzug abzuholen, schenkte ihm die Tochter der Hexe ein zahnlückiges Lächeln und erzählte ihm, wie sehr sie sich geplagt habe, um den Anzug wieder sauber zu bekommen. Der Prinz hatte keine andere Wahl, als einzuwilligen, sie binnen drei Tagen zu heiraten.

Als Meg in dieser Nacht allein in ihrer Dachkammer war, kam ihr wieder der Apfel in den Sinn, den sie im Schloss des ältesten Bruders des Stiers von Norroway geschenkt bekommen hatte. Jetzt war sicherlich der Augenblick gekommen, an dem sie sich zum ersten Mal in ihrem Leben in arger Bedrängnis fand. Sie schnitt den Apfel auseinander und statt der Kerne kamen Perlen zum Vorschein. Da rief Meg die Tochter der Hexe und sagte ihr: „Wenn du mich heute Nacht vor dem Fenster des Prinzen singen lässt, schenke ich dir diese Perlen.“

„Abgemacht!“, willigte die Tochter ein. Aber sogleich ging sie zu ihrer Mutter und mischte dem Prinzen einen Schlaftrunk in den Wein.

In dieser Nacht setzte sich Meg vor des Prinzen Tür und sang:

7. Zauberspruch

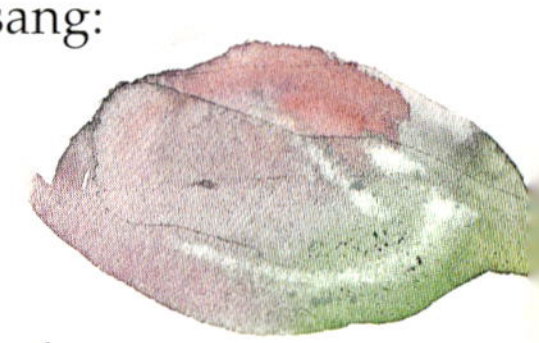

Hab sieben Jahre nichts bereut,
hab Glashügel erklommen,
hab fein gesäubert dir dein Kleid,
würd gern jetzt zu dir kommen.

Aber der Schlaftrunk verschloss dem Prinzen die Ohren, sodass er kein einziges ihrer Worte hörte.

Meg erkannte, dass sie in der zweiten argen Bedrängnis ihres Lebens steckte. Sie schnitt die Birne entzwei, die ihr im Schloss des zweiten Bruders des schwarzen Stiers von Norroway überreicht worden war. Das Kerngehäuse der Birne war voller Gold. Meg rief nach der Tochter der Hexe und bot ihr an: „Wenn du mich noch eine Nacht vor der Tür des Prinzen singen lässt, dann soll das Gold dir gehören.“

„Abgemacht!“, sagte die Tochter und lief abermals zu ihrer Mutter, die dem Prinzen erneut einen Schlaftrunk ins Weinglas tat.

Die ganze Nacht saß Meg vor seiner Tür und sang:

Hab sieben Jahre nichts bereut,
hab Glashügel erklommen,
hab fein gesäubert dir dein Kleid,
würd gern jetzt zu dir kommen.

Doch der Schlaftrunk verschloss seine Ohren wie schon am Abend zuvor. Weil Meg sich nun in der dritten argen Bedrängnis ihres Lebens befand, schnitt sie die Pflaume auf und fand anstelle eines Steins einen Diamanten aus dem Glastal, der so groß war wie ein Taubenei. „Lass mich noch einmal nachts vor der Tür des Prinzen

singen", bat Meg die Tochter der Hexe, „und nimm als Dank dafür diesen Stein für deine Hochzeitskrone."

„Abgemacht!", willigte die Tochter der Hexe ein, und ihre Mutter rührte wie an den Abenden zuvor einen Schlaftrunk für den Prinzen. Als der Prinz jedoch den Becher an den Mund hob, hörte er auf der Weide vor seinem Fenster ein leises Muhen, als wollten die drei Brüder des Stiers ihm etwas zurufen. Als er sich erhob und ans Fenster trat, warf er versehentlich den Becher um und verschüttete den Wein. Als er draußen nichts weiter hörte, ging er zu Bett. Er hatte noch keine fünf Minuten geschlafen, da hörte er, wie Meg vor seiner Tür sang:

Hab sieben Jahre nichts bereut,
hab Glashügel erklommen,
hab fein gesäubert dir dein Kleid,
würd gern jetzt zu dir kommen.

Der Prinz eilte zur Tür, öffnete sie und Meg fiel ihrem Geliebten in die Arme. Am nächsten Morgen wurden sie vermählt und alle Glocken in Norroway läuteten zu dem feierlichen Ereignis. Die Hexe jedoch und ihre Tochter versuchten sich mit den Perlen, dem Gold und den Diamanten von Meg zu trösten. Doch als sie die Kostbarkeiten in den Händen hielten, mussten sie feststellen, dass es in Wirklichkeit nur Apfelkerne, das Kerngehäuse einer Birne und ein Pflaumenstein waren. Unter wütendem Kreischen rannten sie aus dem Haus, galoppierten wie verrückt gewordene Kühe an den Rand der Weide, stürzten über den Rand ins Glastal hinunter und waren fortan nie mehr gesehen.

8. Schlussformel

Kenneth McLeish

1 Meg ist ein außergewöhnliches Mädchen. Beschreibt sie einmal mit euren Worten. Welche Adjektive wählt ihr für sie?

2 Auch der Stier ist ein besonderes Wesen. Über welche Fähigkeiten und Eigenschaften verfügt er?

3 Die wichtigen Merkmale eines Märchens sind am Rand aufgeführt. Sucht diese Merkmale im Text auf und lest die betreffenden Stellen vor.

4 Erzählt das Märchen nach. Die folgenden Tipps sollen euch eine Hilfe sein.

- Unterteilt das Märchen in Sinnabschnitte und notiert zu jedem Abschnitt Stichwörter.
- Beginnt die Nacherzählung mit der Anfangsformel *„Es war einmal …"*
- Erzählt dann mit eigenen Worten anhand eures Stichwortzettels das Geschehen möglichst genau nach. Achtet dabei auf die richtige Reihenfolge der Ereignisse.
- Lasst nichts Wichtiges aus: Denkt an die bösen und guten Figuren, an die Zauberdinge, die magischen Zahlen …
- Fügt nichts hinzu, was nicht zum Märchen selbst gehört.
- Erzählt in der Vergangenheit.
- Schließt die Nacherzählung mit der Schlussformel.

Ein Märchen und seine Bausteine

1 In dem Text „Der schwarze Stier von Norroway“ gibt es eine Reihe von Merkmalen, aus denen viele Märchen gebaut sind. Untersucht diese Märchenbausteine in Partnerarbeit genauer: Löst die folgenden Fragen und notiert euch zu jedem Baustein Stichwörter. So könnt ihr eure Ergebnisse anschließend in der Klasse besser vergleichen.

Der schwarze Stier von Norroway

Anfangsformel
Wann hat sich das Märchen von Meg und dem Stier wohl zugetragen?

Weiter Weg
Beschreibt den Weg, den Meg bis zum Prinzenschloss geht. Wem begegnet sie? Was erlebt sie? Warum nimmt Meg diesen weiten Weg auf sich? Zeichnet ein Bild mit den Stationen von Megs Strecke in euer Heft.

Magische Zahlen
Im Märchentext findet ihr ganz bestimmte Zahlen, die immer wieder vorkommen. Sucht sie einmal heraus.

Zaubersprüche
Im Märchen wiederholen sich auch besonders wirksame Sprüche …
Diese haben auch oft etwas mit den Zahlen zu tun …

Gute und böse Figuren
Welche Figuren des Märchens sind eher gut, welche eher böse? Warum?

Zauberdinge
Im Verlauf des Märchens spielen einige Zauberdinge eine ganz besondere Rolle.
Worin besteht denn der Zauber dieser Dinge?
Warum kann Meg den Königssohn nicht auch ohne Zauberdinge erlösen?
Vielleicht malt ihr die Zauberdinge einmal so, wie ihr sie euch vorstellt.

Verwandlung
Das Märchen erzählt von der Erlösung eines Verzauberten.
Warum könnte der Prinz verzaubert worden sein?

Schlussformel
Wie heißt wohl die Schlussformel dieses Märchens?
Schaut dazu an das Ende des Märchens.

Erkennungsmerkmale von Märchen

Viele der Märchen-Bausteine, die ihr kennen gelernt habt, könnt ihr auch in anderen Märchen wiederfinden. Sucht euch in Gruppen je einen Baustein aus und prüft das gemeinsam. Eure Ergebnisse könnt ihr auf einem großen Bogen Papier oder Tapetenrest präsentieren.

A Anfang und Ende

Anfangsformel

1 Welche Anfangsformeln von Märchen kennt ihr?

2 Schaut noch einmal in eure Märchenbücher:
Wie viele unterschiedliche Anfänge findet ihr?

Schlussformel

3 Ergänzt den folgenden Schlusssatz:
„Und wenn sie nicht gestorben sind, ..."

4 Welche anderen Schlussformeln findet ihr in euren Märchenbüchern?

5 Am Schluss besiegt das Gute meist das Böse.
Kennt ihr auch ein Märchen, das **kein** glückliches Ende hat?

B Figuren und Gegenstände

Gegensätze

1 Welche guten und bösen Figuren aus anderen Märchen kennt ihr?

2 Diese Gegensätze findet ihr oft: *schön – hässlich, arm – reich, klein – ..., klug – ...*
Sucht weitere Gegensätze. Schreibt dann jeweils ein Gegensatzpaar auf einen Zettel. Ein anderes Kind soll dazu passende Märchenfiguren finden und erzählen. Anschließend macht ihr es umgekehrt.

3 Ihr könnt auch zwei dieser Märchenfiguren malen.

Verwandlung

4 Bestimmt kennt ihr Märchen, in denen sich Figuren verwandeln oder verwandelt werden, wie zum Beispiel im *„Froschkönig"*.
Nennt weitere solcher Verwandlungen.

Zauberdinge

5 Sammelt verschiedene Zauberdinge, die ihr aus Märchen kennt.
Stellt ihre besonderen Kräfte vor.

6 Schaut euch im Klassenraum um:
Welcher Gegenstand könnte zu einem Zauberding werden?
Beschreibt ihn so, dass eure Mitschüler ihn erraten können.

Weiter Weg **7** Welche Figuren aus anderen Märchen müssen einen weiten Weg gehen, bevor sie z. B. an ein Knusperhäuschen kommen oder Unterschlupf bei freundlichen Zwergen finden?

8 Zeichnet einen solchen Weg auf.
– Welche Stationen wollt ihr dabei berücksichtigen?
– Welche Figuren sollen den Weg zurücklegen?

Aufgaben **9** In vielen Märchen muss die Hauptfigur erst bestimmte Aufgaben lösen, bevor sie an das Ziel kommt. Nennt Beispiele.

C Sprüche und Zahlen

Sprüche **1** Welches Märchen passt zu welchem Spruch?
Aufgepasst: Ein Märchentitel fehlt!

Aschenputtel

Bäumchen, rüttel dich und schüttel dich,
wirf Gold und Silber über mich.

Spieglein, Spieglein an der Wand,
wer ist die Schönste im ganzen Land?

Vom Fischer und seiner Frau

Schneewittchen

Heute back ich, morgen brau ich,
übermorgen hole ich der Königin ihr Kind;
ach, wie gut, dass niemand weiß,
dass ich …

Manntje, Manntje, Timpe Te,
Buttje, Buttje in der See,
meine Frau, die Ilsebill,
will nicht so, wie ich wohl will.

2 Bestimmt kennt ihr noch andere Sprüche aus Märchen. Schreibt sie auf.

Zahlen **3** Die Zahlen 3, 7 und 12 findet man häufig in Märchen. Nennt Märchen, in denen diese Zahlen vorkommen. Oft gibt die Überschrift schon einen wichtigen Hinweis.

Märchen schreiben – anschaulich erzählen

Wie wäre es, wenn ihr gemeinsam euer eigenes **Klassen-Märchenbuch** gestaltet? Jeder von euch wählt von den folgenden drei Vorschlägen einen aus und schreibt sein eigenes Märchen. Die vorgegebenen Textteile könnt ihr entweder abschreiben oder ihr kopiert sie und klebt sie zu euren Ergänzungen. Dann habt ihr ein vollständiges Märchen in eurer Mappe. Vielleicht malt ihr noch ein Bild dazu. Denkt auch an die Überschrift.

Schaut euch zunächst erst einmal die folgenden Vorschläge an:
1: Den Anfang eines Märchens weiterschreiben
2: Den Mittelteil eines Märchens schreiben
3: Den Anfang und Schlussteil eines Märchens erfinden

Entscheidet euch für einen der Vorschläge. Die folgenden Anregungen helfen euch bei der Bearbeitung.

1: Den Anfang eines Märchens weiterschreiben

Hier findet ihr den **Anfang** eines Märchens, das ihr **bis zum Schluss fortsetzen** könnt.

Es war einmal ein mächtiger König, der hatte drei Söhne. Alle drei liebten dieselbe Prinzessin, die an Schönheit und Klugheit alle Frauen im Lande übertraf. Als nun die Zeit gekommen war, dass die Königssöhne heiraten sollten, fragten sie ihren Vater um Rat. Dieser überlegte lange, weil er seine drei Söhne gleich lieb hatte und keinen von ihnen bevorzugen wollte.

Endlich rief er sie zu sich und sprach: „Meine lieben Söhne, da nur einer von euch die Prinzessin heiraten kann, habe ich Folgendes beschlossen: Zieht in die Welt hinaus, jeder in eine andere Richtung. Reist in fremde Länder, seht euch gründlich um und bringt mir den wundersamsten und seltsamsten Gegenstand mit, den ihr finden könnt. Derjenige von euch, der das wundersamste Mitbringsel vorweist, soll die Prinzessin zur Frau bekommen!"

Damit waren die drei Königssöhne einverstanden und zogen noch am gleichen Tag hinaus in die Welt, ein jeder in eine andere Richtung …

- In welche Richtungen könnten die drei Brüder jeweils hinausziehen? Vielleicht gen Norden, gen Süden, gen …?
  Als wundersame Mitbringsel könnten sie Zaubergegenstände oder Tiere mit besonderen Eigenschaften finden …
  Vielleicht begegnen ihnen auch hinterhältige, böse Figuren?
  Welcher der drei Brüder könnte die Prinzessin für sich gewinnen?

2: Den Mittelteil eines Märchens schreiben

Ich weiß ein Land, dahin mancher gern ziehen möchte, wenn er wüsste, wo es liegt. Dieses schöne Land heißt Schlaraffenland. Da sind Häuser gedeckt mit Eierkuchen, die Türen sind von Lebzelten und die Wände von Schweinebraten. Um jedes Haus steht ein Zaun, der ist aus Bratwürsten geflochten. Aus allen Brunnen fließt süßer Wein und süßer Saft. Wer den gern trinkt, braucht nur den Mund unter das Brunnenrohr zu halten, und der süße Saft rinnt ihm nur so hinein.

Auf den Birken und Weiden, da wachsen …

- Im Schlaraffenland gibt es noch viel Märchenhaftes zu entdecken. Versetzt euch mitten hinein und beschreibt dieses wunderbare Land mit seinen einmaligen Wäldern, Flüssen, Seen, Tieren und Menschen. Auch Schnee und Regen sind im Schlaraffenland nicht nass und kalt, sondern ...

Und wer gern hinreisen will, aber den Weg nicht weiß, der frage einen Blinden. Auch ein Stummer wird ihm keinen falschen Weg sagen. Aber der Weg dahin ist weit für die Jungen und für die Alten, denen es im Winter zu heiß und im Sommer zu kalt ist. Noch dazu ist um das ganze Land herum eine berghohe Mauer aus Reisbrei. Wer hinein oder heraus will, muss sich da erst einmal durchessen.

3: Den Anfang und Schlussteil eines Märchens erfinden

… Mit einem Schwall von Luftblasen vertrieb der kleine Wassermann den riesigen Fisch. Doch als er auf seiner Harfe üben wollte, sah er, dass der Fisch eine Saite gefressen hatte. Dabei wollte er am nächsten Abend im See-Orchester der großen Wassermänner mitspielen. Da kam ihm eine Idee. Im hintersten Winkel des Sees wuchs zartes Schilfgras, aus dem man leicht eine Harfensaite basteln konnte. Doch um daran zu kommen, musste der kleine Wassermann durch die tiefste Stelle des Sees. Er musste vorbei an Druma, der alten Nixe, die Wassermänner hasste. Entmutigt schwamm er zu seinem Großvater. Der wusste tatsächlich Rat: „Du kannst Druma mit einem Zauberspruch einschläfern, dann hört sie dich nicht und du kannst dir das Schilfgras holen. Aber lerne den Spruch gut auswendig, es darf kein Laut falsch sein." …

- Erfindet zuerst einen **Anfang** für das Märchen. **Wo** wird der kleine Wassermann wohl leben? **Wie** hat ein Fisch die Harfe des kleinen Wassermanns untauglich gemacht?

- Sucht nun einen passenden **Schluss**: Wie könnte der Zauberspruch lauten? Wird der kleine Wassermann seine Harfe reparieren und im Orchester mitspielen?

- Bevor ihr eure Märchen für euer Klassen-Märchenbuch sauber abschreibt, solltet ihr sie noch einmal überarbeiten. Dazu könnt ihr gemeinsam eine Schreibkonferenz durchführen:
  - Kopiert eure Texte für eure Arbeitsgruppe.
  - Setzt euch an einen Tisch.
  - Lest euch eure Texte gegenseitig vor. Alle lesen leise mit.
  - Stellt Fragen zum Text. Macht Vorschläge zur Überarbeitung.

S. 229

Vorhang auf: Das Spiel mit Licht und Schatten

Die Vorbereitung

Schattentheater bedeutet, dass man keine tatsächlichen Schauspieler oder Puppen sieht, sondern nur deren Schatten. Das Märchen wird von einem oder von mehreren vorgelesen. Dazu bewegen die Spieler hinter der Bühne ihre jeweilige Spielfigur, wie beim Puppentheater. Auch der Hintergrund lässt sich durch Kulissen fantasievoll gestalten. Für das Schattentheater benötigt ihr eine besondere Bühne, auf der die Schatten sichtbar werden können.

Anregung zum Bau einer Schatten-Bühne

Ihr benötigt:

- eine starke Lichtquelle, zum Beispiel eine 100-Watt-Lampe oder einen Overheadprojektor;
- ein weißes Tuch oder weißes Transparentpapier;
- einen Bühnenrahmen;
- eventuell Tische zur Abgrenzung.

Am einfachsten ist es, wenn ihr als Bühnenrahmen ein Kaspertheater nehmt. Befestigt hinter der Bühne das weiße Tuch oder Transparentpapier mit Reißzwecken. Es sollte so straff gespannt sein, dass man die Schatten gut erkennen kann.

Wenn ihr kein Kaspertheater habt, könnt ihr einen großen Packkarton (zum Beispiel von einem Fernseher) zu einer Schattenbühne umbauen. Trennt zunächst die Rückwand, den Boden und den Deckel ab. So habt ihr noch drei Seiten übrig. Schneidet dann aus der breiten Frontseite die Spielfläche aus. Klebt hinter die Spielfläche weißes Transparentpapier oder steckt mit Reißzwecken ein weißes Tuch dahinter fest. Stellt schließlich den Spielschirm auf einen Tisch und kippt zusätzlich einen anderen Tisch davor um. So kann man nur die Schatten sehen, nicht aber die Spieler, die die Figuren führen.

Szenen schreiben

Der Spielplan

- Das Märchen *„Der schwarze Stier von Norroway"* (S. 72–77) lässt sich in mehrere Abschnitte unterteilen, in denen jeweils unterschiedliche Figuren spielen. Achtet auf die Hinweise am Rand des Textes.

- Notiert zu jedem Abschnitt (Szene), welche Figuren, Gegenstände und Geräusche ihr im Schattenspiel darstellen wollt.
  Ihr könnt dazu zum Beispiel eine solche Übersicht anlegen:

Ort	Figuren/ besondere Gegenstände	Geräusche
1. Szene: im Haus	Meg singt im Wald	Waschgeräusche
2. Szene: im Hexenhaus	Meg bei der Hexe/ fahles Licht 3 kleine und 1 großes blaues Licht	Waldgeräusche; Geplätscher der Zaubertränke
3. Szene: der Ritt	Meg und der Stier	Fahrtwind
4. Szene: im ersten Schloss	...	...

Zum Beispiel die zweite Szene:
Meg findet im Wald das Hexenhaus

Lest euch die entsprechende Textstelle noch einmal durch.
Notiert euch für jede Figur und jeden zu bastelnden Gegenstand auf einer Karteikarte wichtige Kennzeichen.
Der Text gibt euch dafür schon Hinweise.
Ihr könnt euch aber auch selbst etwas ausdenken, z. B.:
Meg: Röckchen, Körbchen
Hexe: ...

Denkt auch daran, dass eure Zuschauer nur die Schatten sehen können. Achtet deshalb darauf, dass jede Figur durch ihre Umrisse schon gut zu erkennen ist.

Das Basteln der Figuren

Zuerst Meg:

- Zeichne die Figur auf Pappe oder starkes Tonpapier (Größe etwa 30x40 cm), am besten von der Seite (Profil).
- Schneide die Figur möglichst genau aus.
- Befestige von hinten mit Tesafilm einen Holzstab oder dickeren Draht (zum Führen der Figur).

Du kannst Meg auch als bewegliche Figur basteln: Schneide dafür einen Arm vom restlichen Körper ab. Lege den Arm ein Stück über den Körper und bohre mit einer dicken Nadel ein Loch durch beide Teile. Dieses Loch muss ganz rund sein. Nun steckst du eine Musterklammer durch beide Löcher und kannst den Arm bewegen. Anstelle der Klammer kannst du auch Draht nehmen: Drehe ihn nach dem Durchstecken durch die Löcher an beiden Enden zu einer kleinen Spirale, damit er nicht durchrutschen kann.

Am äußeren Ende des Armes befestigst du auch einen Führungsstab. Nimm dazu Draht, denn er wirft kaum Schatten – man soll ja die Führung des Armes nicht sehen können! Achte darauf, dass dieser Draht länger ist als der Haltestab für die ganze Figur.

Besondere Effekte lassen sich auch mit anderen Materialien, zum Beispiel mit durchsichtigen Stoffen (Tüll, Spitzenborten), Bast, Bambusstangen, Gras usw. erzielen.

Blaues Licht?

- Schneide die Umrisse einer Lampe oder Flamme auf Pappe oder festem Tonpapier aus.
- Nun schneidest du zusätzlich die Fläche aus, die bunt scheinen soll, und klebst blaues Transparentpapier dahinter. Fertig!

Auf ähnliche Weise kannst du natürlich noch andere Farben ins Schattenspiel bringen, zum Beispiel rote Augen …

Die Aufführung

Vorüberlegung

Am besten arbeitet ihr in Gruppen. Überlegt euch, welche Gruppe
- für Szene 1, 2 ... die Figuren bastelt;
- die Bühne baut;
- den Text zum Vorlesen vorbereitet.

Für die Aufführung eures Schatten-Märchens wählt ihr für jede Figur einen Spieler und einen Sprecher aus.
Den Erzählteil können auch mehrere Hauptsprecher übernehmen, ebenso die Präsentation der jeweiligen Tiere.
So können alle von euch mitmachen.

Das Spiel

- Haltet die Führungsstäbe ganz unten fest und achtet darauf, dass ihr selbst nicht ins Licht kommt. Man soll auf der Bühne ja nur eure Figuren sehen können.
- Bewegt die Figuren ganz langsam und möglichst nah an dem weißen Bühnenschirm. Dann sind die Schatten gut zu erkennen.

Falls ihr übrigens selbst als Schattenspieler auftreten wollt, solltet ihr auf folgende Dinge achten:

Als Bühne spannt ihr ein großes, weißes Tuch zwischen zwei Kartenständer.
So habt ihr eine ausreichend große Fläche, hinter der ihr euch bewegen könnt.
Verkleidet euch so, dass man eure Schatten gut als eine bestimmte Figur erkennen kann.
Der Zauberer bekommt z. B. einen spitzen Hut und einen Zauberstab.

Und nun:

VORHANG AUF!

Fantastische Begegnungen

Eine Geschichte lesen und lebendig werden lassen

Der Adler

Es war einmal ein Kind. Das ist eines Tages in den Wald gegangen. Der war ziemlich weit weg, und es musste ganz schön lange laufen. Als es endlich im Wald angekommen war, da ist es dort ganz allein gewesen, aber es hat keine Angst gehabt. Es ist durch den Wald hindurchgelaufen, und mittendrin hat es eine Frau getroffen mit einem Hund, den es streicheln durfte.

Auf der anderen Seite des Waldes war eine große Wiese, und um die Wiese war ein Zaun. Und auf dem Zaun saß ein großer Vogel. Ganz unbeweglich und still. Doch dann hat der Vogel seine Flügel ausgebreitet und ist weggeflogen.

Da ist das Kind durch den Wald zurück nach Hause gelaufen, den ganzen Weg gerannt, und zu Hause hat es gerufen: Mutti, Mutti, ich habe einen richtigen Adler gesehen. Wirklich, einen richtigen Adler. So große Flügel hat er gehabt. Das Kind breitet die Arme aus. Und beinahe hätte er mich mitgenommen, und ich wäre mit ihm fortgeflogen.

Da sagt die Mutter: Wo warst du so lange? Was hast du bloß die ganze Zeit gemacht? Was wir uns für Sorgen gemacht haben, das kümmert dich wohl gar nicht. Ab mit dir, wasch dich und dann ins Bett.

Da hat das Kind die Arme zugeklappt und hat sich umgedreht und ist losgegangen in den Wald. Und dann ist es durch den ganzen Wald hindurchgegangen. Und obwohl es schon dunkel war, hatte es keine Angst. Und auf der anderen Seite des Waldes saß der Vogel auf dem Zaun und wartete. Und das Kind ist erst auf den Zaun geklettert und dann auf den Rücken des Vogels, und dann sind sie zusammen weggeflogen.

Cordula Tollmien

1 Dies ist eine ungewöhnliche Geschichte. Tauscht euch darüber aus.
- Was hat euch besonders beeindruckt?
- Gibt es auch etwas, das euch nicht gefallen hat?

2 Als das Kind nach Hause zur Mutter kommt, ist es sehr aufgeregt und will ihr von seinem Erlebnis erzählen. Spielt diese Szene aus dem Stegreif nach.

Tipp:
Aus dem **Stegreif spielen** bedeutet: spontan spielen, ohne große Vorbereitung. Die Rollen und Texte müssen nicht einstudiert sein.

3 Kind und Adler begegnen sich ein zweites Mal. Bevor das Kind nun auf den Rücken des Vogels klettert, reden sie miteinander. Was werden sie wohl besprechen? Arbeitet zu zweit und gestaltet diesen Dialog (Gespräch) zwischen den beiden aus:
- Was könnte das Kind den Adler fragen? Was könnte es ihm über sich erzählen?
- Und der Adler? Was könnte er dem Kind erzählen? Aber Fragen hat er sicher auch ...

So könnte euer Dialog beginnen:

Kind: Oh, wie schön, dass du noch da bist. Ich dachte schon, ich komme zu spät. Nun weiß ich ganz sicher, dass es dich gibt und dass ich nicht geträumt habe. Wie heißt du eigentlich? Und wo kommst du her?

Adler: Ich habe keinen Namen, noch nicht jedenfalls. Aber vielleicht magst du mir ja einen Namen geben? Du willst wissen, woher ich komme? Nun, ich komme von überallher, denn der Himmel ist mein Zuhause ...

4 Jetzt beginnt für die beiden eine abenteuerliche Reise.
- Wohin könnte diese Reise gehen?
- Was werden die beiden alles erleben?
- Wem werden sie begegnen?

Sammle deine Ideen in einem Gedankenschwarm (Cluster).

5 Wohlbehalten nach Hause zurückgekehrt, kann das Mädchen der Mutter von seiner abenteuerlichen Reise erzählen. Es sprudelt nur so aus ihr heraus.
- Schreibe du einmal auf, was das Mädchen alles zu erzählen hat. Nutze dazu deinen Gedankenschwarm aus Aufgabe 4.
- Tipps, wie du deine Erzählung anschaulich machen kannst, findest du auf Seite 91.

6 Wie reagiert die Mutter denn, als sie ihre Tochter endlich wiedersieht? Diese Szene könnt ihr spielen.

Zu einem Bild eine Fantasiegeschichte schreiben

1 Auf diesem Bild des Malers Friedrich Hechelmann gibt es eine Menge zu entdecken. Betrachtet es in aller Ruhe. Tauscht anschließend eure Gedanken aus.

2 Versucht einmal, das Bild lebendig werden zu lassen, indem ihr folgende Fragen beantwortet:
- Wer könnte der Mann hier sein?
- Wo und wie mag er leben?
- Ob der Mann diesen seltsamen Besucher wohl erwartet hat?
- Was haben die beiden miteinander zu besprechen?
- Und: Warum steht am geöffneten Fenster eine Tasse?

Euch fallen sicher noch weitere Fragen ein.

3 Lass dich von diesem Bild zu einer fantastischen Geschichte anregen. Die folgenden Tipps helfen dir dabei, dass deine Erzählung **anschaulich** und **lebendig** wird:

S. 229

- Deine Erzählung sollte eine **Einleitung**, einen **Erzählschwerpunkt** und einen **Schluss** haben.
  - In der **Einleitung** stellst du die handelnden Personen/Figuren, den Ort und die Zeit vor, in der deine Geschichte spielt.
  - Der **Hauptteil** deiner Geschichte ist dein **Erzählschwerpunkt.** Hier erzählst du das Geschehen nach der Reihenfolge. In diesen Teil kannst du auch eine **überraschende Wende** einbauen.
  - Für den **Schluss** deiner Erzählung überlegst du dir, ob sie **traurig** oder **glücklich** oder … enden soll.
- Verwende beim Erzählen eine **Zeitform der Vergangenheit**.
- Überlege dir **Namen** für die **Personen** und **Figuren** deiner Geschichte.
- Lass die Personen und Figuren miteinander **reden.** Verwende die **direkte Rede.**
- Mach deutlich, was die Personen **denken** und **empfinden**.
- Mal dir aus, wie sich etwas **bewegt**, welche **Laute** und **Geräusche zu hören** sind, wie etwas **riecht** oder **schmeckt**, was man **spüren** oder **fühlen** kann. Benutze dazu **treffende Adjektive** und **abwechslungsreiche Verben**.
- **Vermeide Wiederholungen**, denn meistens machen sie eine Geschichte langweilig.
- Bilde **Vergleiche**, wenn du etwas besonders beschreiben möchtest.
- Finde eine Überschrift, die Neugierde weckt.

Eine Geschichte aus veränderter Perspektive erzählen

1 Lasst euch die folgende Geschichte einmal laut vorlesen.

Beim Tiger

Jens wollte unbedingt der Freund von Linus sein. Denn Linus hatte einen Vater, der im Zoo Wärter war. Wenn Jens und Linus an die Zookasse kamen, dann hat die Frau hinter dem Fensterchen freundlich genickt, und sie haben hineingedurft ohne Geld.

Der Vater von Linus hat auf die Tiger und Löwen aufpassen müssen, und der Linus hat erzählt, dass der Vater genau spürt, ob es gefährlich ist, wenn er zu den Raubtieren in den Käfig geht.

Jens und Linus haben schon oft vor den Käfigen gestanden und beobachtet, wie die Tiger und Löwen mit riesigen Stimmen brüllen, sodass der heiße Atem wie Rauch aus ihren Rachen kommt. Die Zähne sind spitz wie Dolche, und es kracht, wenn sie die Knochen zerbrechen, die im Fleisch sind, das der Vater von Linus mit einem Haken durch die eisernen Gitterstäbe des Käfigs hindurchreicht.

Linus hat erzählt, dass der Vorgänger von seinem Vater ein junger Mann gewesen ist, der unvorsichtig war. Ein Tiger, den er schon drei Jahre kannte, ist plötzlich auf ihn losgegangen und hat ihm den Arm zerrissen. Der Mann hat sich nie wieder zu den Raubtieren getraut. Das macht jetzt der Vater von Linus.

Während der letzten großen Ferien haben sich Jens und Linus oft gelangweilt, weil die Eltern nicht verreist sind. An einem Sommerabend, an dem keiner ins Bett gehen will, weil es so warm und kuschlig ist, sind die zwei noch mal zum Zoo und haben am Eingang gesagt, dass sie den Vater von Linus abholen wollen und dass sie vielleicht ein bisschen helfen können beim Saubermachen der Käfige.

Im Zoo waren überhaupt keine Besucher mehr, und die Tür vom Raubtier-Haus hat offen gestanden, Eimer und Schrubber standen herum, die Käfige waren leer, weil die Tiere vor dem Haus im Freigelände waren, und der Vater von Linus war auch nicht zu sehen.

Weil nichts los war, haben die beiden Verstecken gespielt. Zuerst hat der Jens suchen müssen. Aber er hat den Linus sehr schnell hinter einer Säule gefunden. Da hat er sich gedacht, dass er ein Versteck findet, auf das der Linus nicht kommt.

Er ist nach hinten in das Haus gegangen, wo es dunkel war und wo ein kleiner Käfig gewesen ist. Der Käfig war leer, und die Gittertür hat er leicht aufschieben können.

Wie er in der hintersten Ecke des Käfigs gesessen ist, da hat er sich zusammengeduckt und gewusst, dass der Linus jetzt lange suchen muss.

Und so ist es auch gewesen. Linus hat überall gesucht, nur nicht in dem kleinen Käfig hinten im Dunkeln. Jens hat schon gedacht, dass er mal pfeift, damit Linus ihn endlich findet, weil es schon langweilig war. Aber dann hat er plötzlich was gehört, und weil seine Augen sich an das Dunkel gewöhnt hatten, konnte er sehen, dass in der Wand eine Tür war, die vielleicht nach draußen in das Freigelände führte. Und diese Tür stand offen.

Dem Jens ist das Blut stehen geblieben in seinen Adern. Plötzlich war er so schwer wie Blei, und um seine Kehle spürte er einen Griff, der ihm die Luft nahm. Er hatte keinen Ton rufen können, obwohl er schreien wollte vor lauter Angst.

Durch die Tür ist ein Tiger hereingekommen, ganz leise auf seinen Tatzen, und hat einen Bogen gemacht in dem kleinen Käfig, so wie er das vielleicht schon tausendmal vorher gemacht hat auf seinem Gang von draußen nach drinnen und von drinnen nach draußen. Und es hat ausgesehen, als ob er tanzt.

Zum Glück hat der Jens in seiner Ecke dem Tiger nicht im Weg gesessen. Der Tiger hat ihn nur gestreift mit seinem Fell. Und Jens hat den Atem gerochen, der aus dessen Magen gekommen ist.

Wie der Tiger wieder zur Tür hinaus war, da hat sein Herz wieder angefangen zu schlagen. Aber er hat sich nicht auf seine Füße stellen können, so sehr hat alles an ihm gezittert. Nur sein rechtes Bein hat er ein bisschen anwinkeln können.

Und schon ist der Tiger wieder da gewesen, hat seinen Bogen gemacht, an Jens vorbei. Diesmal hat er die Augen offen halten können, und er hat gesehen, wie der Tiger ihn für eine Sekunde ansieht und doch nicht sieht, wie er durch ihn hindurchsieht, durch und durch, so als wäre er nicht da.

Vielleicht war das so, weil der Jens nicht in dem Bogen gesessen hat, den der Tiger immer geht.

Der Jens hat sich gefühlt, als wäre er festgenagelt am Boden.

Als der Tiger mal wieder weg war, hat er gewagt, mit den Augen nach links zu sehen, dorthin, wo das Gitter war. Hinter dem Gitter hat Linus gestanden. Der hat ein Zeichen gemacht mit den Händen und ist schnell weggelaufen. Denn Linus hat von seinem Vater gewusst, was eine Gefahr ist. Aber Jens hat noch lange aushalten müssen bei seinem Tiger.

Zuerst ist der Linus zu der Frau am Eingang gerannt. Aber die Frau hatte den Eingang schon zugemacht und war sicher nach Hause gegangen.

Schließlich hat er den Wärter getroffen, der die Affen versorgt. Aber der hat auch nicht sofort gewusst, wo der Vater von Linus ist. Und der war der Einzige, der sich in die Käfige der Tiger traut.

Die Sonne ist untergegangen, und die Pfauen haben ihre Federn wie große Fächer aufgestellt und geschrien, als wäre es der letzte Tag. Und der Tiger ist seine Bögen gegangen, immer wieder an Jens vorbei.

Plötzlich ist der Vater dagewesen. Linus hat was sagen wollen, aber er hat die Wörter nicht herausgebracht, sondern hat den Vater nur hinter sich herzerren können zum Raubtierhaus hin.

Der Vater hat gleich gesehen, dass der Jens hinten in dem Käfig wie ein Häufchen liegt. Er hat abgewartet, bis der Tiger wieder zur Tür hinaus war, ist dann hineingegangen in den Käfig und hat die Tür in der Wand verschlossen.

Wie die Tür verschlossen war, da hat der Jens angefangen zu schreien, hat sich am Boden gekrümmt wie ein Wurm, und die Luft ist ihm ausgegangen, bis er nichts mehr gewusst hat.

Ein Jahr später haben die beiden sich wieder in den Zoo getraut. Sie haben vor den Eisenstangen gestanden, hinter denen der Käfig war, in dem der Tiger seine Bögen geht. Kurz vor den Eisenstangen hat der sich im Bogen abgewendet, wie ein Tänzer, und hat auf den Jens hingesehen, als wäre er aus Glas.

Julius Becke

2 Was hat euch an dieser Geschichte besonders beeindruckt? Tauscht euch darüber aus.

3 Viele Nächte lang erlebt Jens im Traum immer wieder die Begegnung mit dem Tiger.
- Schreibe einmal auf, was er *hört, sieht, denkt, fühlt, riecht, spürt …* Denke dabei an den *Körper (Zunge, Hals, Beine), die Stimme* und den *Atem* des Tigers.
- In den folgenden Zeilen wirst du fündig: 46 bis 69.

4 Was empfindet **Linus** wohl, als er seinen Freund im Tigerkäfig entdeckt? Versetzt euch einmal in seine Situation und erzählt.

5 Der Tiger greift Jens nicht an. Welche Erklärung habt ihr dafür? Lest dazu die Zeilen 46 bis 69 aufmerksam.

6 Was sieht der Tiger eigentlich, während er seine Bahnen durch den Käfig zieht? Male dieses Bild. Vergleicht anschließend in der Klasse.

7 Wähle dir von den folgenden beiden Aufgaben eine aus:

A

Ein Reporter hat von dem Vorfall im Zoo erfahren und schreibt darüber eine Nachricht für die Zeitung.
– Schreibe du diese Zeitungsnachricht.
– Natürlich brauchst du auch eine aufregende Schlagzeile!

Für Stunden allein mit der Raubkatze

Eine Nacht mit dem Tiger im Käfig

In der Dämmerung beim Raubtier

Bange Minuten hinter Gittern

> Versteckspiel mit Folgen
>
> Ein harmloses Versteck-Spiel im Zoo wurde für die beiden Freunde Jens und Linus gestern beinahe zum Verhängnis. Ohne sich etwas dabei zu denken, hatte sich …

B

Jens verarbeitet die Begegnung mit dem Tiger in seinem Tagebuch.
Jeden Abend trägt er ein, was ihm den ganzen Tag über durch den Kopf gegangen ist.
Schreibe du für einen Tag dieses Tagebuch.
Schreibe aus der **Ich-Perspektive**.

Montag, den …

Schon über eine Woche ist es her, dass ich beim Tiger im Käfig war. Aber immer noch habe ich den Geruch des Tieres in der Nase. Mir schlottern jetzt noch die Knie, wenn ich daran denke, dass …

8 Erst ein Jahr später gehen Jens und Linus wieder in den Zoo.
– Mit welchen Gefühlen stehen die beiden vor dem Tigerkäfig?
– Was beobachten Jens und Linus?
Spielt diese Szene und lasst die beiden ihre Gedanken und Gefühle in einem Gespräch austauschen.

Die Welt der Bücher und Bibliotheken

Spurensuche – oder: Wissen wollen, wie es weitergeht

Nicht nur in Märchen, auch im wirklichen Leben spielen Großeltern eine große Rolle für viele Kinder. Deshalb gibt es auch viele spannende Geschichten von ihnen und über sie.
Eine ganz besondere Geschichte hat der Autor Peter Härtling in seinem Kinderbuch „Oma" aufgeschrieben. Es ist „Die Geschichte von Kalle, der seine Eltern verliert und von seiner Großmutter aufgenommen wird". Wie werden die beiden wohl miteinander auskommen?

1 Lest dazu den folgenden Auszug.

Oma findet Fußballspielen gut

In der Schule kam Kalle zwar nicht in allen Fächern zurecht, machte auch nicht immer die Schulaufgaben, aber die meisten seiner Kameraden mochten ihn. Er hatte Einfälle für Spiele, er half, konnte sich prima schlagen und war vor allem ein ausgezeichneter Fußballspieler. Sein Freund Kümmel, ein dünner, hochgeschossener Junge, dessen Hobby Sternkunde war, zeichnete sich als bester Torwart von allen fünf Parallelklassen aus. Und er hatte auch die Idee, dass alle dritten Klassen eine Fußballmannschaft wählen sollten, die dann sicher auch die vierte schlagen würde.

Kalle wurde Libero. Was Libero war, wussten sie aus dem Radio und Fernsehen. Jedenfalls, so sagte sich Kalle, muss der Libero der Gescheiteste in der Mannschaft sein, da er allen zuspielt, das Spiel macht, wie die Reporter immer sagten.

Eine Zeit lang trainierten sie in den Pausen. Lehrer erfuhren davon und regten an, sie sollten sich nachmittags auf dem Vereinssportplatz treffen. Einer der Lehrer käme auf jeden Fall dazu.

Kalle fand das prima. Er erzählte es, kaum zu Hause, der Oma. Die war dagegen. Bei einem solch hektischen Spiel könne er sich das Bein brechen, könne ihm einer ein Loch in den Kopf hauen. Sie sagte: Also, das geht nicht, Kalle. Ich bin ja großzügig, aber ihr seid ja nicht einmal richtig bewacht.

Bewachen lassen wir uns von niemandem, sagte Kalle. Immer suchst du nach Aufpassern. Bitte lass mich doch gehen. Am Donnerstag ist das erste Training.

Oma konnte nicht hart bleiben. Im Grunde nie. Sie fragte Kalle, auf welchem Fußballplatz sich denn das alles abspiele.

Gar nicht so weit von hier, antwortete Kalle. Auf dem Grün-Weiß-Platz, weißt du, dort, wo die Leute auch immer Tennis spielen.

Ja, ja, sagte Oma. Die Leute, die sonst nichts zu tun haben.

Das ist doch Quatsch, sagte Kalle. Wenn du es gelernt hättest, würdest du auch spielen.

Weißt du, wie viel Geld so ein weißes Kleidchen kostet?, fragte Oma.

Das ist mir schnuppe.

Mir auch, sagte Oma. Aber eben deswegen kann ich nicht spielen.

Kalle verschwand am Donnerstag. Er hatte den Ball zur Aufbewahrung, einen weiß-schwarz gefleckten, den sogar die Oma richtig hübsch gefunden hatte.

Es war auch einer der jungen Lehrer da. Er brachte ihnen viel bei. Wie man Bälle stoppt, mit der Brust oder mit dem Fuß, wie man mit der einen Kante des Fußes schlägt oder mit der Spitze. Kopfball fand Kalle am besten.

Kümmel bewegte sich im Tor wie eine Schlange. Er warf sich in die Luft, fiel in den Dreck und es war ihm alles egal. Hauptsache, er hielt den Ball.

Als sie mitten im Spiel waren, sah Kalle zu seinem Schrecken am Spielfeldrand Oma stehen. Sie winkte ihm zu; er achtete nicht auf sie. Er schämte sich fürchterlich. Nach einer Weile fing Oma an zu schreien. Erst dachte Kalle, der nicht zu ihr hinsah, sie rege sich über ihn auf, dann merkte er, dass sie ihn oder andere Jungen anfeuerte. Er hörte, wie sie rief: Schneller, Kalle! Das war gemein von dem Dicken! Lass dir den Ball doch nicht wegnehmen! – Der Lehrer ging zu ihr hin und sie unterhielten sich eine Weile. Aus den Augenwinkeln beobachtete Kalle beide. Der Lehrer lachte oft. Oma musste eine Menge komischer Sachen sagen.

Sie blieb bis zum Schluss des Spiels und feuerte ihn sogar an. Verstanden hatte sie jedoch nicht viel. Wahrscheinlich hatte der Lehrer deswegen so gelacht. Sie redete von Nebenläufern und Seitenspringern und Kalle hatte gar keine Lust, ihr das genau zu erklären. Sie würde es doch nicht begreifen. Von da an ließ sie ihn aber ohne Jammern zum Spielen gehen.

Bei einem der nächsten Spiele verletzte er sich. Er war ungeschickt gewesen. Kein anderer war dran schuld. Er stolperte – und das noch ohne Ball! – und verstauchte sich den Knöchel. Der wurde schnell dick. Kalle konnte nicht mehr auftreten.

Der Lehrer brachte ihn mit dem Auto nach Hause.

Kalle wunderte sich, dass Oma sich nicht aufregte. Sie blieb ganz ruhig, bedankte sich beim Lehrer, prüfte den Knöchel, stellte fest: Gebrochen ist nichts! Sie holte nicht einmal den Arzt, obwohl Kalle sagte: Der Fuß tut fürchterlich weh.

Ich weiß, sagte sie. Pass auf, wenn ich dir Umschläge mit essigsaurer Tonerde mache, hören die Schmerzen bald auf. Nur liegen musst du ein paar Tage.

Oma war prima. Sie trug an diesem Tag keine Prospekte aus, blieb bei ihm, rückte den Fernseher so, dass er vom Bett aus sehen konnte, spielte mit ihm Mensch-ärgere-dich-nicht und Flohhupfen. Als es ihm am dritten Tag langweilig wurde, wollte sie ihm das Stricken beibringen. Aber das lehnte er ab.

Kalle fürchtet, Oma würde ihn nicht mehr Fußball spielen lassen. Das war nicht der Fall. Sie fragte ihn sogar, nachdem er den ersten Tag wieder in der Schule war: Hast du kein Spiel?

Nein, erst morgen, sagte er.

Du musst eben auf dein Bein aufpassen, sagte sie. Aber gut spielen sollst du auch, Kalle!

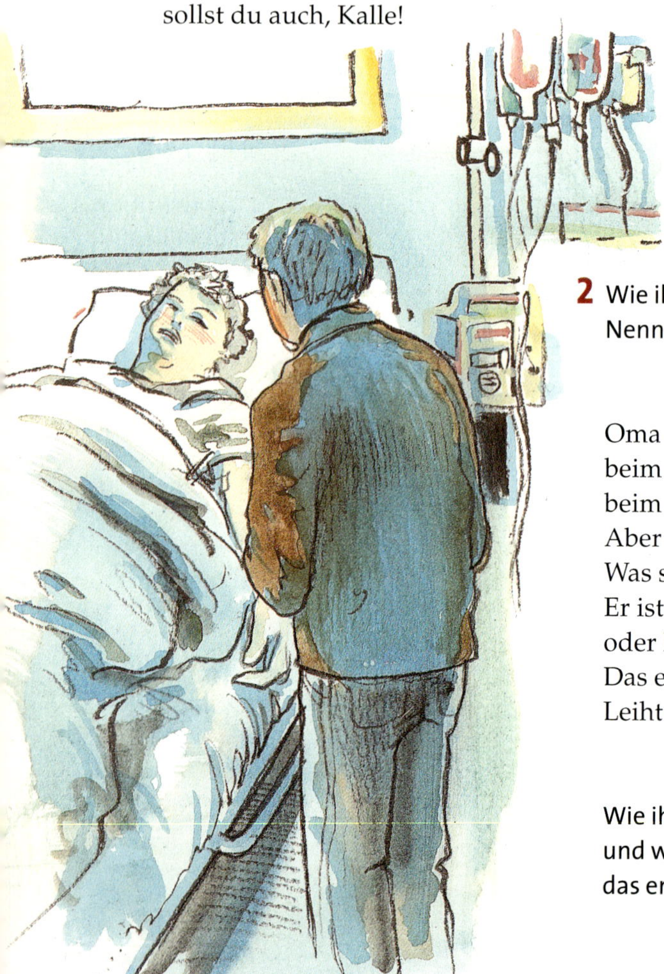

2 Wie ihr gemerkt habt, ist Kalles Oma eine ganz besondere Oma. Nennt dafür Beispiele aus dem Text.

Oma unterstützt Kalle auch weiterhin und nicht nur
beim Fußball, sondern z. B. auch wenn er Schwierigkeiten
beim Erledigen seiner Hausaufgaben hat.
Aber eines Tages wird Oma krank und muss ins Krankenhaus.
Was soll nun aus Kalle werden?
Er ist erst neun Jahre alt! Muss er ins Kinderheim
oder kommt die Oma wieder?
Das erfahrt ihr, wenn ihr im Buch selbst weiterlest.
Leiht euch das Buch doch einfach aus der Bibliothek aus.

Wie ihr euch in einer Bibliothek orientieren könnt
und wie ihr erfolgreich auf Spurensuche gehen könnt,
das erfahrt ihr auf den nächsten Seiten.

Einen Besuch in der Bibliothek vorbereiten

1 Erkundige dich telefonisch über die Öffnungszeiten eurer Bibliothek und die Bedingungen für die Buchausleihe. Suche zuerst aus dem Telefonbuch die Nummer für die Bibliothek heraus:

Stadt Auskunft Behörden	5 20 25 33
Stadtbäckerei Schönherr	7 25 43 53
Stadtbibliothek Chemnitz	4 88-42 22
Moritzstraße 20 (im „Das Tietz“)	
Freihandbibliothek	4 88-42 330

2 Lege dir nun für dein Telefonat einen Stichwortzettel an, damit du nichts vergisst.

Stadtbücherei
Telefonnummer: ____________

- begrüßen, sich vorstellen
- Anliegen vorbringen: Ausleihen eines Buches
- Fragen dazu:
  Öffnungszeiten
  Anmeldung/Mitgliedschaft
  Kosten
  Ausleihdauer
  Ansprechpartner
- sich bedanken, verabschieden

3 Mach dir während des Telefonats Notizen, damit du dir nichts Falsches einprägst und jederzeit nachlesen kannst.

S. 23

4 Informiere deine Eltern über dein Vorhaben. Für die erstmalige Anmeldung in einer Bibliothek sollte ein Elternteil mitkommen oder die Kopie des Personalausweises mitgegeben werden.

5 Jede Stadtbibliothek hat auch ihre eigene Homepage. Natürlich kannst du auch im Internet recherchieren und dir dort die Antworten auf deine Fragen heraussuchen. Du gibst z. B. unter www.google.de die Begriffe *Stadtbibliothek* und deine *Heimatstadt* ein. So findest du die gewünschte Adresse, wie z. B.: http://www.stadtbibliothek-chemnitz.de

Eine Bibliothek erkunden

Stadtbibliotheken verfügen über hunderttausende Bücher und Medien, wie z. B. Zeitschriften, Comics, CDs, Videos, CD-ROMs usw. Damit sich jeder schnell zurechtfinden kann, haben Bibliotheken eine Information und sind in verschiedene Abteilungen untergliedert.

1 Betrachtet folgende Übersicht zum Aufbau einer Bibliothek. In welcher Abteilung könnt ihr das Kinderbuch von Peter Härtling „Oma" finden?

Information	Lesesaal	Lesecafe
Regionalkundekabinett	Magazinbibliothek	Freihandbibliothek
Musikbibliothek	Internationale Bibliothek	Kinder- und Jugendbibliothek

2 Schaut euch nun auch die Namen der anderen Abteilungen etwas genauer an. Was stellt ihr euch unter den einzelnen Abteilungen überhaupt vor? Was könnt ihr dort finden oder tun?

3 Wenn ihr es noch genauer wissen wollt, lest euch folgende Erklärungen durch. Findet heraus, welche Definition zu welchem Abteilungsnamen passt.

a) Hier findet man Tonträger, Bücher, Noten, Zeitschriften, Lexika, Videos … rund um die Musik.

b) Bücher, Zeitschriften, Kalender u. a. Druckerzeugnisse aus acht Jahrhunderten sind in einem großen Raum (Magazin) gelagert, schützenswerte Bestände können nur im Lesesaal eingesehen werden.

c) In ca. 35 Sprachen – von **A** wie Arabisch bis **Z** wie Zulu – werden fremdsprachige Literatur, Sprachkurse, Wörterbücher, Hörbücher, Reiseführer, Spielfilme, Zeitungen und Zeitschriften angeboten.

d) Regionalkundliche Literatur aus dem Heimatgebiet und dem Bundesland sowie Quellen aus mehreren Jahrhunderten sind hier zu finden.

e) Medien, die nicht mit nach Hause genommen werden dürfen, können hier gelesen werden.

f) In diesem Raum kann man beim Lesen etwas trinken oder sogar frühstücken. Zusätzlich stehen PC-Arbeitsplätze mit Internetanschluss zur Verfügung. An manchen Abenden stellen Buchautoren ihre Bücher vor und diskutieren mit dem interessierten Publikum darüber.

g) In dieser Bibliotheksabteilung kann man vom Comic-Heft bis zum Video, aber auch Bücher aus allen Wissensgebieten ausleihen und mit nach Hause nehmen.

Nachschlagen, suchen, finden: Kataloge in Bibliotheken

Nach all den Vorinformationen begeben wir uns nun in die Bibliothek vor Ort in die Abteilung **Kinder- und Jugendbücherei.**

1 Die Kinder- und Jugendbibliothek untergliedert sich in zwei große Bereiche: in die **Belletristik** (unterhaltende Literatur wie z. B. Erzählungen, Märchen, Gedichte, Bildgeschichten und anderes) und in die **Sachbuchbestände**. In welchem Bereich wirst du Peter Härtlings Buch „Oma" finden?

Zettelkataloge

Bevor du direkt in den Bücherregalen nach diesem oder einem anderen Buch suchst, solltest du dich vergewissern, ob es überhaupt in dieser Bibliothek vorhanden ist.
Darüber geben dir die in jeder Abteilung vorhandenen **Zettelkataloge** (Auflistung aller Bücher/Medien in Karteikästen auf Karteikarten) Auskunft:
Autorenkatalog, Titelkatalog und der **Systematische Katalog**.
Die Namen der Kataloge erklären sich so:

Einen **Autorenkatalog** benutzt man, wenn man den **Autor des Buches** kennt.

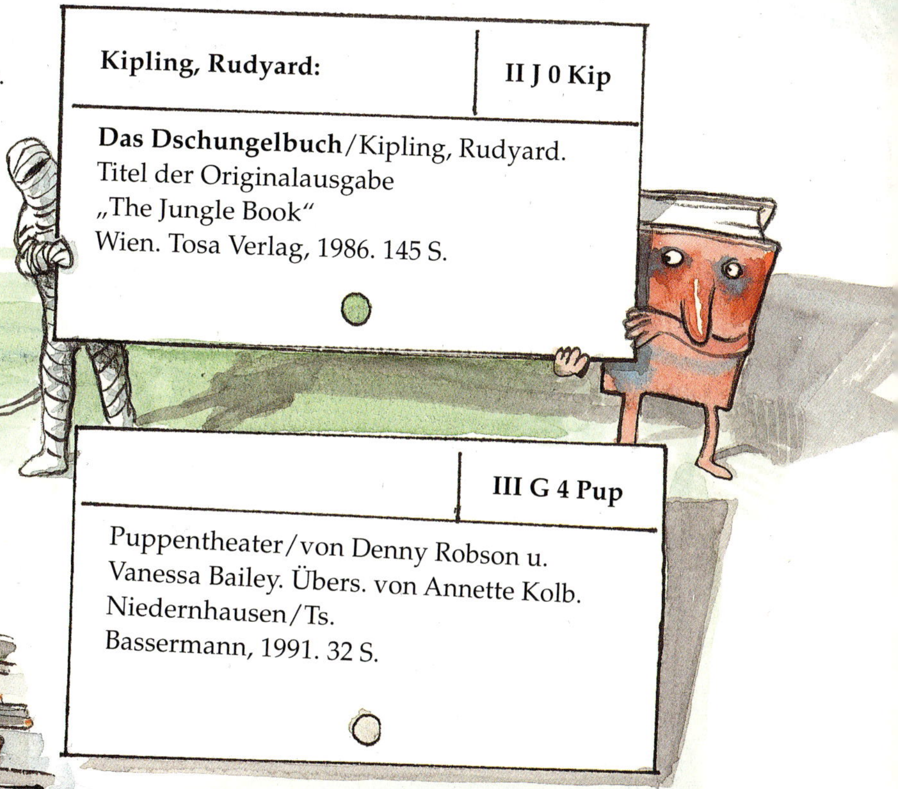

Kipling, Rudyard:	**II J 0 Kip**

Das Dschungelbuch/Kipling, Rudyard.
Titel der Originalausgabe
„The Jungle Book"
Wien. Tosa Verlag, 1986. 145 S.

Einen **Titelkatalog** benutzt man, wenn man den **Titel des Buches** kennt.

	III G 4 Pup

Puppentheater/von Denny Robson u.
Vanessa Bailey. Übers. von Annette Kolb.
Niedernhausen/Ts.
Bassermann, 1991. 32 S.

Im **Systematischen Katalog** schlägt man nach, wenn weder Autor noch Titel bekannt sind. Dazu überlegt man sich ein Stichwort (einen Oberbegriff, das Thema), das auf den Inhalt des gesuchten Buches passt, und schlägt dann im Katalog nach. Die Themen sind nach Buchstaben geordnet.

Belletristik

J Belletristik (Erzählungen, Märchen, Gedichte, Bildgeschichten und anderes)
- J 0 Erzählungen
- J 1 Märchen, Sagen, Volksbücher, Fabeln
- J 2 Sprichwörter, Rätsel, Witze
- J 3 Gedichte
- J 4 Theaterstücke (u.a. Puppenspieltexte)
- J 5 Sammelbände (Verschiedenes in einem Buch)
- J 6 Bildgeschichten, Comics
- J 7 Fremdsprachige Belletristik

Sachliteratur

A Allgemeines (Nachschlagewerke)
B Wirtschaft (u. a. Eigentumsformen, Arbeit, Geld)
C Staat (u. a. Rathaus, Polizei, Feuerwehr), Militär
D Geschichte
E Freundschaft, Liebe, Religionen
F Schule, Familie, Berufe. Feste u. Feiern. Bibliothek
G Sport, Spiele. Sammeln. Basteln
H Literatur
I Sprache
K Kunst (u. a. Malerei, Musik, Theater, Zirkus, Film)
L Länder u. Völker, Reisen
M Mathematik, Computer
N Natur
- N 0 Allgemeines (u. a. Umweltschutz)
- N 1 Physik
- N 2 Chemie
- N 3 Astronomie (Sterne, Planeten)
- N 4 Pflanzen u. Tiere der Urzeit. Gesteine, Bodenschätze. Wasserhaushalt der Erde. Wetterkunde
- N 5 Biologie (Allgemeines, Pflanzen- u. Tierkunde)
- N 6 Über Naturforscher

O Der menschliche Körper, Gesundheit, Krankheit
P Technik
V Verkehr (Straßen- u. Schienenverkehr, Schifffahrt, Luftfahrt, Raumfahrt), Post
W Land- u. Forstwirtschaft. Garten, Zimmerpflanzen. Haustiere
X Haushalt. Kochen. Handarbeiten

2 Erkläre nun mit deinen Worten, was man unter einem **Autorenkatalog**, einem **Titelkatalog** und einem **Systematischen Katalog** versteht.

3 In welchen Katalogen findest du Peter Härtlings Buch „Oma"?

4 In welchen Katalogen suchst du, um folgende Bücher zu finden?

a) „Harry Potter und der Stein der Weisen"
b) Wichtiges zur Altsteinzeit
c) Herbert, Ina „Clever durchs Internet"
d) „Der Traum vom Fliegen – Die Geschichte der Luftfahrt"
e) „Tintenherz"
f) Erich Kästner „Das fliegende Klassenzimmer"

5 Dir ist bestimmt schon aufgefallen, dass alle Karteikarten oben rechts Zahlen und Ziffern enthalten. Das nennt man eine **Signatur**.
– Betrachte in Ruhe folgende Illustration und lies die Erläuterungen.
– Erkläre nun: Was ist eine Signatur? Worüber gibt sie Auskunft?

	II J 0 Här
Peter Härtling: Oma. Weinheim u. Basel. Beltz Verlag 1991. 100 S.	

Man findet das gesuchte Buch in dem Regal, das mit den ersten Zeichen dieser Signatur versehen ist **(II J 0)**. Innerhalb eines Regals sind die Bücher alphabetisch nach Autor und Titel geordnet. Die Signatur zeigt also den Standort eines Buches an.

6 Welche weiteren Kinderbücher von Peter Härtling findest du im Regal? Erstelle eine Liste.

Ein Jugendbuch vorstellen

1 Wähle dir nun einmal ein Buch aus der Bibliothek aus, z. B. „Rennschwein Rudi Rüssel“ von Uwe Timm oder „Der Sprachabschneider“ von Hans Joachim Schädlich.
Tipp: Um zu entscheiden, welches Buch du nehmen möchtest, kannst du
1. das Inhaltsverzeichnis ansehen oder
2. den Klappentext (besondere Form der Inhaltsangabe) lesen, den du auf der Innenseite des Umschlages oder auf der Rückseite des Buches findest.

2 Stelle das Buch, nachdem du es gründlich gelesen hast, deiner Klasse vor. Du gehst am besten dabei so vor:

- Leite deinen Vortrag mit einem interessanten Detail aus dem Buch ein, z. B. so:
  Paul ist in der Schule nicht besonders fleißig und auch nicht besonders faul. Eines Tages aber trifft er einen seltsamen Mann, der ihm anbietet, alle Hausaufgaben für Paul zu übernehmen, wenn …? Was Paul dafür tun muss und was sonst noch alles passiert, erfahrt ihr in dem Kinderbuch „Der Sprachabschneider“ von H. J. Schädlich.
- Schreibe Autor und Titel des Buches an die Tafel.
- Lass deine Mitschüler erzählen, was sie sich unter diesem Titel vorstellen.
- Begründe kurz, warum du gerade dieses Buch gewählt hast.
- Stelle die wichtigsten Personen mit ihren Eigenschaften/Rollen vor. Bereite dazu ein Plakat für deine Mitschüler vor und illustriere es:

Paul,
Schüler der 5. Klasse
- träumt gern
- braucht immer viel Zeit
- hat eine Menge Fantasie
- sieht einen Himmels-Riesenbaum und Wolkenelefanten
- spielt sehr gern Fußball

Vielolog,
der Sprachabschneider
- wunderlicher Mann mit großem grünen Regenschirm
- trägt stets einen kofferähnlichen Holzkasten mit sich herum
- hat eine krächzende Stimme
- macht „Geschäfte“ mit Schulkindern

Direktor und Lehrer der Schule
…

Pauls Eltern
…

Mitschüler
…

Pauls Freund Bruno
…

- Gib nun einen Überblick über den Inhalt des Buches. Nutze als Redegrundlage einen Stichwortzettel. Lies ab und zu eine treffende Textstelle gut betont und fehlerfrei vor. Lege dir vorbereitend kleine Zettel in die entsprechende Seite des Buches und nummeriere sie nach der Reihenfolge.
- Beziehe am Schluss deine Zuhörer in deinen Vortrag ein, indem du sie das Ende erraten lässt. Stelle erst dann den Ausgang des Geschehens vor.

Hans Joachim Schädlich: Der Sprachabschneider

- 7.00 Uhr: Paul auf dem Weg zur Schule – fantastische Begegnungen, z. B. mit dem Straßenbahnschiff: S. 17

- vor der Schule: ein seltsamer Mann mit ...
- nach der Schule: Vielolog besucht Paul
- ...
- das erste verlockende Angebot: S. 24
- der geheimnisvolle Koffer
- Paul schließt den Vertrag ab
- Pauls Leben ohne Präpositionen: Ärger zu Hause und in der Schule

- das zweite Angebot von Vielolog: alle Verbformen (außer dem Infinitiv) für eine Woche Hausaufgaben
- Pauls Leben ohne Präpositionen und ohne Verben:
  * Ärger mit seinem besten Freund Bruno, S. 33–36
  * traurige Eltern, Verspottung in der Schule, S. 39
  * schlechte Noten ...
- Paul ist verzweifelt, S. 41
- Paul nimmt auch das dritte Angebot des Sprachabschneiders an: den ersten Konsonanten eines jeden Wortes, das mit zwei Konsonanten beginnt = Katastrophe: Paul beim Einkauf, S. 44–46 oben

- Lösung? Mitschüler fragen!

- Vielolog gibt Paul einen Fehlertext und drei Tage Zeit
- Wird er es schaffen?

- Bruno und die Grammatik helfen beim Eintragen aller fehlenden Wörter und Verbformen
- Glückliche Übergabe

EDV-Kataloge – Ein Buch mit dem PC ermitteln

In allen größeren Bibliotheken befinden sich so genannte EDV-Kataloge. Damit sucht man sich seine Informationen am PC zu Hause oder in der Bibliothek aus. Unter www.stadtbibliothek-chemnitz.de findet ihr folgende Übersicht:

Der OPAC-Katalog (Online-Public-Access-Catalog) steht euch für die selbständige Suche zur Verfügung.
Klickt nun auf OPAC-Kataloge, dann auf OPAC und auf Start web OPAC. Jetzt befindet ihr euch auf der Seite Standardsuche und könnt eure Suche nach einem Buch starten.

1 Schaut euch dazu folgende Abbildung genau an.
Wie geht ihr vor, um ein Sachbuch über Wale zu suchen?

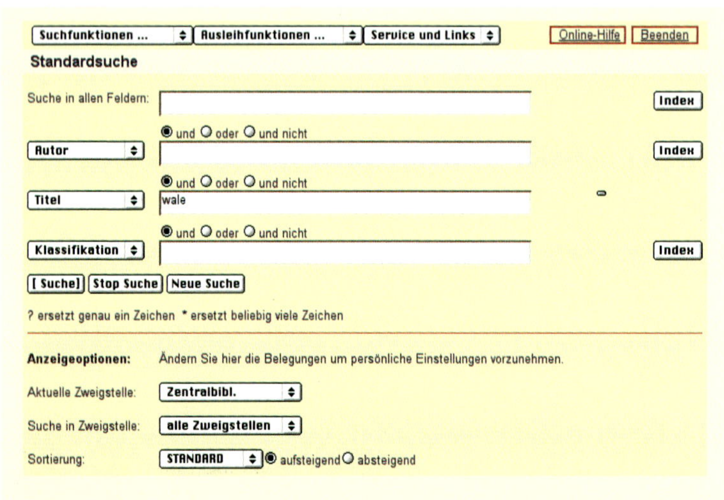

2 Der Computer listet nun alle Bücher auf, die zum Stichwort **Wale** passen.
Welche Titel würdet ihr auswählen, um Informationen über Wale zu bekommen?
Begründet eure Auswahl.

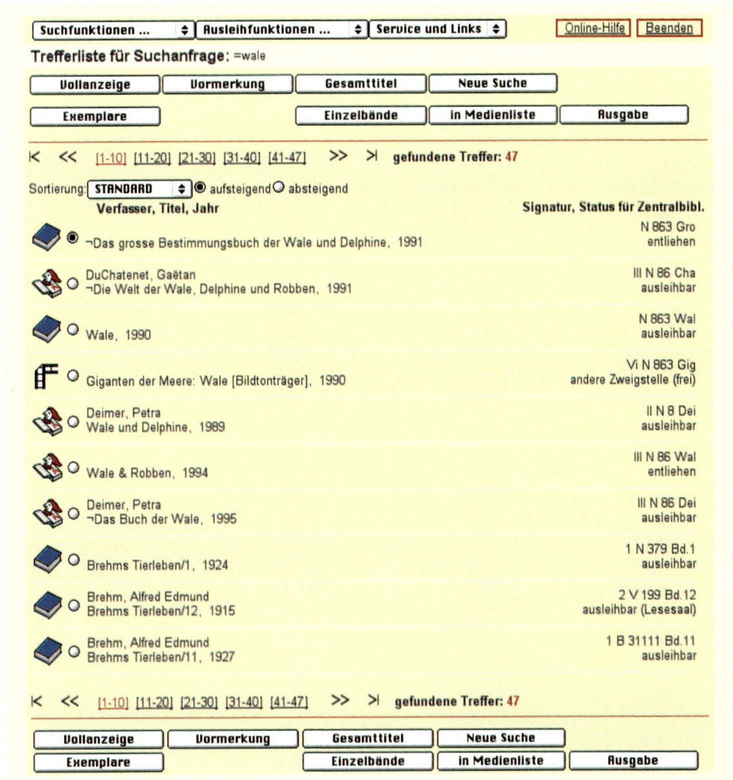

3 Wenn man einen Titel der Liste anklickt, erscheint ein Fenster mit den Angaben zum Buch.
- Was ist für euch wichtig?
- Ist das Buch für eure Zwecke geeignet? Begründet.

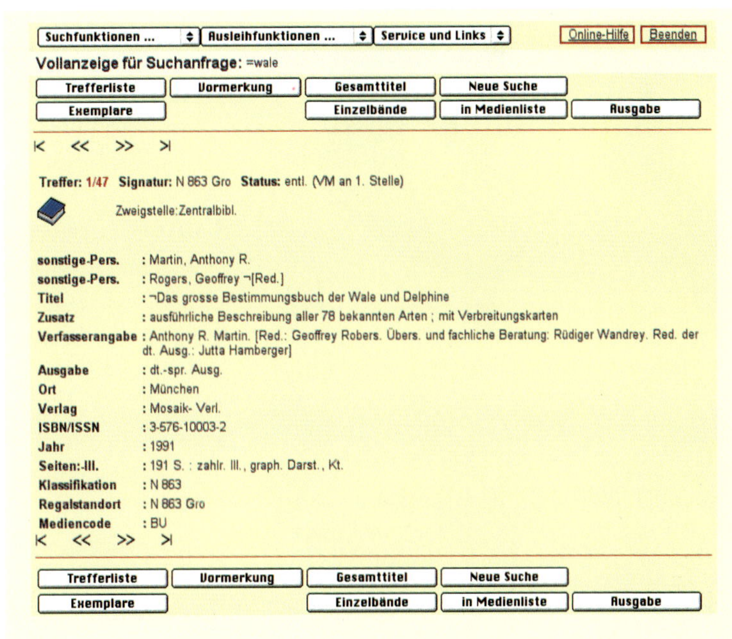

4 Was möchtet ihr einmal über Wale wissen?
Sammelt eure Fragen.

5 Wählt nun am PC oder/und in den Zettelkatalogen die Bücher aus, die euch Antworten auf eure Fragen geben können.
Wo würdet ihr nachschlagen: im **Autorenkatalog,** im **Titelkatalog** oder im **Systematischen Katalog**? Begründet.

Ein Kinderbuch rettet Wale

Wie das funktioniert, fragt ihr? Lasst euch überraschen!

Nina Rauprich veröffentlichte 1987 erstmals ihr Buch „Die sanften Riesen der Meere". Seitdem wurde es immer wieder neu aufgelegt.

1 Betrachtet in Ruhe das Titelbild und lest noch einmal leise die Überschrift.
- Wovon wird dieses Buch wohl handeln? Jeder von euch schreibt einmal seine Erwartungen und Vorstellungen auf.
- Tauscht eure Ideen anschließend in der Klasse aus.

2 Lest nun den Klappentext des Buches laut vor. Werden eure Erwartungen erfüllt?

Seit Generationen leben die Bewohner der portugiesischen Insel Madeira vom Walfang und auch der zwölfjährige Manuel möchte einmal Walfänger werden. Doch als er eines Tages in Seenot gerät und von Delphinen zur Küste zurückgetragen wird, beginnt er die Riesen der Meere mit ganz anderen Augen zu sehen. Zusammen mit der Meeresbiologin Petra kämpft er für die Einstellung des Walfangs vor der Insel.

3 Was ist euch noch unklar? Was möchtet ihr unbedingt wissen?

4 Sucht auf der Wandkarte oder im Atlas die Insel Madeira. Vielleicht wart ihr schon einmal in der Nähe im Urlaub?

5 Bevor du mit dem Lesen des Buches beginnt, legst du dir ein **Lesetagebuch** in Form eines Heftes oder einer Mappe an. In diesem **Buch zum Buch** hältst du deine persönlichen Arbeitsergebnisse fest und kannst dich stets schnell orientieren, um Fragen zu beantworten und entsprechende Textstellen aufzufinden.
Die folgenden Tipps zeigen dir, wie du verfahren kannst:

- Auf das Deckblatt schreibst du die Autorin und den Titel. Später kannst du das Deckblatt noch illustrieren.

- Die inneren Seiten deines Lesetagebuches werden nummeriert.

- Die erste Seite des Lesetagebuchs enthält die Kapitelübersicht – das Inhaltsverzeichnis. Du nummerierst von eins bis zehn untereinander, weil das Buch zehn Kapitel enthält. Immer, wenn du ein Kapitel gelesen hast, formulierst du dafür eine treffende Überschrift und trägst sie in die Kapitelübersicht ein.

Inhaltsverzeichnis
1. Kapitel: Eine gefährliche Paddeltour aufs Meer
2. Kapitel: Alte Geschichten eines Walfängers
3. Kapitel: ...
...

- Ab Seite zwei deines Lesetagebuchs beginnst du jedes Kapitel mit folgender Übersicht, die du während oder nach dem Lesen des entsprechenden Kapitels ausfüllst:

	Kapitelnummer	Seiten
Handelnde Personen:		bis
Handlungsorte:		bis
Handlungsverlauf:		bis
Besondere Textstellen:		bis

- Nach dem Lesen des Buches schreibst du in sinnvoller Reihenfolge die Namen aller wichtigen Personen auf und welche Rolle sie im Buch spielen.

Weitere Tipps:

- Du kannst die Personen des Buches auch zeichnen.
- Du kannst deine eigene Meinung zu dem formulieren, was die Personen in besonderen Situationen tun.
- Du kannst den Handlungsverlauf oder die Textstellen mit Fotos, Zeichnungen oder Collagen ergänzen.

Anhand deines Lesetagebuches fällt es dir jetzt bestimmt ganz leicht, folgende Aufgaben zu lösen.

6 An seinem zwölften Geburtstag – einem ungewöhnlich heißen Tag im März – paddelt Manuel mit seinem Schlauchboot heimlich allein aufs Meer hinaus und wäre beinahe ertrunken.
Aber Delphine haben ihn auf wundersame Weise gerettet.
– Wie wird es Manuels Mutter dabei ergangen sein?
– Schreibe auf, was sie an diesem Abend in ihr Tagebuch einträgt.

7 Eine Fremde kommt ins Dorf und bringt einiges durcheinander.
– Wer ist diese Fremde? Was will sie?
– Fertige einen Steckbrief zu Petra an.
– Illustriere deinen Steckbrief.

Steckbrief

Name, Vorname:
Geschlecht:
Alter:
Größe:
Körperbau:
Kleidung:
Haarfarbe, Frisur:
Augen:
Stimme:
Beruf:
Besonderheiten:

8 Übernimm die folgende Tabelle in dein Lesetagebuch.

Personen	Für den Walfang – Begründungen	Gegen den Walfang – Begründungen
...	...	...

9 Trage die Personen in die entsprechende Tabellenspalte ein.
Comandante, Manuel, Manuels Vater, Manuels Mutter, Luis-Alberto, Carlos, Petra, Chicos Vater
Fülle dann aus, warum sie **für** oder **gegen** den Walfang sind.

10 Auf welche Seite stellst du dich? Warum?

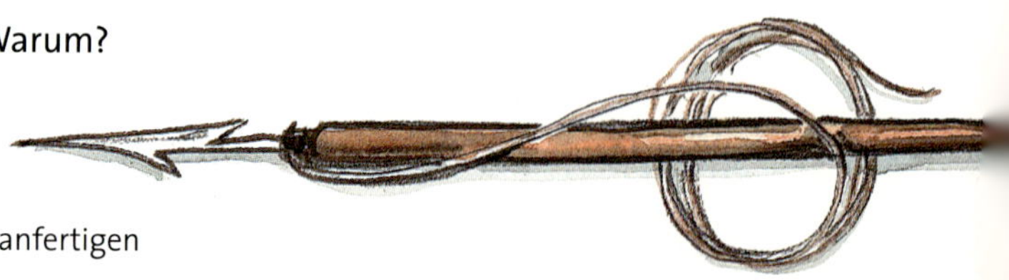

11 Auf der letzten Seite des Buches steht ein Nachwort.
Lest es aufmerksam.
Welche Möglichkeiten habt ihr, ganz konkret etwas für die Rettung der „Sanften Riesen der Meere" zu tun?

12 Entwerft einen Brief und schickt ihn an Petra Deimer.

13 Ein Brief ist nicht die einzige Möglichkeit, für die Erhaltung dieser Tierart einzutreten. Recherchiert einmal im Internet unter
http://www.walschutz.org/body.html
Hier könnt ihr Petitionen gegen den Fang von Walen und Delphinen abschicken.

14 Der **WDCS** ermöglicht es sogar, eine Walpatenschaft zu übernehmen. Sprecht darüber auch mit eurem Klassenlehrer oder mit eurer Klassenlehrerin.

15 **WDCS** ist die Abkürzung für:
Whale and Dolphin Conservation Society.
Wie würdet ihr das übersetzen?

16 Erinnert euch abschließend noch einmal an die Kapitelüberschrift:
Ein Kinderbuch rettet Wale.
Könnt ihr jetzt erklären, was es damit auf sich hat?

Namen

Vornamen

Viele unserer Vornamen kommen aus anderen Ländern.

Vornamen aus 12 Ländern

Land	**Mädchen**	**Junge**
Dänemark	Maren	Malte
Deutschland	Anne	Robert
England	Jennifer	Mike
Frankreich	Nicole	Pascal
Italien	Marietta	Marco
Iran	Jasmin	Said
Irland	Aileen	Kevin
Polen	Ludmilla	Jurek
Russland	Katka	Boris
Spanien	Isabella	Ramon
Türkei	Fatma	Ercan
Ungarn	Ilona	János

1 Vielleicht kennt ihr auch Kinder mit diesen Namen? Erzählt von euren Begegnungen.

2 Aus welchen Sprachen stammen die Namen in eurer Klasse? Listet sie einmal auf.

In einem Vornamenlexikon findet ihr weitere Angaben zur Herkunft und Bedeutung eurer Vornamen, z. B.:
Boris *russisch:* der Kämpfer

Kai *dänisch, schwedisch:* männlicher und weiblicher Name; auch **Kay;** die Bedeutung des Namens ist unklar, vielleicht Kurzform von **Katharina** *griechisch:* die Reine; **Karin, Kathrin, Catharina**
Karsten *niederdeutsch:* von **Christian, Kerstin** *schwedisch*
Korinna *griechisch: Mädchen;* **Corinna**

Moritz *österreichisch:* von **Maurus** *lateinisch:* der Mohr, der aus Mauretanien Stammende
Nadja *russisch:* von **Nadeschda:** die Hoffnung; **Nadine**
Nicole *französisch:* von **Nikolaus** griechisch: der Sieger; der heilige Nikolaus war Schutzheiliger der Kinder; Namenstag am 6. Dezember; **Nicola, Niklas**
Olaf *nordisch:* der Nachkomme

Viele deutsche Vornamen sind etwa tausend Jahre alt und gehen auf die Germanen zurück. Die Eltern verbanden mit dem Namen oft den Wunsch, wie oder was ihr Kind einmal werden sollte. *Hartmut* stellte man sich als *kräftigen, mutigen Mann* vor. *Waltraut* sollte einmal eine *liebevolle Herrscherin* werden.

Adelheid, Dietrich, Eberhard, Friedrich, Gertrud, Hartmut, Hilde, Hermann, Manfred, Sieglinde, Siegfried, Volker, Walter, Waltraut

3 Bildet Zweiergruppen und versucht einmal, die Bedeutung der Namen rechts zu bestimmen. Die folgenden historischen Wortstämme können euch dabei helfen.

adal ≙ Adel, adlig, edel
ebur ≙ Eber
diet ≙ Volk
folk/volk ≙ (Kriegs-)Volk
fridu ≙ Friede(n)
ger ≙ Wurfspieß
hart ≙ hart, kräftig

heid ≙ Art, Zustand
her/heri ≙ Heer, Krieger
hild ≙ Kampf
lind(e) ≙ Schlange
man ≙ Mann
muot ≙ Mut, Gemüt

rich ≙ reich, mächtig, Herrscher
sig(u) ≙ Sieg
traut/trut(d) ≙ lieb
walt(en) ≙ herrschen, regieren

Mit dem Christentum kamen weitere Vornamen nach Deutschland, z. B.:

Barbara, Eva, Judith, Katharina, Sophie, Susanne, Daniel, David, Georg, Johannes, Martin, Nikolaus

4 Sucht solche Namen aus dem Buchstabensalat rechts heraus. Auf jeder Zeile findet ihr einen. Die Anfangsbuchstaben ergeben einen weiteren christlichen Vornamen.

G H A L G O M I C H A E L S L Y P A Q
C M G S L T I A F X C A N N A H O F K
N Z V U B C R R U T H T V H P P G R T
S U T H O M A S W S A I R G E F X J P Z
I B C M V H U B E R T U S W X Q A W
O V K U L B Y J T N A D A M D O Z E L

5 Denkt darüber nach, warum wohl viele Eltern ihren Kindern bis heute gern solche Namen geben.

6 Wählt zwei christliche Vornamen aus und versucht ihre ursprüngliche Bedeutung zu erklären. Hier kann auch ein Vornamenbuch weiterhelfen.

Gotthold Ephraim Lessing   Karlheinz   Anna-Maria   Carl Maria von Weber

7 Warum geben viele Eltern ihren Kindern mehrere Vornamen? Tauscht euch über die folgenden Gründe aus. Sprecht auch mit euren Eltern.

- **Erinnerungen** an Bekannte, Verstorbene …
- **Vorbilder**: Verwandte, Bekannte, Figuren aus Literatur, Film …; Personen aus der Öffentlichkeit …
- **Traditionen** in der Familie, in der Wohngegend, in der Region …
- **Wohlklang**: passend zum Familiennamen, gut auszusprechen, gut zu rufen …
- **Mode**

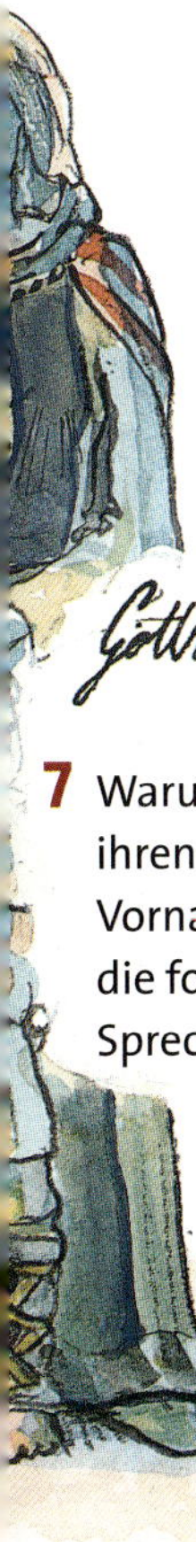

Nachnamen/Familiennamen

Ursprünglich hatten die Menschen nur **einen** Namen, ihren heutigen Vornamen. Vor knapp tausend Jahren, als die Bevölkerung wuchs und die Menschen enger zusammenrücken mussten, konnte man manche Personen oft nicht mehr nach ihrem Vornamen unterscheiden und verwechselte sie sogar.

So traten allmählich Nachnamen hinzu. Sie bezeichneten die Personen zuerst nach bestimmten Eigenschaften oder Eigenheiten, nach ihrer Tätigkeit, ihrer Herkunft, ihrem Wohnsitz usw. genauer.

Diese Bedeutungen treffen heute nur noch selten zu und sind für uns eher zufällig.

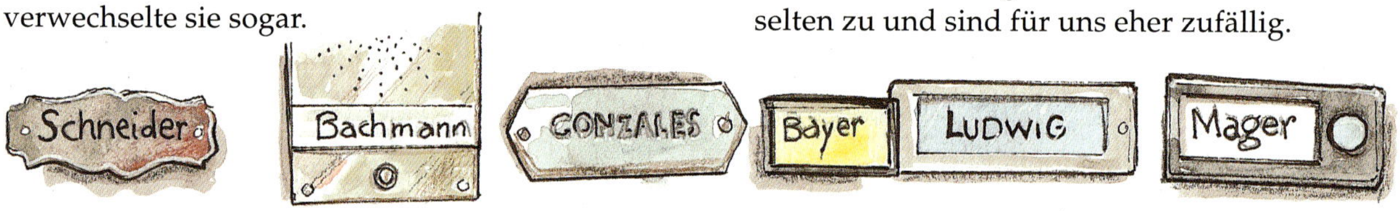

1 Die folgende Tabelle zeigt verschiedene Möglichkeiten, die zu heutigen Familiennamen geführt haben.
Übernehmt die Tabelle in euer Heft und tragt die sechs Familiennamen von oben in die richtigen Spalten ein.

ehemaliger Rufname:	Peters, ...
Herkunft (Land, Stadt, Gegend ...):	Wiener, ...
ehemalige Wohnstätte:	Berg(er), ...
Beruf, Amt oder Stand:	Graf, ...
Merkmal, Eigenschaft einer Person:	Fröhlich, ...
aus einem anderen Land mitgebracht:	Nowotny, ...

2 Findet weitere Namen, die in diese sechs Gruppen passen, und schreibt sie dazu. Es gibt sehr viele Beispiele.
Ihr könnt euch auch aus dem Pool unten bedienen.

Adamek	Claus	König	Polack	Schweitzer
Albrecht	Ferrari	Koch	Preuß	Teichmann
Backhaus	Fuchs	Liebmann	Richter	Unger
Böhme	Grimm	Nürnberger	Ritter	Wagner
Busch	Gruber	Otto	Rose	Werner
Cerny	Heinrich	Pawlow	Schwarz	Zimmermann

3 Sprecht mit euren Eltern über die Bedeutung oder Herkunft **eures** Familiennamens.
Der **Tipp** und ein Familiennamenbuch können euch helfen. Tragt eure Ergebnisse in der Klasse vor.

4 In manchen Gegenden kommen bestimmte Familiennamen besonders häufig vor.
Gibt es in eurem Ort oder in Nachbarorten solche Beispiele?
Schaut auch einmal im Telefonbuch nach.

Tipp:
Manchmal sind bei Familiennamen bis heute noch mehrere Schreibungen erhalten:
Bär – Bähr – Beer – Behr – Bahr
Schmidt – Schmitt – Schmid – Schmied – Schmitz
Schulz(e) – Schultz(e) – Scholz(e) – Schulte

Der Familienstammbaum

Die meisten Menschen interessieren sich sehr dafür, woher sie kommen, wer ihre Vorfahren sind, wo diese gewohnt, was sie gearbeitet und wie sie gelebt haben. Manche Familien haben dazu einen Stammbaum erstellt, der über die Vorfahren Auskunft gibt.

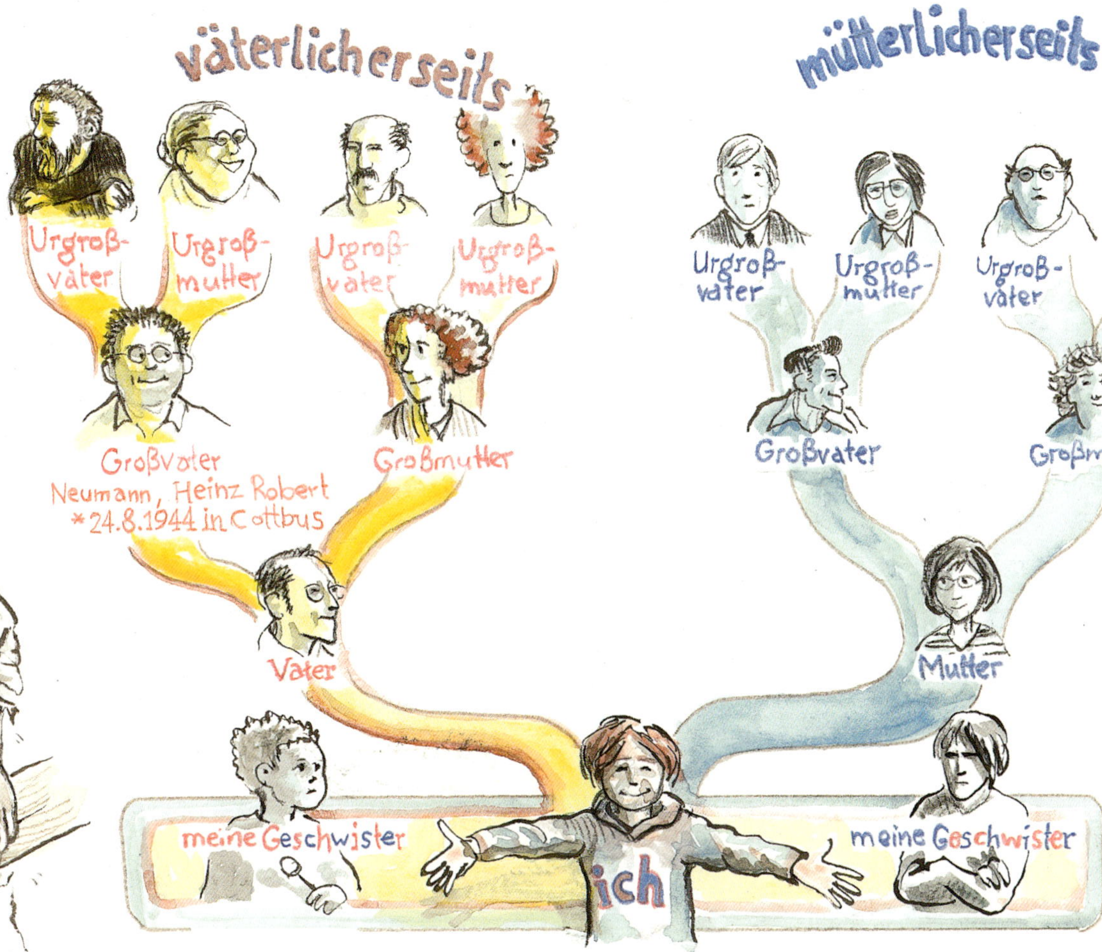

1 Zeichne deinen Familienstammbaum. Trage alle dir bekannten Namen ein. Frage auch deine Eltern und schau im Familienstammbuch nach. Wo könntest du dich noch informieren?

2 Im Stammbaum ändern sich bei den Vorfahren manchmal die Familiennamen. Welche sind das? Warum ist das so?

Orts- und Flurnamen

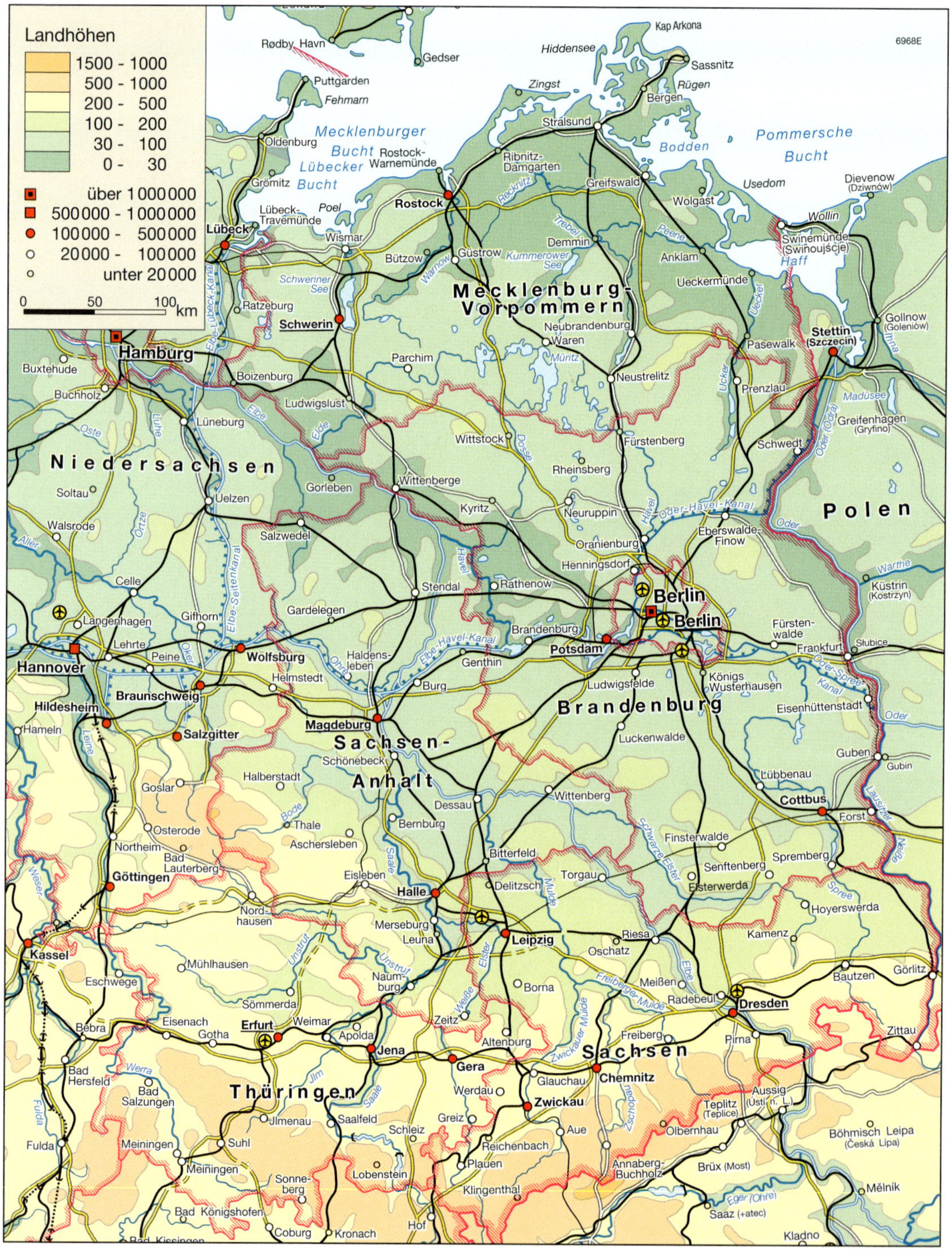

S. 36

1 An manchen Ortsnamen in Deutschland ist heute noch zu erkennen, wie sie entstanden sein könnten.
Teilt euch in Gruppen auf und versucht einmal, die ursprüngliche Bedeutung einiger Ortsnamen auf der Landkarte zu bestimmen, z. B. so:
Eberswalde = Ort an einem Wald mit vielen Ebern
Weißenfels = Ort an einem weißen Felsen ...

Tipp:
Aue ≙ flaches Wiesengelände
Bach ≙ Beck ≙ Bek
Furt: seichte Stelle zum Überqueren eines Flusses
-(ge)rode/reut: gerodetes, urbar gemachtes Waldstück
Hain: kleiner Wald
Werder/-werda: Insel in einem Gewässer

2 Tauscht eure Ergebnisse anschließend in der Klasse aus.

3 Auf der Landkarte sind einige Orte auf *-itz, -atz, -itzsch, -ow, -in* eingezeichnet.
Diese Orte wurden von Slawen gegründet.
Suche solche Ortsnamen auf der Karte und schreibe sie auf.

4 Schreibt die Namen eures Wohnortes und von vier Nachbarorten auf.
Bildet nun Zweiergruppen und versucht, ihre einzelnen Bedeutungen und ihre Herkunft zu ergründen.
– Wie könnt ihr euch informieren, wenn ihr unsicher seid?
– Vergleicht eure Lösungen anschließend untereinander.

5 In ganz Deutschland gibt es lustige Ortsnamen wie *Amerika, Kuhschnappel, Mückendorf* oder *Wassersuppe*.
Vielleicht kennt ihre solche Namen.
Seht auch einmal im Postleitzahlenverzeichnis oder im Telefonbuch nach, ob ihr dort solche Orte findet.

Auch **Flurnamen** haben eine Bedeutung: Sie bezeichnen **Wälder, Berge, Felsen, Gewässer** und **Landstücke** und gehen oft auf typische Merkmale oder auf frühere Begebenheiten zurück.

6 Bei manchen Flurnamen kann man sich noch heute vorstellen, wie sie wahrscheinlich entstanden sind.
Suche auf der Karte wenigstens drei heraus und versuche ihre Entstehung zu deuten.

Brandhügel: Waldstück, das einmal abgebrannt war
Wüstung: verlassener Ort und/oder nicht mehr bewirtschaftetes Landstück
Eberstein: Felsen, dessen Gestalt an einen Schweinskopf erinnert (Eber = männliches Schwein)

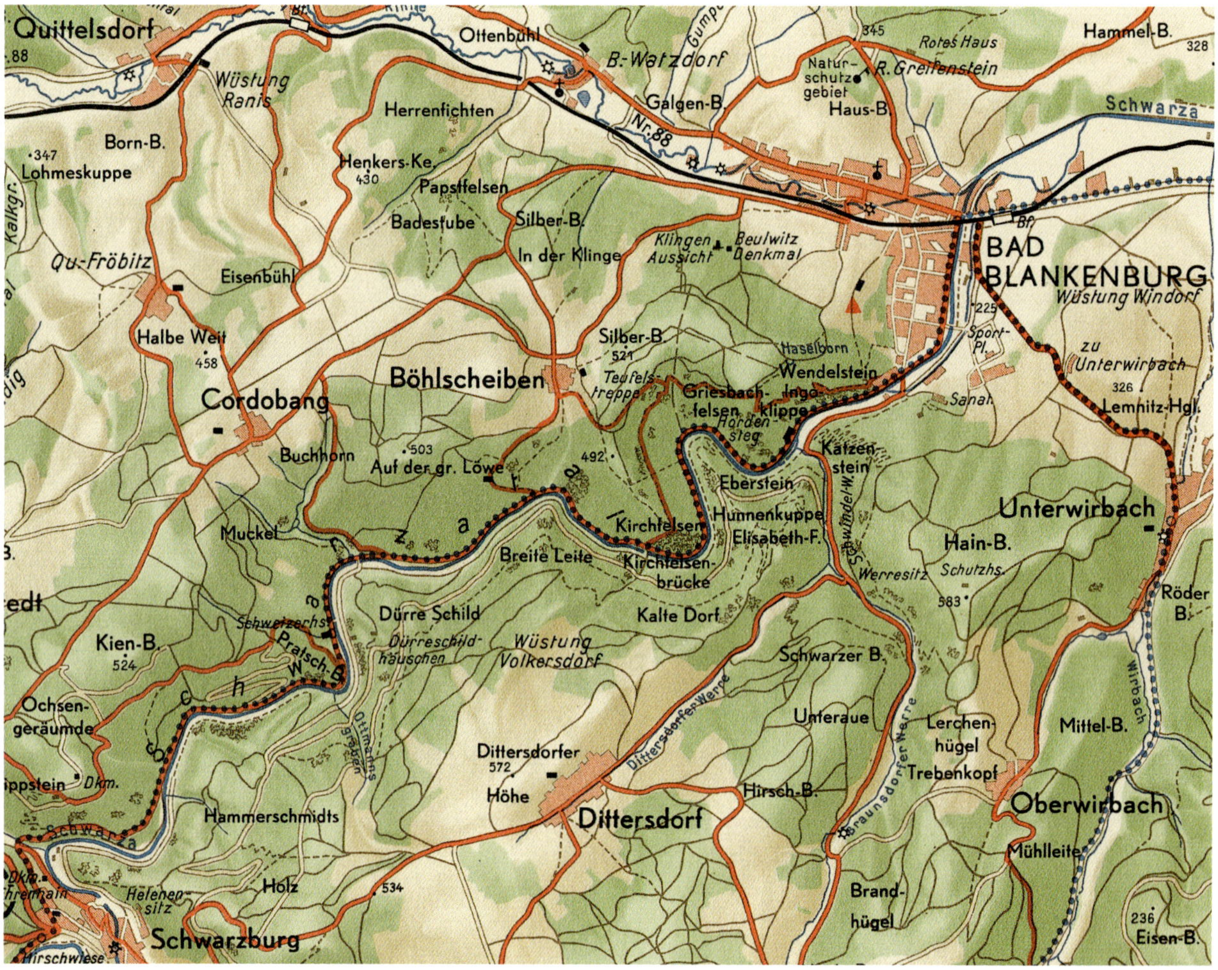

7 In deiner Heimat oder im Urlaub hast du sicher auch schon Flurnamen kennen gelernt. Du kannst auch eine Wanderkarte zu Rate ziehen. Notiere je ein weiteres Beispiel zu den fünf Arten der Flurnamen **Wälder, Berge, Felsen, Gewässer** und **Landstücke.** Versuche ihre Bedeutung zu erklären.

Die Herkunft unserer Wörter

Fremdwörter

Deutschland ist mit vielen Teilen der Welt verbunden.
Darum wandern immerzu neue Wörter in unsere Sprache ein.

1 Die meisten der folgenden Wörter kennt ihr sicher. Lest die Liste einmal durch und sprecht über die Bedeutung dieser Wörter. Bei welchen Begriffen müsst ihr im Wörterbuch nachsehen? Fragt dazu auch die anderen in der Klasse.

Anorak Basketball Boots Camembert Cape Chat
Computer Cornflakes Diskus E-Mail Fight Hockey
Hot-Dog Jazz Jeans joggen Joghurt Ketchup
Keyboard Kickboard Lay-out Online Orchester
Playback Pullover Rallye Rap Rhythmus Sakko
Salami Software Song Spaghetti sprinten
Sweat-Shirt T-Shirt Vanille Website Xylophon

2 Ordnet zu zweit jeweils 8 Wörter von oben in folgende Tabelle ein.

Nahrungsmittel	Musik	Sport	Kleidung	Computertechnik
...	...	...	Anorak	...

Woran erkennt man eigentlich ein Fremdwort? Manchen Wörtern sieht man es nicht mehr an. Sie haben sich sozusagen „eingebürgert". Aber andere spricht man so aus, dass man den fremden Klang noch erkennt. So hört man am Wort *Camembert* das Französische noch heraus. Andere Wörter werden anders geschrieben, als man sie nach der deutschen Rechtschreibung schreiben würde. So gibt es ein **ey** wie in *Hockey* im Deutschen nicht.

3 Sucht in eurer Tabelle Fremdwörter, die man am **Klang** erkennt. Sucht Fremdwörter, deren **Schreibung** sie als „Einwanderer" verrät.

4 Sicher könnt ihr die Liste von oben um einige Wörter ergänzen. Kennt ihr noch weitere Wörter, die nicht in der Liste stehen?

Bestimmt habt ihr schon einmal Spaghetti gegessen.
Stellt euch vor, wir sollten dafür ein deutsches Wort benutzen.

Achtung, Achtung!
In unserer Lebensmittelabteilung gibt es diese Woche zum Supersondersparpreis:

Runde, belegte, gebackene Teigscheiben und pikante, dickflüssige Tomatensoße.

Die einmalige Gelegenheit – extra preiswerte elektronische Geräte zur automatischen Verarbeitung von Daten.

Wie wäre es mit echt italienischen Spezialit
Wir empfehlen Tomaten-Hackfleischsoß
dazu stark gewürzte Dauerwurst.

Frisch eingetroffen aus Frankreich: kleine, gefüllte Stückchen Schokolade und französisches Stangenweißbrot.

Nicht vergessen: Flüssiges Haarwaschmittel und Verschönerungsmittel!

5 Lest die Durchsage des Einkaufsradios.
Versucht doch einmal herauszufinden, welche Lebensmittel und Produkte sich hinter den Erklärungen verbergen.

6 Wenn ihr nicht alle Fremdwörter gefunden habt, könnt ihr die entsprechenden Übersetzungen hier heraussuchen:

Bolognesesoße
Ketchup
Praline
Shampoo
Salami
Mozzarella
Computer
Make-up
Baguette
Pizza

Erbwörter und Lehnwörter

Erbwörter

Die deutschen Wörter stammen aus verschiedenen Quellen und sind manchmal auf verschlungenen Wegen in unsere Sprache gelangt. Die Wörter einer Sprache können viel über die Geschichte eines Volkes erzählen.

Wo Germanen bis vor über tausend Jahren lebten, könnt ihr aus der Landkarte ersehen. Die deutschen **Erbwörter** stammen aus dem Germanischen. Wir haben sie also geerbt. Sie sind mit vielen Wörtern aus Sprachen von Indien bis Europa verwandt. Die Sprachforscher haben diese Sprachen miteinander verglichen und erkannt, dass es eine **indoeuropäische Sprachfamilie** gibt.

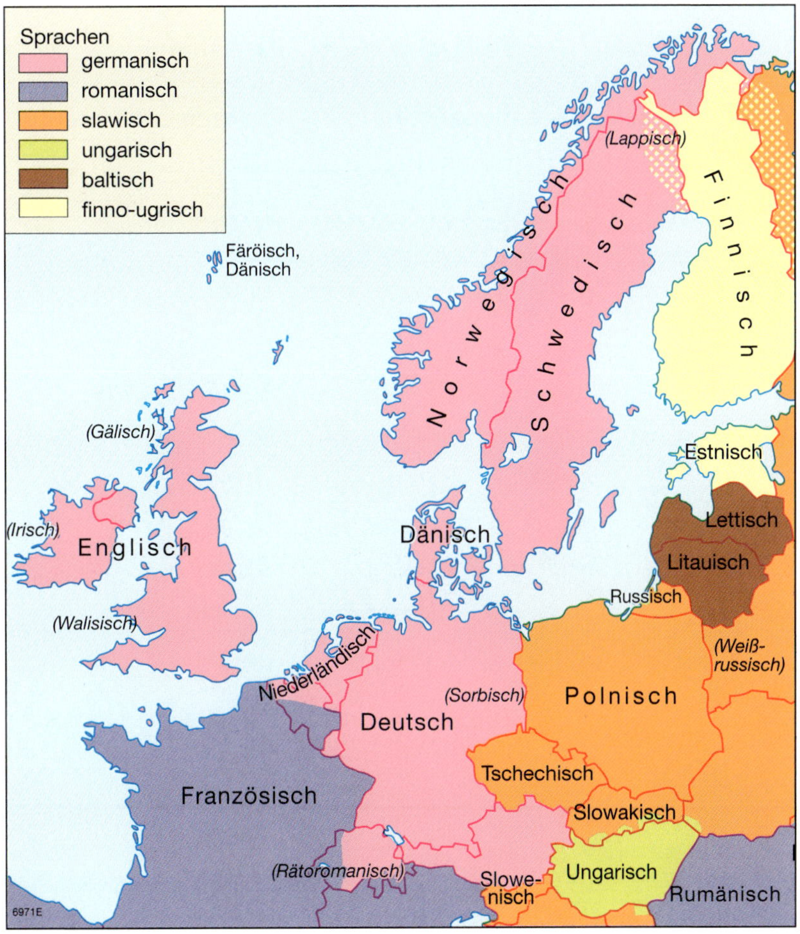

1 Die Verwandtschaft der Wörter könnt ihr an folgenden Beispielen gut erkennen: Welche Gemeinsamkeiten stellt ihr fest?

Altindisch*	ásti	trayas	mātár	náva
Russisch	jest′	tri	mat′	novij
Griechisch	esti	treis	mètēr	néos
Altbulgarisch*	jest′	trije	māti	novh
Gotisch*	ist	treis	…	niujis
Lateinisch*	est	tres	mater	novus
Italienisch	è	tre	madre	nuōvo
Litauisch	ẽsti	trỹs	mótyna	naũjas
Englisch	is	three	mother	new
Französisch	est	trois	mère	nouveau
Deutsch	**ist** (von: *sein*)	**drei**	**Mutter**	**neu**

*diese Sprache ist ausgestorben

Erbwörter verwenden wir heute tagtäglich, wie die folgenden Beispiele beweisen: Sie betreffen

das Alltagsleben	**die Familie**	**die Nahrung**	**den Körper**
die Landwirtschaft	**die Seefahrt**	**Pflanzen und Tiere**	**Waffen**

2 Bildet vier Gruppen, teilt die acht Bereiche unter euch auf und ordnet die folgenden Wörter richtig ein. Schreibt eure Lösungen auf und stellt sie anschließend in der Klasse vor.

Auge	Esse	Knie	sitzen
Bank	essen	Kuh	Speck
bauen	Fleisch	lang	Speiche
Birke	frei	Laube	Spieß
Brot	frieren	Mähne	stark
Bruder	Gras	Mutter	Storch
Ding	Hafen	Ohr	Taube
Dung	Hals	Sache	Teig
Ebbe	Harke	Schild	Tochter
Enkel	Helm	Schwert	Wand
Erbse	Kahn	Segel	Zahn

Lehnwörter

Lehnwörter sehen wie deutsche Wörter aus und klingen auch so. Mit bestimmten Gegenständen, die unsere Vorfahren von anderen Völkern übernommen hatten, kamen auch die Wörter ins Deutsche. Das geschah über längere Zeiträume immer wieder. Die Wörter wurden „entlehnt“ (= entliehen, übernommen) und in der Aussprache, Schreibung und Beugung dem Deutschen angepasst („eingedeutscht“).

Unser Wort *Spiegel* kommt z. B. aus der Sprache der alten Römer, dem Lateinischen (*speculum*), der *Chor* aus dem Griechischen (*choros* = Tanz, Reigen), die *Lanze* aus dem Französischen (*lance*) und die *Peitsche* aus dem Slawischen (polnisch *bicz*, tschechisch *bic*, obersorbisch *bić* = schlagen, prügeln).

Vieles lernten und übernahmen die Germanen und später die Deutschen von den Römern, die Lateinisch sprachen.

3 Die Gegenstände mit den lateinischen Wörtern im Bild wurden von unseren Vorfahren übernommen.
Die Wörter wurden **entlehnt** und ans Deutsche angepasst.
Schreibe aus dem Bild die lateinischen Wörter heraus und setze die deutschen Lehnwörter mit ihrem bestimmten Artikel dahinter.
strata = die Straße

Als das Römische Reich schon untergegangen war, wurde das Lateinische noch sehr lange in der **Kirche**, im **Bildungswesen**, in der **Medizin** und im **Gerichtswesen** verwendet.

4 Zeichne eine Tabelle mit diesen vier Überschriften in dein Heft und ordne die folgenden **Lehnwörter** ein.
Schlag nach, wenn du die Bedeutung eines Wortes nicht kennst.

Abitur	Justiz	Kreuz	Patient
Advokat	Klasse	Messe	Prozess
Fenchel	Klient	Mönch	Rezept
Fieber	Kloster	Nerv	schreiben
Formular	Kreide	opfern	Schule

Auch Griechenland entwickelte im Altertum viele Neuerungen. Die zugehörigen Wörter kamen – manchmal über das Lateinische – auch in unsere Sprache und werden bis heute verwendet.

Almosen Analyse Arterie Bibliothek
Chor Dynamit Epidemie Kirche
Organ Physik Telefon Vitamin

5 Suche dir vier Wörter aus, deren Bedeutung du nicht genau kennst. Informiere dich in einem Wörterbuch und schreibe sie mit ihrer Bedeutung auf: Almosen = Gabe an Arme …

Zu verschiedenen Zeiten wurden in den früheren deutschen Staaten bestimmte Bezeichnungen aus dem Französischen übernommen. Zum Beispiel hatte es die französische Lebensweise vielen deutschen Menschen besonders angetan. Mit den Gegenständen und Eigenschaften wurden die Wörter übernommen. Für viele Bezeichnungen werden diese **Lehnwörter** noch bis heute verwendet.

6 Ordnet die Lehnwörter rechts den folgenden Bedeutungen zu:

gekochtes Obst als Nachtisch = Kompott
offener Vorbau an einem Haus
Haarersatz aus echten oder künstlichen Haaren
Brotaufstrich aus Früchten
rhythmische Bewegung
geschmackvoll, modern, auffallend schön
gepolstertes Sitzmöbel
Zeitgeschmack für Kleidung, Frisur, Schmuck usw.
alkoholfreies Erfrischungsgetränk
Tanzgruppe auf der Bühne
edles Gebäck mit Schichten aus Früchten, Sahne usw.
aufsteigender Wasserstrahl, z. B. im Springbrunnen
freundlich, liebenswürdig
trompetenartiges Blechblasinstrument
pulverförmiges Gemisch für Kosmetik usw.
Fenstervorhang
Tanzveranstaltung, Tanzfest
wohlschmeckend

Ball
Balkon
Ballett
delikat
elegant
Fontäne
Gardine
Kompott
Limonade
Marmelade
Mode
nett
Perücke
Posaune
Puder
Sofa
Tanz
Torte

7 Schreibe sechs Bedeutungen mit den entsprechenden Lehnwörtern und ihrem bestimmten Artikel in dein Heft.

8 Viele Lehnwörter kommen von unseren östlichen und südöstlichen Nachbarn, z. B. von den Russen, den Polen, den Tschechen und den Sorben, die **slawische Sprachen** verwenden. Verständigt euch, wenn ihr ein Wort nicht kennt.

Baude Dolch Droschke Graupe Grenze
Grippe Gurke Jauche Kretscham
Nerz Peitsche Pistole Quark Säbel
Stieglitz Tornister Zeisig Zobel

9 Schreibt die Lehnwörter aus dem Slawischen zu den folgenden Themen in euer Heft: **Tiere, Nahrung, Waffen**.

10 Erfinde eine kleine Geschichte, in der du wenigstens sechs der slawischen Lehnwörter verwendest, und schreibe sie auf.

Vokale – Konsonanten

Buchstaben und Laute

Im Rechtschreibunterricht muss man immer wieder über den Aufbau von Wörtern sprechen. Und da unsere Wörter aus Vokalen und Konsonanten bestehen, ist es wichtig zu wissen, was diese Begriffe bedeuten und wie sie sich unterscheiden.

Das Abc besteht aus **Vokalen** und **Konsonanten**.
Konsonanten heißen auch **Mitlaute**,
weil sie mit den Lippen, der Nase, an den Zähnen
und mit der Zunge gebildet werden.
Vokale heißen **Selbstlaute**, weil sie im Mundraum
sozusagen von selbst klingen.
Du musst den Mund nur unterschiedlich weit aufmachen:
bei **a** machst du ihn ganz weit auf und bei **i** nur ganz wenig.
Zu den Vokalen zählt man auch die **Umlaute ä, ö, ü**
und die **Zwielaute au, äu, eu, ei**.

1 Spielt einmal folgendes Ratespiel:
Ein Kind bildet mit seinen Mundwerkzeugen
ganz deutlich ein **p, t, l, f, a, o, i** oder **u** –
aber so, dass der Laut nicht zu hören,
sondern **nur zu sehen** ist.
Die anderen Kinder sollen aufschreiben,
welcher Laut gemeint ist.

2 Könnt ihr jeden Laut wirklich erraten?
Lässt er sich allein an der Mundstellung erkennen?
Was könnte man noch aufgeschrieben haben,
wenn einer ein **p** oder ein **f** gebildet hat?
Was, wenn einer ein **u**, ein **o** oder ein **ä** gebildet hat?

3 Zu welcher Art von Buchstaben
zählt man die folgenden:
m, ai, ö, o, t, g, u, r, eu, ü, z?
Schreibe so in dein Heft:
Konsonanten sind: ...
Vokale sind: ...
Umlaute sind: ...
Zwielaute sind: ...

4 Schreibe das komplette Abc auf.
Schreibe dabei die Vokale rot
und die Konsonanten schwarz.

5 Manche Wörter kannst du gut erraten,
auch wenn die Vokale fehlen:

Pfl**m*nk*mp*tt   K*nd*rz*mm*r
Schw**n*br*t*n   G*mm*st**f*l
M*rm*l*d*nbr*tch*n   B**chn*b*l
Z*ng*nsp*tz*   Br**fk*st*n

Sprich diese Wörter einmal so aus,
wie sie oben stehen.
Kannst du sagen, was sie bedeuten?

6 Wenn man die Konsonanten weglässt,
kann man die Wörter kaum erraten.
Schreibe die folgenden Wörter
(es sind Verben!) auf, z. B. *raten*.
Schreibe für jedes Sternchen
einen Konsonanten.
Es gibt immer mehrere Möglichkeiten!

*a*e*   *ei*e*   *ie*e*   *e*e*

Kurze und lange Vokale

wen – wenn
Wal – Wall
wir – wirr
kam – Kamm
Fuß – Kuss
Aas – Ass
Mus – muss
Beet – Bett

Jedes Wort, das nur aus einer Silbe besteht, hat einen Vokal. Sonst könnte man es kaum sprechen.
Jedes Wort hat aber auch mindestens einen Konsonanten, der vor oder nach dem Vokal steht. Nur *Ei* nicht!
Oft werden die Vokale von den Konsonanten „eingerahmt".

1 Sprich diese Wörter deutlich aus. Die Wortpaare werden jeweils verschieden gesprochen. Woran merkt man das eigentlich?

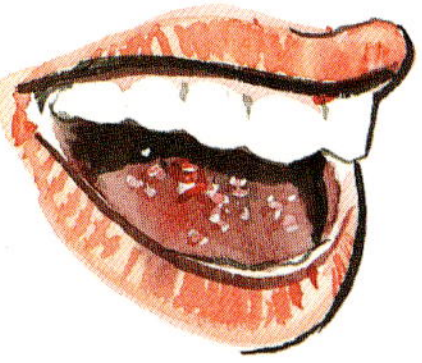

2 Sprich auch diese Wörter deutlich aus. Die meisten Vokale in ihnen werden kurz und knapp gesprochen, aber drei von ihnen klingen schön lang und deutlich. Schreibe auf:
Wörter mit kurzen Vokalen sind: Last …
Die drei Wörter mit langem Vokal sind: …

Last Wald
Tal Mund Land Kinn
Kind Bär Fass Rind
Berg Ball Tür

3 Mrs. Agatha Fox ist eine etwas komische ältere Dame, die auf ihrem Computer aus Spaß gern mit der Rechtschreibung spielt.

Hier tut Mrs. Fox so, als seien ihr aus dem Computer die Vokale gestohlen worden. Versuche doch einmal diesen Text in richtiger Form aufzuschreiben.

Die gestohlenen Vokale

L**d*r h*t s*ch *n d**s*s Spr*chb*ch
n Db **ng*schl*ch*n.
f ds*r S**t* h*t *r z*m B**sp**l
ll V*k*l* g*st*hl*n.
D*sw*g*n m*ss*n w*r **n*n D*t*kt*v
nsch*lt*n, d*r s w**d*rf*nd*t.
N*t*rl*ch k*nnst d* *hm d*b** h*lf*n.
W*r k*nn*n d*ch d*f*r zw*r
n*cht b*z*hl*n, w*r h*ff*n *b*r,
*s m*cht d*r tr*tzd*m Sp*ß.

Das h, mit dem wir Silben trennen

Hier will jemand Mrs. Fox „auf die Schippe nehmen“. Der Chef der Firma weiß wohl, dass Mrs. Fox gern solche komischen Texte schreibt.

1 So sähe es aus, wenn wir kein **h** hätten, das zwischen zwei Vokalen steht! Lies diesen Brief einmal so vor, wie er da steht.

2 Wie sähe der Brief aus, wenn ein **h** an den richtigen Stellen stände? Schreibe die entsprechenden Wörter aus dem Text richtig auf:
frohe …

Liebe Mrs. Fox,
wir haben keine *froe* Minute mehr!
Es lässt uns keine *Rue*,
dass aus unserem Computer
beinae jedes h weggekommen ist.
So können wir keine weiteren *Schue*
bestellen, und die *Schue*,
die noch in den *hoen* Regalen *steen*,
mögen die Leute nicht.
Die wenigen neuen Paare *droen* uns
auszugeen. Wenn keine Wunder
gescheen, müssen die Leute
demnächst mit nackten *Zeen geen*.
Was für ein Unglück!
Kommen Sie bitte und bringen Sie
unseren Computer wieder in Ordnung.
Wir *fleen* Sie an!

Mit freundlichen Grüßen
Schu-Meier

Bei einer Reihe von Wörtern steht ein **h** zwischen den Vokalen der ersten und zweiten Silbe: *dro-hen, ro-he …*
Würde es nicht stehen, so ließen sich diese Wörter schlecht lesen.
Ein solches **h** nennt man **silbentrennendes h**.
Dieses **h** bleibt auch den Wortformen erhalten, die nur eine Silbe haben: *droht, roh …*
Wörter mit **au**, **äu** und **eu** haben aber **niemals** ein silbentrennendes **h**.

drohen blühen gehen krähen sehen
stehen verleihen ziehen glühen
fliehen Flöhe Ruhe Mühe wehen
beinahe früher ruhig Schuhe Höhe
Kühe Zehen Reihe verzeihen

3 Wie du mit diesen Wörten üben kannst:
- Du kannst sie mit Silbentrennungsstrichen abschreiben:
  dro-hen …
- Du kannst von einigen dieser Wörter Reimpaare bilden:
  blü-hen – glü-hen …
- Du kannst mit einigen Wörtern die Er-, Sie-, Es-Form bilden:
  er droht, es blüht …

4 Schreibe die Wörter rechts in kurzen Sätzen auf:
Er ist ein schlauer Fuchs.

schlauer rauer genauer
schauen sich freuen streuen

Ein Konsonant – zwei Konsonanten

SCHAFEN KRALEN JAMERN SCHNAPEN RENEN

SCHELEN HÄMERN SCHÜTELN FÜTERN

1 Lies diese komischen Wörter einmal laut und deutlich vor.
Wie klingt der Vokal in der ersten Silbe?

2 Alle diese Wörter werden zu Verben,
wenn du den mittleren Konsonanten verdoppelst.
Aus SCHAFEN wird dann *schaffen*.
Jetzt klingt der erste Vokal anders!
Schreibe alle Wörter aus Aufgabe 1 als Verben auf,
indem du den mittleren Konsonanten verdoppelst.

Schoten kämen Pollen Ofen

starr Qualen schallen kämmen krumme

sparen Gase Gasse Quallen

Star

her Krume wen Sparren

Schotten

Hütte Hüte

den Polen wenn offen

Putte Herr Schalen Pute denn

3 Alle diese Wörter kommen mit einem und mit zwei Konsonanten vor.
Schreibe sie als Wortpaare mit Silbentrennungsstrichen auf:
Scho-ten – Schot-ten …

4 Sprecht euch jetzt diese Wörter deutlich vor,
damit man den Unterschied hört.

5 Diktiert euch die Wörter gegenseitig.

Üben von Wörtern mit ff, ll, mm, nn, rr, ss, tt

Häufige Verben mit ff, ll, mm, nn, rr, ss, tt

beginnen, brummen, fressen, gewinnen, rennen, können, murren, bellen, passen, rennen, fallen, schaffen, irren, kämmen, treffen, vergessen, zittern, schwimmen, bekommen, müssen, knallen, rattern, summen, sollen, stellen, lassen, küssen, wollen, schwirren, gaffen, flennen, spinnen

Adjektive mit ff, ll, mm, nn, rr, ss, tt

satt, schlimm, toll, nass, kaputt, hell, bitter, spannend, irre, glatt, voll, offen, schlaff, still, dumm, dünn, nett, schnell, blass, krumm, fett

1 Suche dir mindestens zwei Übungen unten aus. **Eine** von denen, die **fett** gedruckt sind, solltest du auf jeden Fall durchführen!

2 Wörter in „Geheimschrift“ sehen so aus:
Die Buchstaben mit Oberlänge bekommen einen langen Strich: b, d, f ... l
die anderen bekommen einen kurzen Strich: a, c, e ... ı
Das Wort *fehlen* sieht dann so aus: lıllıı.

Von diesen Geheimschriftwörtern gibt es unter den Adjektiven drei: lıll
Von diesen gibt es zwei: lııı.
Von diesen gibt es eines: lıllıı
Findest du die Wörter?

Übungen

- Du kannst Wörter in Silbentrennung aufschreiben:
  be-gin-nen ...
- Du kannst sie nach den Doppelkonsonanten **ff, ll, mm, nn, rr, ss, tt** ordnen.
  Wörter mit **ff**: *schaffen ...*
  Wörter mit **ll**: *bellen ...*
- **Du kannst die Verben in der Er-, Sie- oder Es-Form bilden:**
  sie beginnt ...
- **Du kannst die Adjektive steigern:**
  schlimm, schlimmer, am schlimmsten ...
- Du kannst die Wörter nach dem Abc ordnen:
  beginnen, bekommen ...
- Du kannst mit einigen von ihnen Reimpaare bilden:
  brummen – summen ...
- **Du kannst mit einigen Wörtern Sätze oder Witzsätze bilden:**
  Der Löwe brummt und kämmt sich.
- Du kannst möglichst viele Wörter in Witzsätzen unterbringen:
  Der Hund beginnt zu fressen und vergisst dabei zu bellen.

Doppelkonsonanten in Wortfamilien

Kalle ist zwar nicht dumm, aber im Rechtschreiben nicht gerade die Nummer Eins. Oft vergisst er einen der beiden doppelten Konsonanten. Sein Vater möchte ihn zu besseren Leistungen bringen: „Immer wenn du eine Zwei schreibst, bekommst du vier Euro von mir.“ Kalle schreibt nun einen Brief an die Rechtschreibdetektivin Mrs. Fox, – leider mit einigen Fragezeichen.

Sehr geehrte Mrs. Fox,
ich brauche möglichst schne??
Ihre Hilfe. Kö??te es sein,
dass Sie sich gelegentlich
etwas dazuverdienen wo??en?
Ich hä??e da eine to??e Idee.
Ich ko??e am Mi??woch
zur Nachhilfe zu Ihnen.
Dafür beko??en Sie zwei Euro
von mir, – a??erdings nur da??,
we?? ich am Do??erstag im Diktat
eine Zwei schreibe.
Ich ho??e, dass es Ihnen pa??t!

Kalle

1 Setze beim Abschreiben jeweils **ff, ll, mm, nn, pp, ss** oder **tt** ein.

Wenn ein Wort mit doppeltem Konsonanten geschrieben wird, dann werden fast immer auch alle verwandten Wörter in der Wortfamilie mit Doppelkonsonanten geschrieben:
schwimmen, schwimmt, geschwommen, Schwimmer, Schwimmbad …

Manche Wörter in einer Wortfamilie haben aber einen **langen** Vokal oder ein **ie**. Dann wird dieses Wort mit dem Langvokal natürlich nur mit **einem** Konsonanten geschrieben:
fallen, fällt, gefallen, ***fiel*** *…*

Und bei Wörtern mit **ss** wird in solchen Fällen **ß** geschrieben:
lassen, lässt, ***ließ*** *…*

kommen: sie ko?t, sie ist geko?en, sie ka?, du ko?st
essen: er i?t, er hat gege?en, er a?, das E?en
wissen: er wu?te es, sie hat es gewu?t, ich wei? es nicht, wir wi?en es
abschließen: du schlie?t ab, du hast abgeschlo?en, der Schlu?, das Schlo?
bitten: ich bi?e dich, sie hat mich gebe?en, die Bi?e, sie ba? mich

2 Ergänze die fehlenden Buchstaben in diesen Wörtern. Sprich die Wörter deutlich aus und achte darauf, ob der Vokal kurz oder lang ist.

Strategie: Langform bilden

1 Einem einsilbigen Wort,
kann man es oft schlecht anhören,
wie es geschrieben wird.
Da hilft meistens eine Strategie:
Suche von dem Wort eine **Langform**!

Einem zweisilbigen Wort
kann man es nämlich besser anhören,
wie es geschrieben wird.
Schreibe diese Verlängerungsverse auf:

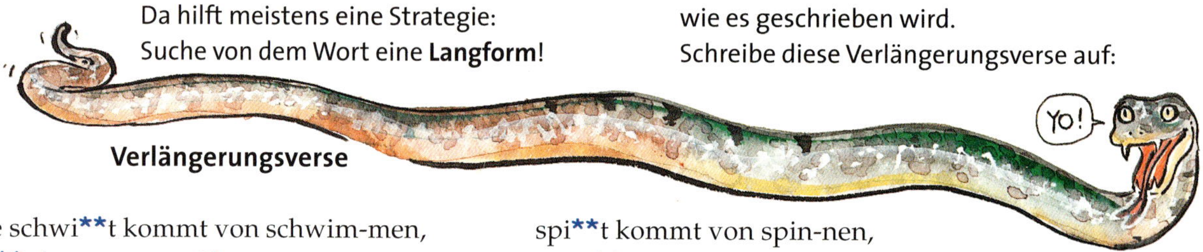

Verlängerungsverse

Sie schwi**t kommt von schwim-men,
sti**t kommt von **stimmen**,

re**t kommt von ren-nen,
bre**t kommt von …,

zu he** such ich hel-ler,
zu schne** such ich …,

zu na** such ich nas-ser,
zu bla** such ich …,

aus Schwa** mach ich Schwäm-me,
aus Ka** mach ich …

aus Ha** mach ich has-sen,
aus Pa** mach ich …,

spi**t kommt von spin-nen,
gewi**t von …,

be**t kommt von bel-len,
ste**t kommt von …,

zu to** such ich tol-ler,
zu vo** such ich …

zu du** such ich dum-mer,
zu kru** such ich …,

aus Ku** mach ich Küs-se,
aus Nu** mach ich …,

aus Ti** mach ich tip-pen,
aus ki**t mach ich …

Merke dir aber: *Atlas*, *Bus* und *Hindernis*
schreibt man nur mit **einem s**!

Mrs. Fox schreibt ein Gedicht

```
Er fiel in den Flu≡,
das war kein Genu≡.
Das Wa≡er war na≡,
die Nase wurd' bla≡.
Ans Ufer er schwa≡,
er lief durch den Schla≡.
Da≡ ruht' er sich aus
und ra≡te nach Haus.
```

2 Bilde mit diesen Wortbestandteilen
noch andere Wörter mit **-nis** und **-us**:
das GEHEIM-, das HINDER-, das ERGEB-,
der PFIFFIK-, die FINSTER-

3 Ergänze das Gedicht von Mrs. Fox.

Auch tz und ck sind Doppelkonsonanten

Die wichtigsten Wörter mit tz und ck

Acker, Wecker, blicken, backen, Plätze, Bäcker, Sätze, petzen, Brücke, dreckig, packen, Decke, setzen, frühstücken, Katze, Glück, gucken, Tatze, meckern, Jacke, Röcke, platzen, Rücken, Mütze, schmecken, Schrecken, Blitze, hetzen, kleckern, Stück, verletzen, trocken, schwitzen, verstecken, wecken, Socken, schmatzen, Stöcke, lecker, sitzen, Ecken, verrückt

1 So kannst du mit diesen Wörtern üben:

- Du kannst sie nach dem Abc ordnen: *Acker, backen …*
- Du kannst sie in zwei Spalten nach **tz** und **ck** ordnen.
- Mit einigen Wörtern kannst du Reimpaare bilden: *Sätze – Plätze …*
- Die Verben kannst du in die Er-, Sie-, Es-Form bringen: *sie blickt …*
- Zu einigen Wörtern kannst du kleine Wortfamilien zusammenstellen: *backen, backt, gebacken, Bäcker, Gebäck, Backobst, Bäckerei …*
- Du kannst witzige Sätze bilden, in denen immer mindestens drei Wörter vorkommen: *Der Bäcker schwitzt am Rücken …*
- Ihr könnt euch die Wörter gegenseitig diktieren.

2 Von dieser Sorte in Geheimschrift gibt es oben 6 Wörter: |ı|ı|ı
Von dieser Sorte gibt es auch 6 Wörter: |ı|ı|ı
Von dieser Sorte gibt es 2 Wörter: ıı|ı|ıı|ı
Schreibe sie auf.

ck tz nn ll mm pp ff rr

Das **tz** und das **ck** sind eigentlich Doppelkonsonanten wie **nn** oder **mm**. Sie werden nur mit verschiedenen Buchstaben geschrieben, weil es im Deutschen kein **zz** und kein **kk** gibt. So dürfen wir nicht *Kazze* schreiben und auch nicht *Ekke*, sondern müssen *Katze* und *Ecke* schreiben. In Fremdwörtern kann das anders sein. Da gibt es *Pizza* mit **zz** und *Akkordeon* mit **kk**.

WE??EN SCHWI??EN
TA??E PA??EN
BLI??EN KA??E
PE??EN SO??EN

3 Setze für die Fragezeichen **tz** oder **ck** ein – oder andere mögliche Doppelkonsonanten: *wecken, Wellen …*
Achte auf die Groß- oder Kleinschreibung!

Wörter mit Dehnungs-h

führen zahlen fehlen zählen fahren belohnen nehmen stehlen
wehren wohnen mehr kühl ohne sehr lahm wohl zehn zahm Bahn
Fohlen Kahn Ohr Sahne Sohn Zahl ihm ihr ihn

Es gibt eine Reihe von Wörtern, die mit einem **Dehnungs-h** geschrieben werden. Dieses **h** heißt deswegen „Dehnungs-h“, weil der Vokal davor **gedehnt** klingt.
Das merkt man gut an dem Unterschied zwischen *in* und *ihn.*
Dieses **h** gehört zum Vokal dazu.
Deswegen bleibt es bei der Silbentrennung auch direkt hinter dem Vokal stehen: *füh-ren, zah-len …*
Ein Dehnungs-h steht nur vor den Buchstaben …!

1 Schau dir die Wörter von oben einmal ganz genau an.
Vor welchen vier Buchstaben steht das Dehnungs-h?
Ergänze die Regel im Kasten.

2 Schreibe vier Sätze auf,
in denen immer drei der Wörter oben vorkommen:
Das Fohlen ist sehr zahm.

3 Schreibe die zweisilbigen Wörter
mit Silbentrennungsstrich auf:
füh-ren …

4 Bilde mit einigen Wörtern zusammengesetzte Wörter:
Eisenbahn …

5 Setze die Wörter mit Dehnungs-h
beim Abschreiben in die folgende Geschichte ein:

Grimassen-Künstler

Einer der 1 Grimassen-Künstler, 2 in London, ist Mike Plumm. Er hat es dadurch zu 3 großem 4 gebracht, dass er mit seinen 5 wackeln kann wie 6 kein anderer. Im letzten 7 erhielt er den 8 für sein Training bei der Grimassen-Olympiade. Dort gelang 9, was noch keiner geschafft hatte. Er wackelte abwechselnd wie auf 10 mit dem rechten oder dem linken 11 einzeln, 12 dabei in seinem Gesicht eine Miene zu verziehen.

Wie kann man denn aber wissen,
in welchen Wörtern ein Dehnungs-h steht?

Erstens: Du musst dir solche Wörter **merken**.
Das wird dir das Gedächtnis stärken!

Zweitens: Wer so ein **h** in Wörtern liebt,
der sei nicht dumm
und geh' sehr sparsam damit um,
weil es mit **h** nur wenige gibt!

Drittens: Denn nur vor **l**, **m**, **n** und **r**
steht manchmal da –
ein Dehnungs-h!

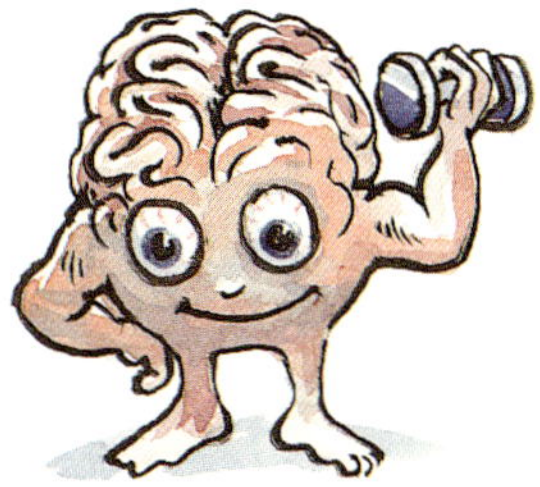

6 Die Wörter im Kasten unten haben in ihrer ersten Silbe einen langen Vokal.
Soll man da ein Dehnungs-h unterbringen?
Das steht nun aber nur in der Hälfte dieser Wörter.
Achte genau auf den Buchstaben, der nach dem langen Vokal kommt!
Alle Wörter, die ein **l, m, n** oder **r** haben,
werden hier mit einem Dehnungs-h geschrieben.

7 Schreibe die Wörter richtig auf.
Unterstreiche immer den Buchstaben,
mit dem die zweite Silbe anfängt:
weh-ren, we-ben ...

	we?-ren	we?-ben	wü?-tend	wü?-len	Fe?-ler	fe?-gen
ne?-ben	ne?-men	Fa?-ne	Fa?-den	fü?-len	einfü?-gen	
	O?-fen	O?-ren	belo?-nen	belo?-gen	stra?-len	bestra?-fen
le?-ben	anle?-nen	Ke?-le	Ke?-gel	Ja?-re	ja?-gen	
	ko?-keln	Ko?-le	Sa?-ne	sa?-gen	la?-men	Bettla?-ken

Kleine Texte zum Üben mit h-Wörtern

Rekorde

Kühe

Die Kuh mit den meisten Kälbern war wohl Lilly aus Wales.
Sie brachte die unübertroffene Zahl von 30 Kälbern zur Welt.
Lilly starb 1955 im Alter von 40 Jahren.
Niemals hat jemand für eine Kuh mehr Geld ausgegeben als für die berühmte Barb aus Holstein. Für sie wurde 1976 während einer Ausstellung der sehr hohe Preis von 235 000 Dollar bezahlt.

Hühner

Während einer Prüfung legte das Huhn Princess aus Neuseeland innerhalb eines Jahres 361 Eier. Das größte Hühnerei, das je gesehen worden ist, hatte einen Umfang von 31 cm und fünf Dotter.
Die größte Anzahl von Dottern in einem Ei beträgt jedoch zehn.

Haare und Schuhe

Die teuersten Locken der Welt dürften zwei kleine, ganz gewöhnliche Strähnen vom Kopf der französischen Königin Marie-Antoinette und ihres Sohnes Louis gewesen sein, die 1980 für mehr als 10 000 DM versteigert wurden.
Der größte Schuh der Welt ist in Oberstdorf zu besichtigen. Er wurde aus der Haut von neun Kühen hergestellt, ist 3,80 Meter lang und hat eine Höhe von 1,80 Meter.

Eisenbahn

Bereits im Jahre 1938 gab es bei der englischen Eisenbahn die noch heute berühmten, mit Kohle beheizten Dampflokomotiven, die über 200 Kilometer in der Stunde fahren konnten. Der schnellste Zug im normalen Verkehr fährt heute in Japan. Die längste täglich befahrene Strecke zwischen New York und Miami ist 2 216 km lang. Davon durchfährt der Zug 1 060 km ohne Halt.

Wie man mit diesen Texten üben kann:

- Du kannst sie abschreiben. Auch das Abschreiben ist eine Übung!
- Ihr könnt sie euch gegenseitig und abwechselnd diktieren.
- Ihr könnt nur die unterstrichenen Wörter allein nach Diktat aufschreiben.
- Du kannst die meisten der unterstrichenen Wörter mit Silbentrennungsstrichen aufschreiben.
- Ihr könnt euch die unterstrichenen Wörter gegenseitig buchstabieren.

Die Umlaute ä und äu

1 Die folgenden Wörter bestehen aus diesen fünf Wortfamilien:
1. Angst, 2. arm, 3. lang, 4. alt, 5. Zahl.
Stelle die Wörter dieser fünf Wortfamilien zusammen.

die Angst, arm, lang, alt, die Zahl,
die Ängste, länger, zählen, ärmer,
älter, bezahlen, ängstlich, am längsten,
am ärmsten, am ältesten, erzählen,
angstvoll, das Alter, verarmt,
beängstigend, der Alte, ärmlich,
verlängern, gezählt

2 Diese Wörter bestehen aus vier Wortfamilien.
Stelle diese Wortfamilien zusammen.

sauer, der Traum, der Raum, der Räuber,
träumen, die Säure, die Räume, der Raub,
säuerlich, geträumt, rauben, aufräumen,
versauern, ausgeraubt, der Klassenraum,
stocksauer, die Träume, traumhaft,
abräumen, räuberisch

3 Suche zu den folgenden Wörtern
verwandte Wörter mit **a** oder **au**:

Wände
Gelände
Häute
Ärmel
Geräusch
Länder
Bräute
Sträucher

Die meisten Wörter,
die mit **ä** oder **äu** geschrieben werden,
stammen von Wörtern mit **a** oder **au** ab:
ängstlich von *Angst*, *säuerlich* von *sauer* usw.

Wenn man also nicht sicher ist,
ob ein Wort mit **ä** oder mit **äu** geschrieben wird,
so sucht man am besten in der Wortfamilie
nach einer anderen Wortform mit **a** oder **au**.

4 Wenn du nicht weißt, wie ein Wort am Anfang
geschrieben wird, dann musst du es im Zweifelsfalle
im Wörterbuch an zwei verschiedenen Stellen nachschlagen.

Suche die rechts stehenden Wörter im Wörterbuch.
Wenn du sowieso schon weißt,
wie sie geschrieben werden, versuche trotzdem
sie so schnell wie möglich zu finden.

E oder Ä – e oder ä:

*skimo, *rbsen, *chzen,
*ndern, *ngstlich, *ssig, *twa,
*nkel, *derchen, *ltern

Eu oder Äu – eu oder äu:

**glein, **ter, **ßerlich,
**lenspiegel

Strategie: verwandte Wortformen bilden

1 Ein **ä** im Wort kommt meistens von einem anderen Wort mit **a** und ein **äu** kommt meistens von **au**. Ersetze die Sternchen!

Die Fl*che kommt von flach,
die Schw*che kommt von …,

verd*chtig kommt von Verdacht,
und m*chtig kommt von …,

die D*cher kommt von Dach,
die F*cher kommt von …,

bet**ben kommt von taub,
der R**ber kommt von …,

die B**che kommt von Bauch,
und Str**cher kommt von …,

ich tr**me kommt von Traum,
aufr**men kommt von …,

Fahrr*der kommt von Rad,
Schwimmb*der kommt von …,

der J*ger kommt von jagen,
der Schl*ger kommt von …,

ich w*hle kommt von Wahl,
ich z*hle kommt von …,

der L**fer kommt von laufen,
der K**fer kommt von …,

Kr**ter kommt von Kraut,
und l**ten kommt von …,

das M**schen kommt von Maus,
das H**schen kommt von …

2 Diese Fabel ist wieder einmal auf dem Computer von Mrs. Fox geschrieben worden. Es fehlen alle Punkte auf dem **ä**. Schreibe diesen Text richtig auf.

Der erkaltete Tiger

Die Mause sahen einen altlichen Tiger schlafrig vor seiner Höhle liegen. Angstlich versteckten sie sich hinter den Strauchern und kamen nicht mehr naher. Als sie ihn jedoch eine Weile beobachtet hatten, sahen sie, dass er gar keine Zahne mehr im Maul hatte. Das sah ziemlich belammert aus. Der Armste fraß nur sauerliche und weiche Apfel und schnauzte sich standig die Nase, da er furchtbaren Schnupfen hatte. Erstaunt sahen sie, wie er immer wieder ein großes Taschentuch hervorzog und mit lautem Gerausch hineinblies. Da lachelten sie erleichtert über diesen ungefahrlichen Tiger und blieben nicht langer versteckt. Sie kletterten nun auf die Apfelbaume und versorgten den kranklichen Tiger mit frischen Apfeln, weil Vitamine sehr gut bei Erkaltung sind.

Wörter mit -ig, -lich und -isch

*fleiß**ig***	die *fleiß**ige*** Schülerin
*ärger**lich***	der *ärger**liche*** Vorfall
*stürm**isch***	das *stürm**ische*** Meer
*läss**ig***	der *läss**ige*** Typ
*täg**lich***	die *täg**liche*** Aufgabe
*sächs**isch***	das *sächs**ische*** Dorf

Den allein stehenden Wörtern kann man es nicht gut anhören, wie sie geschrieben werden. Da hilft in der Regel das **Verlängern** der Wörter. Den verlängerten Wörtern kann man es nämlich besser anhören, wie sie zu schreiben sind.

1 Sprich diese Wörter und Wortgruppen deutlich aus.

2 Sprich dir die Wortgruppen genau vor. Schreibe sie anschließend auf und setze beim Schreiben die Suffixe **-ig**, **-lich** oder **-isch** ein.

die abenteuer*e Fahrt
der mörder*e Plan
das kind*e Verhalten
der ständ*e Lärm
die städt*en Verkehrsbetriebe
die mecklenburg*en Trachten

das nebl*e Tal
der list*e Fuchs
der öl*e Salat
das persön*e Schicksal
mit reich*er Mühe
die fröh*en Gäste

3 Die schräg gedruckten Wörter im folgenden Text sollst du so umformulieren, dass dabei immer auch ein Adjektiv mit **-ig**, **-lich**, **-isch** vorkommt.
Schreibe die sieben Sätze auf, und unterstreiche die Suffixe.
a) Heute ist es eisig kalt.

Sag es anders!

a) Heute ist es *eiskalt*.
b) Die *Stadt-Verkehrsbetriebe* haben die Störung sofort beseitigt.
c) Auf dem *Lehmboden* war es schwer für uns zu laufen.
d) Das *Restgeld* kannst du behalten.
e) Not macht *Erfindung*!
f) Mit diesem *Rostfahrrad* soll ich wirklich fahren?
g) Paul ist wirklich ein *Sporttyp*.

4 Vergleicht eure Lösungen miteinander.

5 In den folgenden Wortgruppen fehlen die Adjektive. Die kannst du finden, wenn du sie von den rechts stehenden Substantiven (Nomen) ableitest. Ordne die Substantive (Nomen) sinnvoll zu und schreibe die vollständigen Wortgruppen auf.
a) ein kräftiger Schlag

Vergleicht eure Lösungen, und kontrolliert die Schreibung der Adjektive.

a) ein ? Schlag	Schweden
b) ein ? Tag	Welle
c) mit ? Grüßen	Kraft
d) ein ? Abenteuer	Witz
e) die ? Tischplatte	Tag
f) die ? Kleidung	Regen
g) eine ? Situation	Gefahr
h) der ? Gang zum Zeitungskiosk	Freund
i) die ? Stadt Malmö	Mode

Alexander hat noch einige Probleme beim Schreiben der Wörter mit **-ig**, **-lich** und **-isch**.

Liebe Mrs. Fox,

könnten Sie so gütisch sein, mir beim Schreiben
von Wörtern mit -ig,-lich und -isch zu helfen?
Es ist für mich wirklich sehr schwierisch, denn
in unserer Gegend spricht man solche Wörter nicht
so deutlig aus. Da muss man wirklig höllich auf-
passen beim Schreiben. Zum Glück gibt es in Eng-
lich nicht solche eklischen Sachen. Vielleicht
können Sie mir einen Tipp geben, der wichtich
ist. Ich will ja alle Wörter richtich schreiben.

Ich grüße Sie freundlisch,
Ihr Alexander

6 Schreibe diese Wörter aus Alexanders Brief richtig auf. Wenn du unsicher bist, verlängere das Wort und sprich es deutlich aus. Du kannst auch in einem Wörterbuch nachschlagen.

7 Manche Adjektive können zwei verschiedene Suffixe haben. Sie bedeuten dann jeweils auch etwas anderes. Kannst du die unterschiedliche Bedeutung der beiden Adjektive erklären? Ein Wörterbuch kann dir bestimmt dabei helfen.

heimisch – heimlich **geistig – geistlich** **geschäftig – geschäftlich** **zeitig – zeitlich** **tätig – tätlich**

Wann schreibt man ß und wann ss?

Das Doppel-s (**ss**) steht in Wörtern dann, wenn die erste betonte Silbe einen **kurzen** Vokal hat: *es-sen.*

Wenn aber der Vokal **lang** ausgesprochen wird, dann steht ein **ß**: wie z. B. bei *a-ßen.*

So kann man *Mas-se* von *Ma-ße* und *Bus-se* von *Bu-ße* unterscheiden.

Die Buchstaben **au**, **ei**, **ie** gehören zu den Langvokalbuchstaben. Nach ihnen steht also niemals ein **ss**: *drau-ßen, bei-ßen …*

Fü-e Kü-e Grü-e Flü-e Spä-e Nä-e
Fä-er Gefä-e Klö-e Schlö-er Stö-e Grö-e

1 Sprich die Wörter deutlich aus.
Klingt der Vokal kurz oder lang?
Schreibe die Wörter dann vollständig auf.

2 Schreibe folgende Wörter auf.
Sprich sie aber vorher deutlich aus. Denke daran:
Wenn du einen **langen** Vokal hörst oder ein **ei**, **au**, **ie**, dann steht immer **ß**.
Hörst du aber einen **kurzen** Vokal, dann steht **ss**.

rei*en,	ri*,	geri*en	wi*en,	wei*,	gewu*t
fre*en,	fra*,	gefre*en	flie*en,	flo*,	geflo*en
schlie*en,	schlo*,	geschlo*en	gie*en,	go*,	gego*en
la*en,	lie*,	gela*en	bei*en,	bi*,	gebi*en

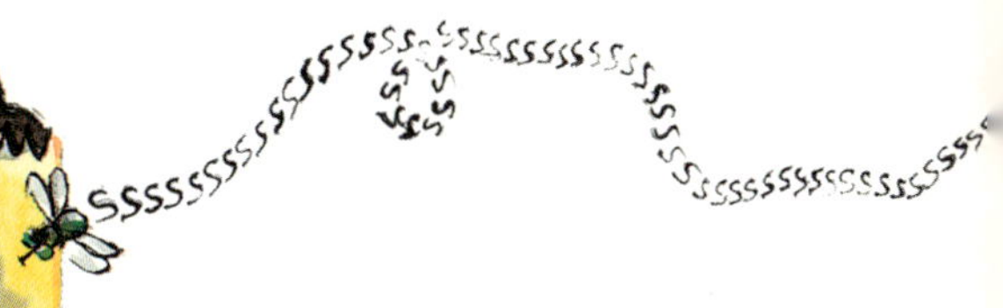

Unter den Kleinbuchstaben unserer Schrift haben wir ein **ß**.
Doch unter den Großbuchstaben gibt es das **ß** nicht.
Deswegen schreibt man in Großbuchstaben für das **ß** ein **ss**.
In der Werbung und in Zeitungsüberschriften findet man daher viele Wörter in Großbuchstaben, die ein **ss** statt eines **ß** enthalten.

3 Schreibe die folgenden Wörter in normaler Schrift auf:
KLÖSSE FLIESSEN SÜSS FÜSSE SPASS GROSSSTADT MASSSTAB

Die Silbentrennung bei ck, pf, st, tz

Wörter mit pf, st, tz

Anknüpfung, Ast, Aufhetzung, Belastung, Kiste, Kopf, Lastensegler, Musterknabe, Pfütze, Platz, Zahnpastatube, Zipfelmütze, Zöpfe

Wörter mit **pf**, **st**, **tz** werden nach Sprechsilben getrennt, also so, wie man es beim langsamen Sprechen hört: *Köp-fe, Las-ten, Plas-tik, Wit-ze …*

Und wenn an solche Wörter **-ung**, **-ig**, **-isch** angehängt wird, wird auf jeden Fall nach Sprechsilben getrennt: *Be-las-tung, dick-köp-fig, wit-zig, plas-tisch …*

1 Schreibe die Wörter mit Silbenstrichen auf. Denke daran: Wörter mit **pf, st, tz** trennt man zwischen diesen Buchstaben: p-f, s-t, t-z!

Wörter mit einer Silbe: …
Wörter mit zwei Silben: …
Wörter mit drei Silben: …
Wörter mit vier Silben: …

Welches ist das Wort mit den meisten Silben?

2 Schreibe die folgenden Wörter mit Silbentrennungsstrich auf: *Kis-te …* Bei einem Wort darfst du das **st** nicht trennen!

Kiste, listig, lustig, Äste, Küstenschiff, Fastenzeit, Katze, witzig, Sätze, schwitzen, Pudelmütze, schmatzen, Lastauto, Apfel, Zapfen, stopfen, tapfer, klopfen, rupfen

Wörter mit **ck** werden vor dem **-ck** abgetrennt: *lo-cker, We-cker …* Das ist hier genau so wie bei Wörtern mit **ch**: *ko-chen, Wo-che …*

Zusammengesetzte Wörter werden nach ihren Bestandteilen getrennt, sodass man weiß, welche Buchstaben zu welchem Wortteil gehören: *Lack-affe …*

Socken bockig gucken Jacke Wackelpudding lecker Meckerei lockig dicker schockiert Rücken Packung Schluckauf Deckung stickig

3 Schreibe diese Wörter mit Silbentrennungsstrich auf. Achtung: Bei einem einzigen Wort kommt der Trennungsstrich **nach** dem **ck**!

Die Großschreibung von Substantiven (Nomen)

Ganz schön behämmert

Eigentlich muss jemand, der in einer sekunde zwanzigmal mit dem kopf gegen einen baumstamm donnert, einen vogel haben. Oder er hat schwarzweiße federn, einen roten bauch und ist als buntspecht ein richtiger vogel. Für dieses tier ist das hämmern lebenszweck. Damit im kopf beim schlagen alles in ordnung bleibt, besitzt er perfekte stoßdämpfer für das kleine gehirn. Es wird durch muskeln so abgefedert, dass kopfschmerzen verhindert werden. Wenn sich ein spechtpaar seine nisthöhle getrommelt hat, tragen die eltern im schichtdienst als nestwärmer fürs gelege verantwortung. Aber auch nach dem schlüpfen der jungen gibt es viel arbeit. Zum füttern wird die nisthöhle so lange angeflogen, bis der nachwuchs fliegen kann.

In diesem Text sind nur die Satzanfänge großgeschrieben, alle anderen Wörter jedoch sind kleingeschrieben worden.

1 Lies dir den Text nochmals durch. Vielleicht hast du auch schon einmal einen Specht beim Nestbau gesehen.

2 Wie viele Wörter werden wohl großgeschrieben? Schreibe sie in dein Heft. Du wirst sicherlich nicht alle Wörter finden, denn so einfach ist der Text nicht. Wenn du mehr als 25 Wörter entdeckst, bist du schon ganz schön gut.

3 Kannst du deinen Mitschülerinnen und Mitschülern erklären, warum du dich bei manchen Wörtern für die Großschreibung entschieden hast?

4 Wenn du die richtigen Lösungen sehen willst, findest du mit Hilfe der folgenden Zahlen die großgeschriebenen Wörter. Die erste Zahl gibt dabei die Zeile an, die zweite Zahl das Wort in der Zeile, das großgeschrieben werden muss.
Beispiel: 1/7 = 1. Zeile/7. Wort = Sekunde

1/7;	5/3, 4, 7, 9;	9/2, 7, 9;
2/3, 6, 9;	6/3, 8;	10/2, 4, 5;
3/5, 8;	7/4, 8;	11/2, 4, 8, 10;
4/4, 7, 10;	8/2, 8;	12/2, 8

Erkennungszeichen von Substantiven (Nomen)

Bisher hast du gelernt:
Nomen sind Wörter, die immer großgeschrieben werden.
Beim Erkennen von Substantiven (Nomen) helfen dir Erkennungszeichen.

1 Welche Erkennungszeichen für Substantive (Nomen) kennst du bereits aus der Grundschule?

Einkaufen früher

Wenn die **Frauen** früher etwas einkaufen mussten, gingen sie in den kleinen **Laden** eines **Kaufmanns**. Für die **Milch** nahmen sie eine **Milchkanne** mit. Im **Laden** trafen sie meistens noch andere **Leute**, mit denen sie sich unterhalten konnten. Der **Kaufmann** füllte dann die **Milch** in ihre **Kannen**. **Sauerkraut** und leckere **Gurken** holte er aus seinen **Fässern** und tat sie in einen **Topf**, den die **Frauen** ebenfalls mitgebracht hatten. Der **Reis** zum **Beispiel** lag bei ihm im **Schubfach**, aus dem er ihn mit einer kleinen **Schaufel** in eine **Papiertüte** füllte und dann auf seiner **Waage** abwog. Die **Verpackung** war damals noch ganz einfach und manche konnte immer wieder gebraucht werden. Deshalb gab es früher auch nicht so große **Abfallmengen** wie heute. Beim **Einkaufen** ging es zur **Zeit** unserer **Urgroßeltern** noch richtig gemütlich zu.

2 Die 26 Substantive (Nomen) in diesem Text sind **fett** gedruckt.
Schreibe sie einmal heraus, und zwar mit den Wörtern, die jeweils vor ihnen stehen.
Unterstreiche die davor stehenden Wörter!
die Frauen, kleinen Laden, eines Kaufmanns

3 Zeige jetzt an Beispielen aus dem Text von oben, dass Substantive (Nomen) Erkennungszeichen besitzen.

Einige von euch haben sicherlich die Artikel
als Erkennungszeichen gefunden,
andere vielleicht typische Endungen oder auch Pronomen.
Hier seht ihr noch einmal eine Übersicht
über wichtige Erkennungszeichen von Substantiven (Nomen).

Erkennungszeichen von Substantiven (Nomen)

Artikel vor Substantiv (Nomen): *(in)* ***einer*** *Sekunde*

Adjektiv vor Substantiv (Nomen): *(er hat)* ***weiße*** *Federn*

Artikel und Adjektiv vor Substantiv (Nomen): ***einen roten*** *Bauch*

Pronomen vor Substantiv (Nomen): ***dieses*** *Tier*

Versteckte Artikel vor Substantiv (Nomen): ***im*** *Kopf*
(im: in dem; beim: bei dem; fürs: für das …)

Substantiv (Nomen) mit einer bestimmten Nachsilbe: *Ord**nung***

4 Welche Erkennungszeichen kennst du noch nicht,
bei welchen Erkennungszeichen bist du noch unsicher?

5 Wenn du Hilfe oder Auskünfte
über einzelne Erkennungszeichen suchst,
findest du sie auf den nächsten Seiten.
Informiere dich dort und bearbeite dann die Übungen.

Wenn du deine Kenntnisse erst erproben willst,
solltest du zunächst die folgenden Aufgaben lösen:

6 Übertrage die Übersicht der Erkennungszeichen auf ein Arbeitsblatt.

7 Ordne dann die Substantive (Nomen) aus dem Text
„Einkaufen früher" den jeweiligen Erkennungszeichen zu.
Diese Aufgabe eignet sich auch gut für eine Partnerarbeit.

Erkennungszeichen: Artikel

Artikel gehören zu den Wörtern, die auf Substantive hinweisen.
Als Begleiter stehen Artikel vor Substantiven: *die Wespe, ein Tag*
Es gibt **bestimmte** Artikel *(der, die, das, des, dem, den)*
und **unbestimmte** Artikel *(ein, eine, eines, einer, einem, einen).*

Vor alle Substantive (Nomen) kannst du einen Artikel setzen.
Das kommt zwar in einem Text selten vor,
aber in dem folgenden Text ist das so.
Zum Üben der Rechtschreibung kann das ganz hilfreich sein.

Hungrige Flugobjekte

Kaum ist die torte auf dem tisch, summen die gäste über die terrasse. Sie sind zwar ungebeten, aber das stört die tiere nicht. Der obstkuchen hat die wespen angelockt. Schnell noch eine runde gedreht und ein sturzflug auf die beute beginnt. Wenig später verschwindet ein tier mit einem brocken aus einer frucht. Das ziel ist das nest, in dem sich die königin befindet. Zu ihr und den arbeiterinnen bringen die sammlerinnen die beute. Dies ist eine aufgabe, welche sie ein wespenleben lang zu erfüllen haben. Die königin ist die hauptperson eines wespennestes. Nur sie ist für den nachwuchs zuständig. Die wespen eines nestes müssen dafür der königin dienen.

1 In diesem Text über Wespen werden alle Substantive (Nomen) mit einem Artikel als Begleiter verwendet. Es sind insgesamt **?** Substantive (Nomen). Suche die Substantive (Nomen) mit den Artikeln.

2 Übertrage die Tabelle in dein Heft und vervollständige sie.

bestimmter Artikel + Substantiv	unbestimmter Artikel + Substantiv
die Torte	eine Runde

Erkennungszeichen: Pronomen

Wie die Artikel können auch Pronomen (Fürwörter) ein Substantiv (Nomen) begleiten und auf ein Substantiv (Nomen) aufmerksam machen.
Fahrrad: ***mein*** *Fahrrad,* ***ihr*** *Fahrrad,* ***unsere*** *Fahrräder,* ***diese*** *Fahrräder …*
Angst: ***seine*** *Angst,* ***eure*** *Ängste,* ***diese*** *Angst,* ***keine*** *Angst …*

In dem folgenden Text werden alle Substantive (Nomen) nur von Artikeln oder Pronomen begleitet.

Ein König

Sein Königreich ist klein und seine Körpermaße sind winzig. Doch diese Stimme und die Töne, die aus seiner Kehle kommen! Dieser Zwerg schafft es, 19 dieser Töne in einer Sekunde aus seiner Kehle zu bekommen.

Dieser Winzling kann sein Revier sowohl in einem Park, an einem See oder auch in den Bergen haben. Zu seinem Schutz bevorzugt er allerdings die Gebüsche in diesen Gegenden.

Mit seiner Stimme markiert er sein Königreich und vertreibt gleichzeitig seine Konkurrenten, wenn er mal wieder auf der Suche nach einer Königin ist. Für seine Partnerin baut er einen Palast, der einer Kugel ähnlich sieht. Die Zweige und die Blätter und das Moos für seine Behausung sucht er in seiner Umgebung. Nach der Brautschau verschönert dann unsere Königsfamilie ihren Palast gemeinsam, damit es ihre Kinder weich und mollig haben.

Der Name des Königs ist 26-1-21-14-könig
(Die Zahlen stehen für Buchstaben aus dem Alphabet).

1 In diesem Text gibt es insgesamt 35 Substantive (Nomen). 20 Substantive davon haben ein Pronomen als Erkennungszeichen. Schreibe diese Substantive gemeinsam mit den Pronomen auf.

2 Einige von euch können den Text auch noch nach den Substantiven mit Artikeln durchsuchen. Ihr wisst doch, es können nur noch 15 Substantive übrig sein.

3 Lies noch einmal den Text „Hungrige Flugobjekte“. An einigen Stellen des Textes könnte man die Artikel durch Pronomen wie *einige, unsere, ihre, ihrer, sein* ersetzen, sodass der Text dann besser klingt. Du kannst ihn dann noch einmal aufschreiben.

Erkennungszeichen: Adjektive

Eine Schülerin hat sich die Erkennungszeichen von Substantiven (Nomen) gut eingeprägt und in einem Aufsatz folgenden Satz geschrieben:
Und dann stand der Bissige hund genau vor mir.

1 Welchen Fehler hat das Kind gemacht? Warum hat es den Fehler wohl gemacht?

ein spannender film;
meine neuen jeans;
die kaputte sporttasche;
die fürchterlichen kopfschmerzen;
dieses schwere unglück;
seine nagelneuen inliner;
ihre tolle idee;
der superschnelle sportwagen;
ein verrückter einfall

Merke dir: Adjektive können allein oder mit einem Artikel oder Pronomen vor einem Substantiv (Nomen) stehen, aber nur die Substantive werden großgeschrieben!

ein altes Fahrrad *große Angst*

sein altes Fahrrad *schöne Ferien*

2 Schreibe die Beispiele in richtiger Schreibweise auf. Setze jeweils einen Beziehungspfeil.
ein spannender Film

3 Setze vor die Substantive (Nomen) ein oder mehrere Adjektive. Du kannst auch verrückte Kombinationen wählen:
dieser nette, leckere Dieb

BLAU
HERRLICH
ALTMODISCH
NEU
TOLL
VERRÜCKT
LECKER
ALT
NETT
KNUSPRIG
BLÖD
SCHWER

Erkennungszeichen: Präposition und Artikel

Glück gehabt

Das wäre beinahe ins Auge gegangen.
Als Carmen gestern beim Training vom Einmeterbrett sprang, war sie beim Eintauchen ins Wasser nur knapp vom Beckenrand entfernt.
Zum Glück konnte sie sich noch rechtzeitig im Flug zur Seite drehen.

1 In diesem Text haben die Substantive (Nomen) ganz besondere Erkennungszeichen. In ihnen haben sich nämlich Präpositionen und Artikel zu **einem** Wort verbunden:
ins = in + das, beim = bei + dem ...
Schreibe auch die anderen Begleiter wie im Beispiel auf. Es gibt insgesamt sechs **verschiedene** Beispiele für Wörter aus Präposition und Artikel.

2 In den folgenden Sätzen wurden nicht alle Substantive (Nomen) großgeschrieben.
Wenn du auf die versteckten Artikel achtest, findest du die Substantive (Nomen), die auch noch großgeschrieben werden müssen.
Schreibe die Nomen mit ihren Erkennungszeichen auf:
im Volleyball ...

Susann ist im volleyball super.
Sie beschlossen, zum ende des Tages noch ins schwimmbad zu gehen.
Gestern wurden Michi und Lisa beim schummeln erwischt.
Die Klasse ist beim toben ganz schön ins schwitzen gekommen.
Zum erstaunen ihrer Klassenkameraden sprang die kleine Sükran zuerst vom fünfmeterturm.
Abends hatten viele Kinder vom wandern Blasen an den Füßen.
Der Deutschlehrer vergaß zur freude aller die Hausarbeiten nachzusehen.
Sven und Karolin bildeten beim eckenraten ein tolles Team.
Sie waren im rechnen einfach nicht zu schlagen.

3 Bilde selbst mit den Wörtern *beim, zum, vom* und *im* Beispielsätze.
Verwende dabei die folgenden Wörter:

lachen
trainieren
spielen
naschen
essen
arbeiten
tauchen
toben

Diese Wörter solltest du dir gut einprägen.
Genauso wie Artikel sind sie Erkennungszeichen für Substantive:
beim, zum, im, vom, ins, zur

Erkennungszeichen: Suffixe

Manche Wörter haben keine Begleiter als Erkennungszeichen.
Sie sind aber an den Suffixen (Nachsilben) **-heit, -keit, -ung**
als Nomen zu erkennen, z. B.: *Schön**heit**, Ehrlich**keit**, Unterhalt**ung***.

1 Suche zu jedem der drei Substantive (Nomen) mindestens fünf weitere Beispiele, die dieselben Erkennungszeichen besitzen. Das kannst du auch gut in Partnerarbeit erledigen. Selbstverständlich darfst du beim Suchen nach Beispielen auch ein Wörterbuch verwenden. Lege dir beim Aufschreiben eine Tabelle wie im Beispiel an.

-heit	-keit	-ung
Schönheit	Ehrlichkeit	Unterhaltung

Sicherlich hast du bemerkt, dass man viele Substantive (Nomen) allein schon an ihren Suffixen erkennen kann. Substantive mit den Suffixen *-heit, -keit* und *-ung* stammen von Verben oder Adjektiven ab.

Adjektiv oder Verb	Substantive
schön ändern	Schönheit Änderung

Flüssigkeit
Frechheit
Zeichnung
Fröhlichkeit
Hoffnung
Erzählung
Dummheit
Rechnung
Sauberkeit
Werbung
Seltenheit
Krankheit

2 Übertrage die Tabelle in dein Heft. Fülle sie mit den nebenstehenden Substantiven wie im Beispiel aus. Vergiss die Artikel nicht.

Es gibt noch weitere Suffixe von Substantiven. Zu ihnen gehören *-nis, -schaft* und *-tum*, z. B.: *Finsternis, Freundschaft, Altertum.*

3 Sucht in Partnerarbeit nach weiteren Beispielen für Substantive (Nomen) mit diesen Suffixen. Welche Artikel erhalten sie?

4 Suche dir in einer Zeitung oder Zeitschrift einen Text und untersuche ihn nach Substantiven mit Suffixen. Markiere im Text die Substantive mit einem Buntstift oder Textmarker. Wer findet einen möglichst kurzen Text mit mehr als zehn Beispielen?

Übungstexte zur Großschreibung

Die Arbeit am Text

- Du kannst die Substantive (Nomen) heraussuchen.
- Du kannst die Texte in richtiger Schreibweise abschreiben.
- Du kannst die Substantive mit ihren Erkennungszeichen aufschreiben: *der Agent, einen supergeheimen Auftrag …*

Streng geheim

Der agent bekommt einen supergeheimen auftrag. Er soll eine wichtige botschaft überbringen. „Der empfänger heißt Meier und wohnt in der bahnhofstraße 38“, erklärt ihm sein chef. „Sie sagen zu ihm: ‚Frau Müllers alter papagei hat einen schnupfen.‘ Er wird Ihnen antworten: ‚Unser tierarzt ist schon unterwegs!‘“

In der bahnhofstraße wohnen jedoch zwei Meier. Also klingelt unser geheimagent einfach im zweiten stock.

„Herr Meier“, sagt er, „Frau Müllers alter papagei hat einen schnupfen!“ Herr Meier lächelt und meint zum agenten:

„Tut mir Leid, hier sind Sie falsch. Ich bin nur ein finanzbeamter, aber ihr spion wohnt im erdgeschoss.“

<u>WÜSTENSCHIFFE</u>

DROMEDARE SIND EINHÖCKRIGE KAMELE. SIE LEBEN IM NORDEN AFRIKAS UND IN ARABIEN. WENN SIE ZUR WELT KOMMEN, BESITZEN SIE ALLERDINGS NOCH KEINEN HÖCKER.

ERST IN DEN WOCHEN NACH DER GEBURT WÄCHST DEN JUNGEN KAMELKINDERN DER HÖCKER. DIESER BUCKEL IST EIN WICHTIGER FETTSPEICHER FÜR DIE NOT. JUNGE KAMELE MÜSSEN SICH IHREN RUCKSACK ERST EINMAL MIT MUTTERMILCH UND MIT GRÜNFUTTER ANFRESSEN.

DIE NATUR HAT DIESE TIERE PERFEKT FÜR DAS ÜBERLEBEN IN DER WÜSTE AUSGESTATTET. INNERHALB VON 15 MINUTEN KÖNNEN AUSGEWACHSENE TIERE BIS ZU 200 LITER WASSER TANKEN. DAMIT KÖNNEN SIE NOTFALLS 20 TAGE OHNE AUFNAHME VON FLÜSSIGKEIT ÜBERLEBEN.

Aus Adjektiven können Substantive (Nomen) werden

Ihr wisst, dass Adjektive kleingeschrieben werden:
*die **spannende** Geschichte, das **kleine** Mädchen, der **starke** Regen.*

Doch manchmal kann aus dem Adjektiv auch ein Substantiv werden.
Das Substantiv muss dann natürlich auch großgeschrieben werden:
*Das **Spannende** an der Geschichte ist ihr ungewisses Ende.*
*Eine **Kleine** spielt dabei eine wichtige Rolle.*
*Sie beobachtet, wie die **Stärke** des Regens immer mehr zunimmt.*

1 An welchem Erkennungszeichen könnt ihr bei allen drei Beispielen sehen, dass aus dem Adjektiv ein Substantiv (Nomen) geworden ist?

2 Welche Adjektive sind in den folgenden Sätzen zu Substantiven geworden und müssen deshalb großgeschrieben werden? Es sind acht.
Schreibe die Sätze auf und markiere die Substantive und das Erkennungszeichen.

VIELE MENSCHEN LESEN TÄGLICH ZEITUNG.
DAS INTERESSANTE IST, DASS VIELE ZUERST
DIE LETZTE SEITE LESEN.
SIE WOLLEN WISSEN, OB IN DEN NÄCHSTEN TAGEN
EIN HOCH ODER EIN TIEF ZU ERWARTEN IST.
WIE DAS WETTER WIRD, IST ALSO FÜR SIE
DAS WICHTIGE.
DANN LESEN SIE OFT DIE SPORTNACHRICHTEN
UND WOLLEN DAS NEUESTE LESEN, WER Z. B. DER
ERSTE BEI IRGENDWELCHEN MEISTERSCHAFTEN WAR
UND OB DIE ALTEN SICH NOCH EINMAL GEGEN
DIE JUNGEN DURCHSETZEN KONNTEN.

3 Setze beim Abschreiben der folgenden Sätze die passenden Adjektive mit Artikel ein. Achte dabei auf die Großschreibung.

a) In einem Krimi werden meistens ? von ? geschnappt.
b) Die Zuschauer finden es gut, wenn im Film ? unterliegt.
c) Der Kommissar sollte immer ? am Tatort sein,
denn aus ? ist kein Fall zu lösen.
d) ? ist, wenn er am Tatort Spuren findet.
e) So kann er ? einleiten, um dem Täter auf die Spur zu kommen.

den
der
die
das

schlechte
ferne
erste
bösen
notwendige
beste
guten

Aus Verben können Substantive (Nomen) werden

Wir wollen über unsere Klassenfahrt ***diskutieren****.*
Das ***Diskutieren*** *darüber dauerte sehr lange, weil alle woandershin fahren wollten.*

1 Warum wird das Verb *diskutieren* im zweiten Satz großgeschrieben? Woran habt ihr das erkennen können?

Andere Länder – andere Sitten

a) Auf den Straßen in chinesischen Städten ist *(spucken)* nicht erlaubt.
b) Erst seit einigen Jahren wird *(küssen)* in der Öffentlichkeit geduldet.
c) *(baden)* in öffentlichen Bädern begann früher erst nach dem 1. Juli, obwohl es schon vorher sehr heiß war.
d) Zu den beliebtesten Freizeittätigkeiten gehört dort *(fotografieren)*.
e) Auch heute noch kann man *(befördern)* von Personen mit einer Rikscha selbst ausprobieren.

2 Verwende die in Klammern stehenden Verben als Substantive. Denke beim Schreiben an die Großschreibung.

3 Im folgenden Text sind die meisten Verben in Großbuchstaben geschrieben. Zehn davon sind zu Substantiven (Nomen) geworden. Finde sie heraus. Begründe, warum sie großgeschrieben werden müssen.

Verb oder Nomen – klein oder groß?

Das FAHREN auf der Autobahn ist manchmal ganz schön anstrengend.
Manche Brummi-Fahrer ÜBERHOLEN sich an den unmöglichsten Stellen gegenseitig.
Sie BEGINNEN das VORBEIFAHREN häufig kurz vor einer Steigung.
Dann BEKOMMEN die Fahrer dahinter das SCHÜTTELN, sie SCHÜTTELN nämlich alle ihre Köpfe. Man kann das FLUCHEN der Leute geradezu HÖREN, wenn sie verkrampft in ihrem Fahrzeug SITZEN und den Frust ABLASSEN. Aber es kann ja noch viel schlimmer KOMMEN.
Das STEHEN im Stau kann sehr, sehr lange DAUERN. Interessant ist es, das VERHALTEN der Leute im Stau zu BEOBACHTEN.
Manche TROMMELN nervös auf ihr Lenkrad, andere dagegen widmen sich seelenruhig dem LESEN, oder sie NOTIEREN sich etwas.
Für viele ist das TRINKEN von Wasser eine Möglichkeit, sich zu beruhigen, oder sie MACHEN sich an das VERZEHREN der mitgenommenen Verpflegung.
Wenn Kinder an Bord sind, dann ist das VERTREIBEN der aufkommenden Langeweile angesagt.

Getrennt- und Zusammenschreibung

Der folgende Text ist ohne Lücken zwischen den Wörtern geschrieben.
Das macht man heutzutage natürlich nicht mehr so. Aber in früheren Zeiten wurden tatsächlich alle Wörter ohne Abstand hintereinander geschrieben.

KAUGUMMIWIRDVERMUTLICHBEREITSSEIT3500JAHRENVON
MENSCHENGEKAUTDENNSCHONDIEÄGYPTERSCHÄTZTEN
KÜGELCHENAUSMYRREWEIHRAUCHMELONEUNDANDEREN
ZUTATENALSWIRKSAMESMITTELGEGENMUNDGERUCH

1 Versucht dennoch einmal, diesen Text vorzulesen.
Wie gelingt euch das?

2 Schreibt den Text so auf, wie es heute üblich ist. Lest ihn dann erneut vor.
Warum klappt das Vorlesen dieses Textes viel, viel leichter?

Für das Lesen und Schreiben von Sätzen und Texten ist es wichtig zu wissen, wo ein Wort anfängt und wo es endet. Das war früher so, und das ist noch heute so. Früher gab es noch keine Getrenntschreibung von Wörtern, sodass das Lesen und Schreiben für die Menschen sehr schwer war. Heute ist es einfacher. Wir sind daran gewöhnt, dass die Wörter meistens getrennt geschrieben werden.

Immer getrennt: Substantiv + Verb

Substantive und Verben werden getrennt geschrieben:
Boot fahren, Recht haben und auch *zu Hause geblieben.*

Not leiden, Probe fahren, Deutsch sprechen, Rat suchen, Auto fahren, Platz machen, Ernst machen, Rad fahren, Schlange stehen, Angst haben, Acht geben, Wert legen, Leid tun, Schlittschuh laufen, Mut machen, Recht behalten

1 So könnt ihr euch die Schreibung dieser Fügungen einprägen:

- Zu einzelnen Verben andere Substantive finden und aufschreiben:
  machen – Halt machen, Angst machen …
- Die Fügungen alphabetisch ordnen:
  Acht geben, Angst haben …
- Die Fügungen im Perfekt aufschreiben:
  Er ist Auto gefahren.
  Sie hat Deutsch gesprochen.
- Die Fügungen in Partnerarbeit gegenseitig diktieren und anschließend die Schreibung kontrollieren.
- Sätze – auch witzige Sätze! – aufschreiben, in denen solche Fügungen vorkommen:
  Mein Vater ist mit seinem neuen Auto Probe gefahren.
  Bevor ihr ein Rad schlagt, sollt ihr Schlange stehen.

Umformen

1) Am Sonntag früh klingelte es Sturm bei uns.
2) Andy schrieb seinen Aufsatz ins Reine.
3) Es tat ihm nicht ein bisschen Leid.
4) Die Tischlerei ging leider Pleite.
5) Ohne Widerspruch nahm er die Entscheidung in Kauf.
6) Gestern fuhren Alex, Susi und Uta gemeinsam Rad.
7) Die Kinder litten lange Zeit Not.
8) Nach einer Woche ging die Messe erfolgreich zu Ende.
9) Er hatte mit seiner Meinung nicht Recht.
10) Mit seiner Aktion erregte Toni Aufsehen.

2 Schreibe die Sätze so auf, dass sie im Perfekt stehen.
1) Am Sonntag früh hat es bei uns Sturm geklingelt.

3 Setze die folgenden Wörter beim Abschreiben sinnvoll in die Sätze ein.

a) Nach dem Unfall sind dem Verunglückten sofort mehrere Menschen ? geeilt.
b) Ronny, das hast du doch nicht wirklich ? gemeint.
c) Du kannst mich gar nicht angerufen haben, ich bin doch die ganze Zeit ? gewesen.
d) Niemand soll Max einen Vorwurf machen, er hat das ganz ? erwähnt.
e) Müssen wir jetzt wirklich schon ? gehen?
f) Wärst du pünktlich gewesen, hätten wir nicht den weiten Weg ? gehen müssen.
g) Schade, dass das Konzert so schnell ? gegangen ist.
h) Diese Beleidigung hast du doch nicht etwa ? genommen?

zu Fuß
nach Hause
im Ernst
zu Ende
zu Hilfe
zu Hause
zu Recht
in Kauf

4 Vier von den sechs markierten Fügungen sind falsch geschrieben. Schreibe die Fehlersätze korrekt in dein Heft. Vergleicht eure Lösungen.

Achtung, Fehler!

Nachdem es gestern geschneit hatte, bin ich heute gleich *skigefahren*. Zum ersten Mal hat mir der Steilhang nicht *angstgemacht*. Die Tage vorher bin ich jeden Abend *Eis gelaufen*. Ich musste unheimlich *achtgeben*, dass ich bei dem Betrieb nicht mit anderen zusammengestoßen bin. Manche haben wirklich keinen *Platz gemacht*. Denen müsste man mal *bescheidgeben*, wie man sich auf der Eisfläche zu verhalten hat.

Das Komma bei der Aufzählung von Wörtern

Januar, Februar, März, April sind die ersten vier Monate im Jahr.
Januar, Februar, März und April sind die ersten vier Monate im Jahr.

Wann du beim Schreiben Kommas setzen musst, das hast du sicher schon in früheren Schuljahren gelernt. An diesen beiden Sätzen wird dir noch einmal gezeigt, wann man beim Aufzählen von einzelnen Wörtern Kommas setzt – und wann nicht.

1 Schreibe die folgenden beiden Sätze ab und setze die Kommas genauso wie oben:

Die vier Jahreszeiten heißen Frühling Sommer Herbst Winter.
Die vier Jahreszeiten heißen Frühling Sommer Herbst und Winter.

2 Der Merksatz ist noch nicht ganz vollständig. Ergänze ihn:

Ein Komma wird zwischen Wörter gesetzt,
die man nacheinander aufzählt.
Aber man setzt kein Komma,
wenn zwischen den aufgezählten Wörtern **?** steht!

Im Sommer, im Herbst, zu Weihnachten fahren wir in die Ferien.
Im Sommer, im Herbst und zu Weihnachten fahren wir in die Ferien.
Im Sommer, im Herbst oder zu Weihnachten fahren wir in die Ferien.

3 Schreibe die drei folgenden Sätze ab und setze die Kommas ein. Orientiere dich dabei an den drei Beispielsätzen.

Zum Hockeytraining gehe ich am Montag am Mittwoch am Freitag.
Zum Reiten fahre ich am Dienstag am Donnerstag oder manchmal am Sonntag.
Jeden dritten Dienstag jeden Sonnabend und jeden Feiertag besuche ich meine Oma.

4 Schreibe den Text ab und setze die fehlenden Kommas ein.

Meine Freundin Uta geht gern reiten segeln wandern und schwimmen.
Peter sieht im Fernsehen gern Boxen Rugby oder Ringen Tennis und Radrennen.
Dani ist sehr sportlich und spielt gern Volleyball und Basketball Völkerball Handball oder Fußball.

Das Komma zwischen Haupt- und Nebensatz

Geburtstagsparty

Ihr könnt etwas Tolles erleben. Ich feiere am Sonntag Geburtstag.	(wenn)
Wir gehen gemeinsam in den Steinbruch. Alle Gäste sind da.	(sobald)
Die einen spielen Räuber und Gendarm. Andere reiten auf den Ponys.	(während)
Wir machen dann ein Lagerfeuer. Es regnet nicht.	(falls)
Dann grillen wir Würstchen. Der Vorrat reicht aus.	(solange)
Wir fahren mit einer Kutsche zu uns nach Hause. Wir haben uns ausgetobt.	(nachdem)
Ich habe super Preise besorgt. Wir können dann noch eine Tombola machen.	(damit)
Jeder fährt mit der Kutsche nach Hause. Am Abend ist die Fete vorüber.	(wenn)

1 In jeder Zeile stehen zwei Sätze.
Verbinde sie mit den Bindewörtern, die am Ende der Zeile stehen.
Ihr könnt etwas Tolles erleben,
wenn ich am Sonntag Geburtstag feiere.
Setze zwischen Hauptsatz und Nebensatz immer ein Komma ein.

Hauptsatz und **Nebensatz** bilden zusammen ein **Satzgefüge**.
Einen **Nebensatz** erkennt man daran,
dass in ihm die **finite Verbform** ganz am **Ende** steht,
dass er mit einem **Verbindungswort** wie z. B. *wenn, als, weil, dass, sobald …*
eingeleitet wird:
Den größten Spaß hatten wir, *als wir mit der Kutsche nach Hause fuhren.*
Hauptsatz **Nebensatz**
Zwischen einem Hauptsatz und einem Nebensatz steht immer ein **Komma**.

Computer

Sören verbringt viel Zeit zu Hause seit er seinen Computer hat.
Da gibt es viel Arbeit obwohl er kein Anfänger mehr ist.
Er meldete sich sofort als eine Computer-AG angeboten wurde.
Er stellt später einmal die Klassenzeitung her sobald er
das Programm beherrscht.
Sören stellt sich vor dass sein Hobby einmal zu seinem Beruf wird.

2 Schreibe die Sätze ab. Suche zuerst die Verbindungswörter zwischen Hauptsatz und Nebensatz und unterstreiche sie.
Suche dann jeweils die finite Verbform im Haupt- bzw. Nebensatz und unterstreiche auch sie.
Zum Schluss setzt du die Kommas ein.

Polizei stoppt Raser

Wie die Polizei berichtet lieferten sich zwei Autofahrer aus Rostock ein Rennen auf der Autobahn. Ein Ferrari und ein Mercedes rasten mit über 200 km/h über die A20 obwohl nur Tempo 100 erlaubt war. Mit diesem Tempo fuhren sie über viele Kilometer indem sie sich mehrfach gegenseitig überholten. Obwohl die Geschwindigkeit überhöht war bestand zwischen ihnen streckenweise nur ein Abstand von zwei Metern. Ein Streifenwagen mit Videokamera fuhr hinter den beiden her wobei er ihnen manchmal kaum folgen konnte. Erst nach 12 Kilometern stoppten die Beamten die beiden Raser indem sie sie ausbremsten. Es ist sicher dass die beiden mit einem empfindlichen Fahrverbot rechnen müssen.

3 Lege eine Folie über diesen Text oder kopiere ihn.
Setze die fehlenden Kommas ein. Es sind sieben!

Die Satzzeichen der direkten (wörtlichen) Rede

Die Satzzeichen könnt ihr mit dem Asterix-Heft „Die große Überfahrt“ üben. Asterix und Obelix fahren auf das Meer hinaus um zu fischen. Der schlaue Asterix ist der Kapitän. Der dicke Obelix, der an Land gern mit Hinkelsteinen um sich wirft, führt die Befehle von Asterix aus. Draußen auf dem Meer führen sie ein etwas aufgeregtes Gespräch:

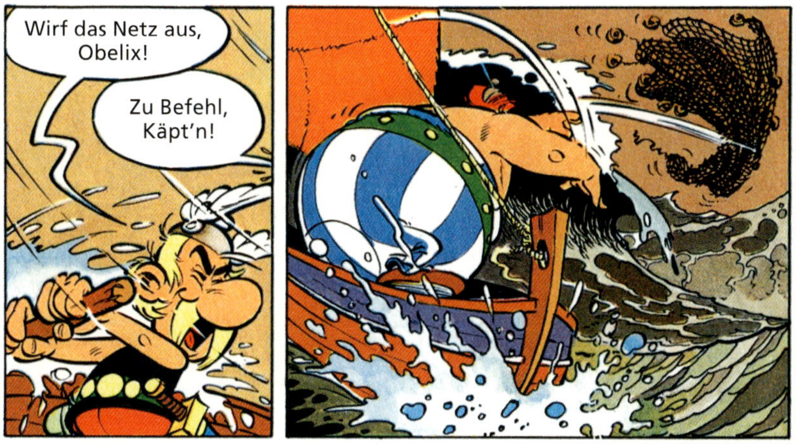

1 Lest diese Sätze zuerst einmal mit verteilten Rollen vor.

2 Schreibe jetzt dieses Gespräch noch einmal auf:
Asterix: Wirf das Netz aus, Obelix!
Obelix: Zu Befehl, Käpt'n! Ja, aber ...
Setze hinter die einzelnen Sätze, Ausrufe, Fragen und Befehle einen Punkt, ein Fragezeichen oder ein Ausrufezeichen.
Beachte: Manchmal ist es möglich, entweder das eine oder das andere Zeichen zu setzen!

Statt in Gallien Fische zu fangen, sind Asterix und Obelix ahnungslos in Amerika gelandet. Dort sehen sie zum ersten Mal einen großen Truthahn, den Obelix *Guruguru* nennt. Ihr Hund Idefix rennt vor Angst vor dem Ungetüm davon. Da sie aber Hunger haben, versuchen sie trotzdem einige Truthähne zu fangen. Obelix isst zwar lieber Wildschwein, aber …

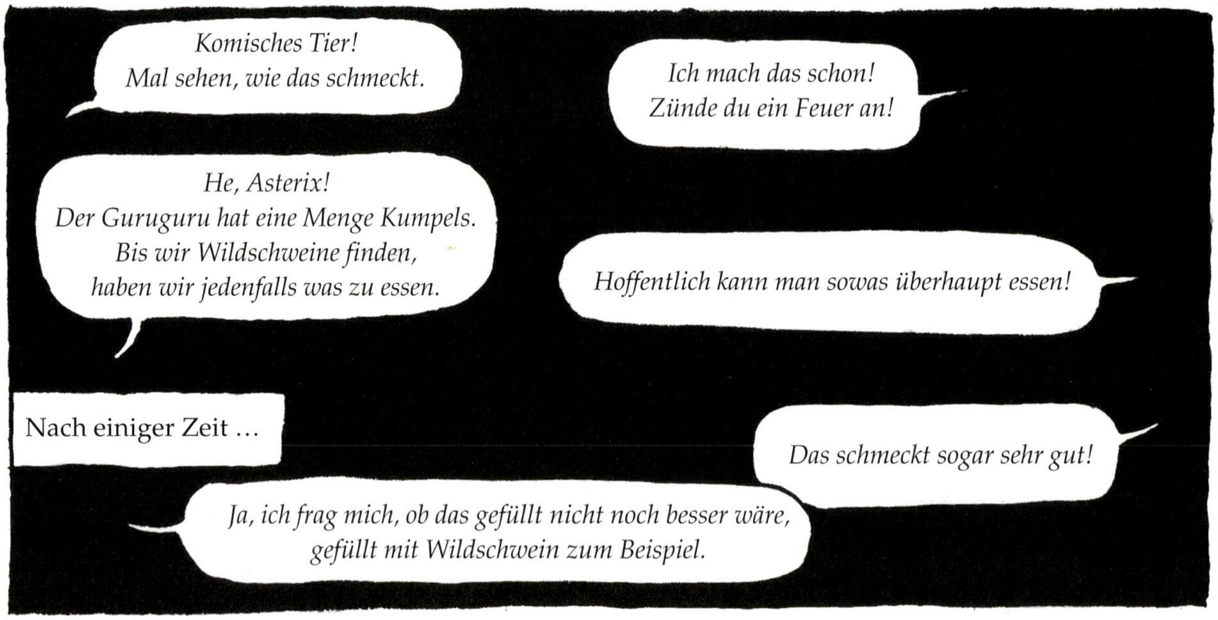

3 Schreibe dieses Gespräch mit den wörtlichen Redezeichen auf. Wie man das macht, weißt du sicher noch aus der Grundschule. Verwende Wörter wie *sagt, antwortet, ruft, meint …*

Obelix sagt:	*„Komisches Tier!“*
(Begleitsatz)	(direkte Rede)

Bei der direkten (wörtlichen) Rede endet der vorangestellte Begleitsatz immer mit einem **Doppelpunkt**. Der Doppelpunkt bedeutet: **Jetzt** fängt die direkte Rede an. Vor der direkten Rede stehen die Anführungszeichen **unten**. Das erste Wort in der direkten Rede wird **großgeschrieben**. Nach dem Satzzeichen am Ende der direkten Rede stehen die Anführungszeichen **oben**.

Bei den Indianern in Amerika finden Asterix und Obelix ein Kanu.
So etwas hatten sie noch nie gesehen …

4 Schreibe auch dieses Gespräch auf. Verwende Verben wie *sagt, fragt, antwortet, meint, ruft, befiehlt* …
Wer jeweils spricht, das solltest du immer an das Ende der direkten Rede setzen. Beachte die Regel unten!

„Was ist das denn für ein Boot?“,	*fragt Asterix.*
„So eine Sorte Boot hab' ich noch nie gesehen!“,	*ruft er.*
„Ja, komisch, mit Loch am Boden, das Wasser einlässt“,	*sagt Obelix.*
(direkte Rede)	(Nachgestellter Begleitsatz)

Bei der direkten (wörtlichen) Rede kann der **Begleitsatz** auch **nachgestellt** sein.
Zwischen der direkten Rede und dem nachgestellten Begleitsatz steht nach den Anführungszeichen **immer** ein **Komma**.
Nach dem Komma schreibt man **klein** weiter.
Achtung: Zwischen der direkten Rede und dem nachgestellten Begleitsatz gibt es **nie einen Punkt**!

Übungstexte zu den Satzzeichen

Mrs. Fox schreibt sich gern auf, was so an einem Tag passiert. Dabei ist die alte Dame aber manchmal etwas nachlässig. Diesmal hat sie es zum Beispiel mit den Satzzeichen nicht so genau genommen.

1 Hier fehlen alle Anführungszeichen. Füge sie beim Abschreiben hinzu.

Eines Tages kam ein Reporter zu mir und sagte: Verehrte Mrs. Fox. Sie haben einen Kinder-Krimi geschrieben. Mögen denn Kinder schon Krimis lesen? Ich glaube schon, antwortete ich ihm. Und dann fragte ich ihn: Haben Sie selbst Kinder? Er fragte: Wieso? Na, weil Sie so dumm fragen, sagte ich.

2 Und in diesem Teil des Textes fehlen die Anführungszeichen und die Satzschlusszeichen. Setze sie beim Abschreiben ein.

Im Laufe des Gesprächs wollte dieser junge Mann tatsächlich wissen: Wer ist denn nun eigentlich der Verbrecher in Ihrem Krimi Ich antwortete: Das werde ich Ihnen bestimmt nicht verraten Aber unsere Leser wollen das doch wissen, rief er aufgeregt Ich sagte: Wenn ich es Ihnen verrate, dann kaufen Sie ja mein Buch nicht mehr

3 Hier hat Mrs. Fox fast alle Satzzeichen vergessen. Kannst du ihr helfen?

Da haben Sie auch wieder Recht sagte der Reporter Und ich sagte Na sehen Sie Er wollte gerade gehen, da fiel ihm noch etwas ein Würden Sie denn in den Schulen auch mal etwas aus Ihrem Krimi vorlesen Natürlich sagte ich Und ich fuhr fort Ich gehe doch gern in Schulen und lese Kindern etwas vor Na, das kann ja spannend werden sagte er. Dann zog er ab.

Teste dein Rechtschreibwissen!

Auf dieser Seite kannst du dein Rechtschreibwissen testen.
Die folgenden Aufgaben solltest du gegen Ende des Schuljahres bearbeiten.
Nimm dir dazu mindestens eine halbe Stunde Zeit, und versuche,
die Aufgaben zügig hintereinander zu lösen. Wenn du mit ihnen fertig bist,
dann vergleiche deine Ergebnisse mit denen auf der Lösungsseite.
Schau aber bitte nicht vorher auf die Lösungsseite, denn dann weißt du
ja nicht, wie sicher du wirklich in der Rechtschreibung bist.

1 So spricht man die folgenden Wörter:
1) *näen* 2) *droen* 3) *Rue*
4) *Näe* 5) *beinae* 6) *roe*
Geschrieben werden sie etwas anders, aber wie? Schreibe die sechs Wörter auf.

2 Das Dehnungs-h wird nur vor vier bestimmten Buchstaben geschrieben:
1) vor **b**, **d**, **g**, **k**: *ge*ben, la*den, krie*gen, Lu*ke*?
2) vor **l**, **m**, **n**, **r**: *fe*len, la*m, Stuhlle*ne, ke*ren*?
3) vor **f**, **p**, **s**, **t**: *O*fen, Pa*pier, Ro*se, ra*ten*?
Schreibe die vier Wörter auf, die mit dem Dehnungs-h geschrieben werden. Unterstreiche in jedem Wort den nachfolgenden Buchstaben.

3 Bei einsilbigen Wörtern kann man es nicht gut hören, ob sie mit einem Doppelkonsonanten geschrieben werden oder nicht:
1) *kru**m*** 2) *bla**s*** 3) *er ro**l**t*
4) *er re**n**t* 5) *der Ka**m*** 6) *der Ba**l***
Welche Strategie kann dir beim Schreiben dieser Wörter helfen? Schreibe die Strategie und die sechs Wörter richtig auf.

4 e oder ä?
Wie werden die folgenden Wörter geschrieben? Begründe deine Entscheidung.
1) *die K*lte* 2) *der S*nder* 3) *dr*ngeln*
4) *l*ssig* 5) *der L*hrling* 6) *tr*umen*

5 Groß oder klein?
Am Wochenende war ich mit meinen Eltern *W/wandern.* Wir haben eine lange Tour in die Berge *U/unternommen.* Das *I/interessante* daran war, dass wir manchmal steile Leitern benutzen mussten, um in die *H/höhe* zu kommen. Beim *L/laufen* habe ich mir leider zwei große *B/blasen* geholt, aber ich bin ohne großes *M/murren* bis zum Schluss mitgelaufen. Für mein *D/durchhalten* gab es dann ein extra großes Eis.

Schreibe die schräg gedruckten Wörter richtig auf. Gib bei den Wörtern, die du großgeschrieben hast, eine Begründung dafür an.

6 Die wörtliche Rede in den Sätzen enthält keine Satzzeichen.

1) Max fragte mich Kannst du mir bei der Mathe-Aufgabe helfen
2) Du, ich habe sie selbst nicht begriffen antwortete ich.
3) Dann lass uns schnell zu Maria gehen rief Max.

Schreibe die drei Sätze ab, und setze dabei alle fehlenden Satzzeichen.

S. 247

Wichtige Wortarten wiederholen

In der Grundschule habt ihr euch bereits mit Wortarten beschäftigt. Das ist nun wieder einige Zeit her. Lasst uns gemeinsam sehen, was ihr davon noch wisst. Probiert einfach einmal, die folgende Aufgabe zu den wichtigsten Wortarten zu lösen.

Kirsche schreiben wichtig Stunde italienisch

essen Wetter genau toll sagst

platzen weil Essen interessant heute

Leben Fahrrad Schreiben hilft Lampe

blau tragen groß ich spazieren herrlich

lieben lang nimmst Blau breit zwischen trägt

1 In dieser Liste sind 34 Wörter enthalten.
Jeweils zehn gehören zu den drei wichtigsten Wortarten unserer Sprache.
Sucht sie heraus und sortiert sie nach den drei Wortarten in eine Tabelle ein.
Vier Wörter müssen übrig bleiben, sie passen nicht in die Tabelle hinein.

Substantiv	Verb	Adjektiv
die Kirsche	schreiben	wichtig

Drei häufig vorkommende Wortarten, die ihr schon aus der Grundschule kennt, sind
- das Substantiv (Nomen/Hauptwort): *das Abenteuer, die Nase …*
- das Verb (Tätigkeitswort/Zeitwort): *verpassen, berichtigen …*
- das Adjektiv (Eigenschaftswort/Wiewort): *einfach, klein …*

Vor Substantiven kann ein Artikel stehen:
der Tag, ein Tag, das Abenteuer, ein Abenteuer, die Nase, eine Nase.

Die Substantive (Nomen)

Gelungene ___

Mister Henry wollte seine ___ überraschen und ihr die ___ im ___ erleichtern. Er besorgte sich einen ___, und zwar einen besonders scharfen, und begann in der ___ zu putzen: die ___, die ___, ja sogar die schönen ___ im ___ – einfach alles. Eine ___ später konnte nicht nur Mister Henry das ___ begutachten. Er war sehr, sehr fleißig: Alle ___ waren entfernt, allerdings auch sämtliche ___. Seine ___ reagierte auf dieses wirklich gelungene ___ verständnisvoll und konnte Mister Henry nicht böse sein. Bei einem ___ von rund 25 000 Euro ganz schön großzügig, oder?

1 Solch einen Text seht ihr nicht alle Tage! In ihm sind einige Wörter verwischt. Lest ihn doch zuerst einmal vor. Das klingt ganz witzig. Vermutet einmal, worum es da gehen könnte.

2 Ja, ihr habt Recht. Ohne Substantive (Nomen) sind Texte wirklich kaum zu verstehen. Lasst uns das „Textgeheimnis" gemeinsam lüften. Ihr müsst dazu nur die Substantive in der angegebenen Reihenfolge einsetzen.

Überraschung – Frau – Arbeit – Haushalt – Haushaltsreiniger – Wohnung – Teppiche – Fußböden – Fliesen – Bad – Stunde – Ergebnis – Flecken – Farben – Frau – Werk – Schaden

3 Auch der Text rechts enthält keine Substantive (Nomen). Das ist die Gelegenheit für euch, den Text nach euren Vorstellungen zu gestalten. Ihr könnt Substantive auswählen und sie in den Text einsetzen.

„Ich habe eine prima ?, wie man schnell reich werden könnte", erklärt Theo seinem ?. „Man müsste mitten in der ? eine ? aufmachen." „Aber da kommt doch kaum ein ? vorbei. Wie willst du da ? verdienen?", gibt sein ? zu bedenken. „Das ist doch kein großes ?", gibt sich Theo selbstbewusst. „Wenn am ? auch nur ein ? kommt, was denkst du, was der für einen ? hat!"

4 Lest eure Texte vor. Sind es Unsinntexte oder sinnvolle Texte geworden?

Die zertanzten Schuhe

Es war einmal ein König, der hatte zwölf Töchter, eine immer schöner als die andere. Sie schliefen zusammen in einem Saal, in dem die Betten nebeneinander standen, und abends, wenn sie darin lagen, schloss der Vater die Tür zu und verriegelte sie. Er hatte nämlich Angst, dass sie heimlich das Schloss verließen.

Wenn er aber früh die Tür aufschloss, sah er, dass ihre Schuhe zertanzt waren, und niemand konnte die Ursache herausbekommen, wie das zugegangen war.

Da kam dem König eine Idee. Er ließ ausrufen: Wer den Mut habe herauszufinden, wo sie tanzten, der solle sich eine davon zur Frau wählen und nach seinem Tod König sein; wer sich aber melde und es nicht herausbekomme, der habe sein Leben verwirkt. Bald darauf meldete sich ein Königssohn und ließ sich auf das Abenteuer ein …

5 Ihr habt festgestellt, dass die Substantive (Nomen) für das Verstehen von Texten gebraucht werden. Warum ist das eigentlich so? Was bezeichnen Substantive überhaupt? Das sollt ihr an einem Auszug aus dem bekannten Grimm'schen Märchen herausfinden.

6 Der Text enthält ganz verschiedene Substantive (Nomen). Ordnet sie in die Tabelle ein. Am besten sucht ihr zuerst die Substantive, die Lebewesen oder Gegenstände bezeichnen. Die übrig gebliebenen Substantive sind nicht so leicht einzuordnen. Schreibt sie in die dritte Spalte.

Substantive bezeichnen Lebewesen	Substantive bezeichnen Dinge, Gegenstände	Substantive bezeichnen Gedanken, Zustände, Gefühle, Vorstellungen, Fantasien …
der König	die Schuhe	die Angst

7 Nehmt ein Wörterbuch. Jeder schlägt eine beliebige Doppelseite auf. Ordnet einige Substantive (Nomen), die ihr dort findet, auch in die Tabelle ein.

Ohne Substantive (Nomen) können wir einen Text nicht verstehen.
Sie bezeichnen konkrete Dinge wie **Lebewesen** *(die Frau, die Blume)* und **Gegenstände** *(die Feder, der Hammer)*.
Sie bezeichnen auch abstrakte Dinge wie **Gedanken, Zustände, Gefühle, Vorstellungen, Fantasien …**
Vor Substantiven kann der Artikel *der, die, das* stehen.
Substantive werden großgeschrieben.

Singular und Plural

1 Im Märchentext *Die zertanzten Schuhe* sind fast alle Substantive (Nomen) in der Einzahl (Singular) gebraucht.
Schreibt die Substantive im Singular und Plural auf:
der König – die Könige …
Bei welchen Substantiven ist das nicht möglich?

2 Etwas für Sprachtüftler!

Brot Getreide Idee Masern Bruder Quatsch
Möbel Fleiß Ferien Duft
Staub Eltern Land Wut Geschwister

Welche der Substantive (Nomen) können
– im Singular **und** Plural,
– **nur** im Singular,
– **nur** im Plural stehen?
Es sind jeweils fünf.

Der Plural von Substantiven (Nomen) kann ganz unterschiedlich gebildet werden.

(1) Die meisten Substantive bekommen eine **Pluralendung**:
*das Kind → die Kind**er*** *das Fell → die Fell**e***
*der Löwe → die Löwe**n*** *das Auto → die Auto**s***
*die Frau → die Frau**en***

(2) Manche Substantive haben keine Pluralendung:
der Tiger → die Tiger

(3) Manche Substantive haben einen Umlaut im Plural:
*das Haus → die H**äu**ser*
*der Fußboden → die Fußb**ö**den*

3 Seht euch noch einmal die Substantive (Nomen) aus dem Text *Die zertanzten Schuhe* an.
Zu welcher Gruppe der Pluralformen sind sie zuzuordnen?
Sucht zu jeder Gruppe noch weitere Substantive.

4 Ja, wie heißt denn nun die Pluralform?

Manchmal ist es wirklich nicht einfach, die richtige Pluralform zu einem Substantiv (Nomen) zu bilden. Ihr könnt euch helfen, indem ihr ein Wörterbuch benutzt. Wenn ihr unter **Klotz** nachseht, findet ihr folgende Angaben:

Klotz
**der* = der männliche Artikel
**des Klotzes* = 2. Fall (Genitiv) im Singular
**die Klötze* = 1. Fall (Nominativ) im Plural.

Klops, der: des Klopses, die Klopse; (gekochter oder gebratener Fleischkloß)
Kloß, der: des Kloßes, die Klöße
Klos|ter, das: des Klosters, die Klöster
Klotz, der: des Klotzes, die Klötze; **klotzig**; **klotzen**
Klub *auch* **Club**, der: des Klubs, die Klubs; der **Klubsessel**; der **Fußballklub**; *Abk.* FC
Kluft, die: der -; (Kleidung)
Kluft, die: der -, die Klüfte; (Spalte, Zwischenraum); **zerklüftet**
klug: klüger, am klügsten; es ist das **Klügste**; **altklug**, **klugerweise**; die **Klugheit**, der **Klugscheißer**, aus jemandem nicht klug werden – er hat die Klugheit mit Löffeln gefressen
Klum|pen, der: des Klumpens, die -; der **Klumpfuß**; **klumpig**; **klumpen**; der Pudding klumpt
Klün|gel, der: des Klüngels, die -; (Sippschaft, Clique, heimliche Gemeinschaft)
km: *Abk. für* **Kilometer** (1000m)
km/h: *Abk. für* Kilometer je Stunde, Stundenkilometer
knab|bern
Kna|be, der: des Knaben, die Knaben
kna|cken: Nüsse knacken – ein Rätsel knacken; **knacksen**; der **Knack**, das **Knäckebrot**, der **Knacker**, der **Knackpunkt**, der **Knacks**, die **Knackwurst**; **knackig**, **knackfrisch**
knal|len: der **Knall**, der **Knalleffekt** (große Überraschung); **knallrot**
knapp: knapp sein, knapp werden
Knap|pe, der: des Knappen, die Knappen; (Bergmann; Edelknabe)
Knar|re, die: der -, die Knarren; (Gewehr)
knar|ren: die Tür knarrt
Knast, der: des Knast(e)s, die Knaste/Knäste; (Freiheitsstrafe; Gefängnis)
knat|tern
Knäu|el, das/der: des Käuels,die -
Knauf, der: des Knauf(e)s, die Knäufe; der **Messerknauf**
knau|se|rig: (sparsam, geizig); der **Knauser**; **knausern**
knaut|schen: (knittern); die **Knautschzone**
Kne|bel, der: des Knebels, die -; **knebeln**
Knecht, der: des Knecht(e)s, die Knechte; **knechten**
knei|fen: du kneifst, kniffst, gekniffen, kneif(e)!; jemanden in den Arm kneifen – vor etwas kneifen (sich drücken); die **Kneifzange**
Knei|pe, die: der -, die Kneipen; (Gastwirtschaft)
Kneipp|kur, die: der -, die Kneippkuren; (Wasserkur); **kneippen**
kne|ten: die **Knetmasse**
kni|cken: einen Ast abknicken; der **Knick**, der **Knicks**
kni|cke|rig: (geizig); **knickern**
Knie, das: des Knies, die -; auf den Knien liegen; die **Kniebeuge**, die **Kniekehle**, die **Kniescheibe**, der **Knieschoner**, der **Kniestrumpf**; **knietief**; **knien**; nichts übers Knie brechen (nichts unüberlegt tun) – jemanden in die Knie zwingen – sich in eine Arbeit hineinknien
Kniff, der: des Kniff(e)s, die Kniffe; **kniff(e)lig** (schwierig); **kniffen** (falten)
knip|sen: (fotografieren; lochen); der **Knipser**
Knirps, der: des Knirpses, die Knirpse; (kleiner Kerl)

5 So steht es im Wörterbuch. Wird in eurer Gegend **diese** Pluralform verwendet? Oder heißt der Plural von Klotz bei euch *Klötzer* oder vielleicht *Klotze*? Was ist eure Meinung: Sollte man alle drei Pluralformen gebrauchen können?

6 Sucht euch auf dieser Seite aus einem Wörterbuch einige Substantive (Nomen) heraus. Wie bilden sie ihre Pluralform? Benutzt dazu die Angaben zur Pluralbildung im Kasten auf Seite 167.

der Brief, das Bett, das Märchen, das Schwimmbad, das Auto, der Wagen, das Feld, das Besteck, der Grobian, das Rind, der Muskel, die Frau, die Stadt, der Boden, der Schnipsel, die Unterwäsche, der Nachbar, der Typ, der Klub, der Opa, die Schwester

7 Wie heißt der Plural der Substantive (Nomen) links? Ordnet sie den Gruppen der Pluralbildung zu:
(1) mit Pluralendung:
nur mit *-er, -n, -en, -e, -s;*
(2) ohne erkennbares Pluralzeichen;
(3) mit Umlaut.

Von (2) und (3) gibt es jeweils drei! Wenn ihr unsicher seid, schaut im Wörterbuch nach. Achtung, ein Substantiv steht bereits im Plural!

Die vier Fälle

Der Baum in unserem Garten ist schon sehr alt.
Jeder kann es sehen, dass die knorrigen Äste des Baumes vertrocknet sind und herunterhängen.
Großvater seufzt: „Es ist wie beim Menschen.
Im Alter geht es dem Baum nicht mehr gut."
Darüber bin ich sehr traurig und frage ihn:
„Kann man den Baum wirklich nicht retten?"

1 Das Substantiv (Nomen) *Baum* kommt in den vier Sätzen in unterschiedlichen Formen vor.
In der Grundschule habt ihr schon gelernt, dass es sich dabei um die vier Fälle eines Substantivs handelt. Erinnert ihr euch?

Diese Fälle kann man mit Hilfe von Fragen ermitteln:
1. **Was** ist in unserem Garten schon sehr alt? der Baum
2. **Wessen** Äste sind vertrocknet und hängen herunter? die Äste des Baumes
3. **Wem** geht es im Alter nicht mehr gut? dem Baum
4. **Wen** kann man wirklich nicht mehr retten? den Baum

	männlich	*weiblich*	*sächlich*
1. Fall (**Nominativ**): WAS? WER?	der Baum	die Sonne	das Eis
2. Fall (**Genitiv**): WESSEN?	des Baumes	der Sonne	des Eises
3. Fall (**Dativ**): WEM?	dem Baum	der Sonne	dem Eis
4. Fall (**Akkusativ**): WAS?/WEN?	den Baum	die Sonne	das Eis

2 Übertrage die Tabelle in dein Heft.
Trage die vier Fälle von folgenden Substantiven (Nomen) ein:
Vogel Giraffe Zebra Kamel Katze Hund

3 Die vier Fälle gibt es natürlich auch in der Mehrzahl (im Plural).
Setze die richtige Form von *Baum* mit dem entsprechenden Artikel ein.

Auf der Dresdener Straße sollen ? gefällt werden.
Naturschützer protestierten gegen das Fällen ?.
Sie sind der Meinung, dass ? eine Zukunft gegeben werden soll.
Die Umwelt braucht ? auch zur Reinhaltung der Luft.

Wenn wir über die vier Fälle beim Substantiv (Nomen) reden, ist die Unterscheidung des 3. Falles (Dativ) vom 4. Fall (Akkusativ) am schwierigsten. Deshalb wollen wir das hier ein bisschen üben.

Sehr geehrter Fachmann,

ich muss Ihnen heute leider ≣ *Brief* schreiben, worin ich Ihnen ≣ *schweren Vorwurf* machen muss. Sehen Sie sich einmal ≣ *Brief* an, den ich hier schreibe! Mein Rechner bringt kaum noch ≣ *richtigen Text* zustande. Irgendwer muss mir aus ≣ *Computer* Dative und Akkusative gestohlen haben. Ich kenne ≣ *Dieb* noch nicht. Ich bin aber sicher, dass er sich in ≣ *Laden* eingeschlichen hat, der Ihnen gehört. Dort muss er an ≣ *Rechner* herumgebastelt haben, den Sie mir dann verkauft haben. Vielleicht haben Sie ja aber auch ≣ *Verkäufer*, der sich Dative und Akkusative unter ≣ *Nagel* reißt und sie dann an ≣ *anderen Kunden* verkauft.
So geht es jedenfalls mit ≣ *Ding* nicht weiter. Ich kann und will mich mit ≣ *Quatsch* nicht abfinden, der hier produziert wird. Wenn Sie nicht sofort kommen und ≣ *Fehler* beseitigen, wird sich mein Büro mit ≣ *Fall* näher beschäftigen. Ich habe ≣ *Mitarbeiter*, der gern ≣ *solchen Fall* untersucht. Er wird ≣ *Diebstahl* aufklären und ≣ *Dieb* ≣ *Fallstrick* legen.
Seien Sie sicher: Ich werde ≣ *Burschen* finden!

Hochachtungsvoll
Agatha Fox

4 Setzt beim Vorlesen vor die schräg gedruckten Wörter den bestimmten oder unbestimmten Artikel ein:
Ich muss Ihnen heute leider <u>einen</u> Brief schreiben …

Achtet dabei auf das **n** oder **m** bei den Artikeln. Sprecht es besonders deutlich aus!

5 Den ersten oder zweiten Absatz dieses Briefes kannst du auch richtig abschreiben – vielleicht auf deinem Computer.

Artikel

Wer hat ? Cola erfunden?

Es war einmal ? Drogist aus Amerika. ? Drogist hieß John Pemberton.
? Mann mixte im Jahre 1886 ? erste Cola zusammen.
Eigentlich wollte er damit ? Medizin gegen Kopfschmerzen herstellen.
Fünf Jahre nach ? ersten Mixtur verkaufte ? Drogist für 2 300 Dollar
? Rezeptur an ? Mann namens Asa Chandler.
Mister Chandler gründete ? Firma Coca Cola und machte
mit ? braunen Limonade ? gutes Geschäft. Er konnte nämlich
? Firma ? Vierteljahrhundert später weiterverkaufen.
Aber jetzt für 25 Millionen Dollar!

1 Wenn ihr den Zeitungstext lest, sollt ihr jeweils ein kleines Wort einsetzen. Ihr habt die Wahl zwischen *der, die, das* und *ein, eine, einen.*

2 Vergleicht eure Fassungen miteinander. Vielleicht könnt ihr sogar bei einigen Beispielen schon erklären, warum ihr welches Wort verwendet habt.

Pass auf, da kommt *ein* Auto. . . . . Oh, *das* Auto fährt ja viel zu schnell.
Hast du *einen* Goldhamster? . . . . Kann ich mal *den* Goldhamster sehen?
Ich habe *einen* Ausweis gefunden. . . . . Ich werde *den* Ausweis bei der Polizei abgeben.
Ich habe *eine* neue Zeitschrift gesehen. . . . . Gestern habe ich *die* Zeitschrift bestellt.

3 Ihr habt es beim Zeitungstext aus Aufgabe 1 schon ausprobiert, und die meisten von euch wissen es bereits: Vor einem Substantiv (Nomen) kann ein Artikel stehen. Welcher Artikel steht in den Sätzen der linken, welcher in den Sätzen der rechten Reihe?

Der **Artikel** kann vor einem Substantiv (Nomen) stehen. Er ist sein **Begleiter**. Es gibt **bestimmte Artikel** *(der, die, das)* und **unbestimmte Artikel** *(ein, eine).*

4 Probiert einmal Folgendes: Lest die zusammengehörenden Sätze jeweils mit dem gegenteiligen Artikel vor. Wie klingen die Sätze dann? Passen sie dann noch so zusammen?

Fabel

? Löwe saß unter ? Baum und schlief. Da kroch ? Maus auf seinen Rücken und tanzte darauf herum. Davon erwachte ? Löwe und packte ? Maus. „Wenn du mich wieder freilässt", sagte ? Maus zitternd, „dann werde ich dir auch einmal helfen." ? Löwe lachte ? Maus aus: „Du mir helfen?" Doch da er gute Laune hatte, ließ er sie frei.
Wenige Tage später spannte ? Jäger ? Netz unter ? Baum aus.
? Löwe wollte sich wieder unter ? Baum legen, doch da verfing er sich in ? Netz – und war gefangen. Da kam auf einmal ? Maus und knabberte mit ihren spitzen Zähnen ? Netz durch. So befreite sie ? Löwen.

5 Setzt vor die Substantive (Nomen) den bestimmten oder den unbestimmten Artikel.

6 Lest euch eure Lösungen gegenseitig vor. Habt ihr alle an dieselben Stellen den bestimmten oder unbestimmten Artikel gesetzt?

7 Ergänze den Merktext.

In einem Text steht der … Artikel dann, wenn ein Substantiv (Nomen) zum ersten Mal genannt wird, wenn also etwas oder jemand noch unbekannt ist.

Der … Artikel steht dagegen dann, wenn dasselbe Substantiv zum zweiten Mal vorkommt, wenn also etwas oder jemand schon bekannt ist.

Die Ameise und die Taube

Eine **Ameise** saß auf einem **Baumstumpf**. Da kam eine **Taube** und wollte sie fressen. Die **Ameise** flehte die **Taube** an: „Wenn du mir mein Leben lässt, dann werde ich dir auch einmal helfen!" Da ließ die **Taube** die **Ameise** leben. Einige Tage später kam ein **Vogelfänger** zu dem **Baumstumpf**. Er legte darauf eine **Falle** aus, um die **Taube** zu fangen. Die **Taube** war auch tatsächlich in die **Falle** hineingeflogen, und der **Vogelfänger** wollte sie gerade töten, da kam die **Ameise** und biss den **Vogelfänger** in seinen Fuß. So konnte die **Taube** entkommen.

8 Überprüft einmal an dieser Fabel, mit welchen Artikeln die hervorgehobenen Substantive (Nomen) stehen:
Die Ameise wird das erste Mal genannt, – da steht …
Die Ameise wird danach noch öfter genannt, – jetzt steht …
Und wie ist es mit der *Taube*, dem *Vogelfänger*, dem *Baumstumpf* und der *Falle*?

Das grammatische Geschlecht

Manche von euch werden sagen, dass es die Engländer gut haben.
Sie haben nur einen Artikel für alle Substantive (Nomen)
im Singular und Plural:
***the** tree: der Baum* ***the** door: die Tür* ***the** book: das Buch.*
Habt ihr schon bemerkt, dass es in unserer Alltagssprache
in manchen Regionen unseres Landes etwas Ähnliches gibt?

Ich habe *de* Buch nicht gefunden.
De Kleid passt mir nicht mehr.
De Gulasch schmeckt ja prima.
De Junge hat Glück gehabt.
De Luft ist heute aber frisch.
Ich guck nicht auf *de* Mark.
Im Zoo war ich bei *de* Giraffen.
De Affen haben mir gefallen.

1 Lest die Sätze zunächst so vor, wie sie dastehen. Beim zweiten Lesen sollt ihr das *de* durch den passenden Artikel ersetzen.

2 Die deutsche Sprache hat drei Artikel im Singular *(der, die, das)* und einen für Plural *(die)*. Was zeigen die Artikel eigentlich an?

3 Wer ist hier wirklich männlich?
Wer ist wirklich weiblich?
Und bei wem weiß man es nicht?
Von jeder Art gibt es sechs!
Denkt auch an die Pluralformen.

KUH KATER ZEBRA TIGER BULLE
HENNE BABY ONKEL HUND KATZE
BRUDER SCHWESTER HÜNDIN HAHN
AMSEL KUSINE OPA TANTE

Trage die Wörter mit Artikel in eine Tabelle ein:

männlich:	weiblich:	kann beides sein:

Der *Vater* ist ein männliches Substantiv (Nomen), weil das natürliche Geschlecht eben männlich ist. Die *Mutter* ist ein weibliches Substantiv, weil das natürliche Geschlecht eben weiblich ist.

Dass bei solchen Substantiven das **grammatische Geschlecht** mit dem **natürlichen Geschlecht** etwas zu tun hat, ist in unserer Sprache aber die Ausnahme.

Bei den Substantiven *das Männchen* und *das Mädchen* wird es ganz deutlich: grammatisch sind beide sächlich, aber in der Natur gibt es kein sächliches Geschlecht. Da sind sie männlich und weiblich! Wir müssen also lernen, dass *Nagel* männlich, *Feile* weiblich, *Beil* sächlich ist.

Das grammatische Geschlecht
wird allein durch die drei Artikel angezeigt:

männlich *(Maskulinum)*	**weiblich** *(Femininum)*	**sächlich** *(Neutrum)*
der/ein Löffel	*die/eine* Gabel	*das/ein* Messer
der/ein Raum	*die/eine* Halle	*das/ein* Zimmer
der/ein Wein	*die/eine* Limonade	*das/ein* Wasser
der/ein Löwe	*die/eine* Giraffe	*das/ein* Zebra

4 Spielt in Gruppen das Artikelspiel.
Einer nennt ein Substantiv (Nomen), allerdings ohne Artikel.
Das kann auch ein weniger bekanntes Substantiv sein.
Der Nachbar nennt dann das grammatische Geschlecht des Substantivs.
Wer das falsche Geschlecht nennt, muss ausscheiden.
Wer richtig antwortet, darf das nächste Substantiv nennen.

5 Manche Substantive (Nomen) können zwei Artikel haben,
ohne dass sich die Bedeutung des Substantivs ändert.
Schlagt im Wörterbuch nach,
welche Artikel folgende Substantive haben können:

Halfter Liter Meter Schnipsel Lasso Silo Eidotter Bonbon Gulasch Tüpfel Virus Poster Teil Jogurt Filter Keks

6 Einige andere Substantive (Nomen) können auch zwei Artikel haben.
Allerdings bedeuten die Substantive dann jeweils etwas anderes.
Sucht diese Substantive (Nomen) im Wörterbuch.
Was bedeuten sie jeweils?

Junge Kiefer Kunde Band Leiter Pony Steuer Bauer

Artikel sind Wörter, die das Substantiv (Nomen) begleiten. Sie zeigen uns das grammatische Geschlecht des Substantivs an.

Maskulinum: *der Wind*
Femininum: *die Luft*
Neutrum: *das Wetter*

Grammatik

Pronomen

Personalpronomen

1 Ihr kennt sicherlich die abenteuerliche Geschichte des Robinson Crusoe.
Überlegt beim Lesen, ob ihr an den nummerierten Stellen das hervorgehobene Substantiv (Nomen) wieder aufgreift oder ob ihr es durch *er, sie, es* ersetzen wollt.

Robinson rief nach den Kameraden, so laut (1) konnte. Von nirgendwo kam eine Antwort. (2) war verzweifelt, allein und hatte große Furcht. Dann aber erwachte der Lebenstrieb in *ihm*. Außerdem hatte (3) großen **Hunger**. Wie konnte (4) gestillt werden? Die **Nacht** brach herein. Wo und wie sollte Robinson (5) verbringen? Er kletterte in eine **Baumkrone**. (6) war nicht sehr bequem. Doch (7) bot Schutz vor wilden Tieren. **Sturm** kam auf. Aber (8) konnte Robinson nicht abhalten sofort einzuschlafen.

Wenn wir solche Wörter wie *er, sie, es* nicht zur Verfügung hätten, dann würden die Texte so aussehen:

Als Robinson erwachte, war heller Tag. Robinson stellte fest, dass sich der Sturm etwas gelegt hatte. Robinson bemerkte auch, dass das Schiffswrack fast bis auf die Insel getrieben war. Die Insel zu erreichen war für Robinson nicht schwer. Die Insel lag nämlich nur drei Meilen vor Robinson. Die Insel bot eine gute Gelegenheit, sich ein Floß zu bauen. Das Floß sollte für sein weiteres Leben eine große Hilfe sein. Das Floß konnte von Robinson zum Transport vieler wichtiger Dinge verwendet werden. Robinson macht sich also schon bald an die Arbeit.

2 Was stört an solch einem Text?
Schreibt ihn einmal so auf, dass er besser zu lesen ist.

Damit dieselben Substantive (Nomen) in einem Text nicht laufend wiederholt werden müssen, können sie durch andere Wörter ersetzt werden.
Solche Wörter nennt man **Personalpronomen**: *er, sie, es; sie (Plural).*

Übersicht über die Personalpronomen

	1. Person	2. Person	3. Person
Singular	Das bin ICH, die Person die spricht.	Das bist DU, die Person die angesprochen wird.	Das ist ER, SIE, ES, die Person oder Sache, über die gesprochen wird.
Plural	Das sind WIR.	Das seid IHR.	Das sind SIE.

Das Länderspiel

„Sagt mal, habt 1 gestern Abend das Länderspiel gesehen?"
„Pit, hast 2 es auch gesehen? 3 glaub es nicht!
Hast 4 nicht gesagt, dass 5 keine Zeit hast?"
„Das stimmt: 6 hatte wirklich keine. Doch dann sind Boris und Tim gekommen. Da haben 7 uns das Spiel zusammen angesehen."
„Wie hat 8 9 denn gefallen?"
„Am besten hat 10 der italienische Torwart gefallen.
Seine Paraden waren klasse!"

3 Welche Personalpronomen passen jeweils?

Possessivpronomen

Wem gehört denn nun dieser Rucksack?

Andreas fragt: „Dani, hast du nicht so einen? Ist das nicht ? Rucksack?“
Max meint: „Gert hat so einen. Das ist bestimmt ? Rucksack.“
Schließlich sagt Peter: „Ich habe so einen. Das ist ? Rucksack!“

Der Sportlehrer fragt die Fußballer der Schulmannschaft:
„Vermisst ihr nicht etwas? Sind das nicht ? Bälle?“
Silvio meint: „Die Spieler von Blau-Weiß haben gestern hier trainiert. Das sind bestimmt ? Bälle.“
Schließlich sagen die Schüler der 5 b: „Wir haben sie gestern liegen gelassen. Das sind ? Bälle.“

1 Lest die Sätze vor. Ergänzt das entsprechende Wort, das kennzeichnet, wem der Rucksack gehören könnte bzw. wem die Fußbälle gehören könnten.

Zu jedem Personalpronomen passt ein Pronomen, das angibt, wem etwas gehört.
ich – mein; du – dein; er, es – sein; sie – ihr;
wir – unser; ihr – euer; sie – ihr

Diese Pronomen bezeichnen, wem oder zu wem etwas gehört. Deshalb werden sie auch **besitzanzeigende Fürwörter** oder **Possessivpronomen** genannt.

Wäre das nicht schön?

a) Wenn **wir** gegen diese starke Mannschaft gewännen, wäre es allein ? Verdienst.
b) Wenn **du** in der Mathe-Arbeit alles richtig hast, dann kannst du stolz auf ? Leistung sein.
c) Wenn **Tina** zum Geburtstag einen Kanarienvogel bekommt, dann geht ? größter Wunsch in Erfüllung.
d) Wenn **ihr** im Lotto einen Sechser hättet, dann wäre das ? größter Glückstag im Leben.
e) Wenn **ich** ein Zimmer für mich allein hätte, dann wäre das ? Zuhause.

2 Ersetzt die Fragezeichen durch passende Possessivpronomen.

Anredepronomen in Briefen

> Güstrow, 6. Juni …
>
> Liebe Frau Kaiser,
>
> schon lange habe ich Sie nicht mehr gesehen. So will ich Ihnen schreiben, denn ich habe etwas Tolles erlebt …

> Güstrow, 6. Juni …
>
> Liebe Kati, lieber Pit,
>
> schon lange habe ich euch nicht mehr gesehen. So will ich euch schreiben, denn ich habe etwas Tolles erlebt…

> Güstrow, 6. Juni …
>
> Liebe Peggy,
>
> schon lange habe ich dich nicht mehr gesehen. So will ich dir schreiben, denn ich habe etwas Tolles erlebt …

Wenn ihr an bestimmte Personen schreibt, dann wollt ihr sie natürlich auch anreden. Das kann man mit dem Namen und auch wieder mit Pronomen machen.

1 Wie oft hat die Schreiberin in den drei Briefanfängen die Personen mit Pronomen angeredet?

2 Nur in einem der drei Briefe werden die Anredepronomen großgeschrieben. In welchem? Warum?

In Briefen werden Personen angesprochen. Dafür gebraucht man die **Anredepronomen** *Sie, du* und *ihr*.
Nur das Anredepronomen *Sie* und die dazugehörigen Formen *Ihnen, Ihre, Ihrer, Ihres, Ihrem, Ihr* werden **großgeschrieben**.
Die anderen Anredepronomen *du, ihr* und die dazugehörigen Formen *dein, deine; euch, eure* werden kleingeschrieben.

Liebe Frau Wissmann,
gestern waren *ie und *hre Kinder bei uns. Leider haben *ie *hre Schlüssel vergessen. Nun wollen *ie den Schlüsselbund natürlich schnell wieder zurückbekommen. Wir werden es *hnen am besten in einem Päckchen zuschicken …

3 Schreibt den Briefanfang in zwei Fassungen auf:
a) **Frau Wissmann** hat den Schlüsselbund vergessen.
b) **Die Kinder** von Frau Wissmann haben den Schlüsselbund vergessen.
Zwei Anredepronomen müssen in beiden Varianten großgeschrieben, die übrigen vier müssen in einer Fassung groß-, in der anderen kleingeschrieben werden.

Verben

1 Probiert einmal Folgendes aus:
Schreibt einige zusammenhängende Sätze,
in denen überhaupt kein Verb vorkommt.
Denkt dabei an solche Situationen:
Einkaufen, Geburtstagsparty, Zugfahrt …

2 Lest euch eure Fassungen vor.
Sind die Sätze zu verstehen?
Ergänzt eure Sätze nun mit passenden Verben.
Lest auch die veränderten Fassungen vor.
Sicher könnt ihr jetzt sagen,
wozu man Verben in den Sätzen braucht.

Verben sind eine wichtige Wortart.
Mit Verben kann man einfach besser erzählen und beschreiben.
Die Sätze werden flüssiger.
Verben helfen den Inhalt von Sätzen zu verstehen.

So findet ihr die Verben im Wörterbuch.

hal|ten: du hältst, hielt(e)st, gehalten, halt(e)!; …

wa|schen: du wäschst, wusch(e)st, gewaschen, wasch(e)!; …

es|sen: du isst, aßest, gegessen, iss!; …

3 Ihr seht also: Der Infinitiv (die Grundform) des Verbs kann
nach Person, Zahl und Zeit verändert werden.
Das erste Verb aus unserer Aufgabe 2 lautet: *lest.*
Könnt ihr von diesem Wort die Grundform
und die anderen im Wörterbuch angegebenen Formen bilden?

Wenn ihr Verben im Wörterbuch sucht,
dann müsst ihr sie unter ihrer Grundform suchen.
Das hört sich so leicht an.
Denn in den Sätzen stehen ja meistens nicht die Infinitive,
sondern die konjugierten Formen der Verben, also z.B.
hältst, wusch, aß, haben gewusst, hatte geschlossen.
Deshalb ist es wichtig, den Infinitiv ermitteln zu können.

Folgender Tipp kann euch dabei helfen:

Der Infinitiv eines Verbs steht immer
nach solchen Wendungen wie *ich will, er möchte, sie kann …*
Also: *ich will* ***essen****, er möchte* ***halten****, sie kann* ***waschen*** *…*

4 Wendet den Tipp einmal an.
Wenn ihr nicht wisst,
wie man folgende Verbformen schreibt,
unter welchen Infinitiven müsst ihr dann
in einem Wörterbuch nachschlagen?

floss gewusst wächst
schlief schlug trug
misst getroffen ließ
geschlossen nahm hielt

5 Die folgenden Sätze klingen doch
beim Vorlesen ziemlich komisch.

Anja einen Stock ins Wasser geworfen.
Der Hund hinterher gesprungen.
Er ihn bestimmt herausholen.

Euch fällt es bestimmt nicht schwer,
die drei „richtigen“ Sätze zu formulieren.

Auch Wörter wie *hat, ist, wird* gehören zu den Verben.
Sie haben zwar nicht eine eigene Bedeutung wie *fallen, werfen, schwimmen usw.* Aber sie sind trotzdem wichtig.
Sie helfen, das Perfekt und Futur zu bilden.

Solche Verben heißen deshalb **Hilfsverben**.
Davon gibt es drei: *haben, sein, werden.*

6 Welches Hilfsverb müsste man anstelle der Fragezeichen einsetzen?

1) Warum ? du gestern nicht zu unserer Verabredung gekommen?
2) Wir ? über eine Stunde auf dich gewartet.
3) Ich ? gesagt: „Er ? schon noch kommen."
4) Es ? wirklich schade gewesen, dass du nicht mitgespielt ?.
5) Um drei Uhr ? wir dann losgegangen.
6) Wir ? die Altstadt besichtigt und ? auch durch die Verrätergasse gegangen.
7) Herr Neumann ? uns eine spannende Geschichte erzählt, wie die Gasse zu ihrem Namen gekommen ?.
8) Diesen Ausflug ? ich so schnell nicht vergessen.

7 Bildet Gruppen mit sechs Schülerinnen und Schülern. Für das folgende Verbformenspiel benötigt ihr einen Würfel. Ihr sollt von den Infinitiven rechts die Verbformen im Präteritum und im Perfekt aufschreiben.

 = du vergaßt, du hast vergessen

 = er fasste, er hat gefasst

Die Würfelzahlen bedeuten also:
1 = ich; 2 = du; 3 = er, sie, es; 4 = wir; 5 = ihr; 6 = sie
Für jede richtig aufgeschriebene Verbform gibt es einen Punkt.
Sieger ist, wer die meisten Punkte hat.

vergessen fassen malen
erschrecken rechnen fallen lachen
gießen halten messen jubeln
geben überschnappen senken
stechen glühen treffen sparen
waschen handeln

8 Wenn ihr euch die Verbformen genau betrachtet, könnt ihr sie in zwei Gruppen einteilen. Seht euch dazu vor allem den Stammvokal in der Präteritumsform an. Findet ihr noch weitere Unterschiede?

Verben geben an, was geschieht bzw. getan wird. Sie sind die einzige Wortart in unserer Sprache, die nach Person, Zahl und Zeit gebeugt (**konjugiert**) werden können. Die gebeugte Verbform nennt man auch finite Verbform. Verben können auf zwei verschiedene Weisen konjugiert werden:

Infinitiv	**Präteritum**	**Partizip II**
lachen	lach**te**	(hat) gelach**t**
sausen	saus**te**	(ist) gesaus**t**
fahren	f**u**hr	(ist) gefahr**en**
treffen	tr**a**f	(hat) getr**offen**

Den Unterschied in der Konjugation der Verben kann man sich also an diesen drei **Leitformen** (*Infinitiv, Präteritum, Partizip II*) merken.
Bei Verben wie *lachen, danken, husten* ändert sich im Präteritum und im Partizip II der Stammvokal nicht. Sie werden **regelmäßig** (schwach) konjugiert.
Bei Verben wie *singen, treffen, schießen* dagegen ändert sich im Präteritum und manchmal auch im Partizip II der Stammvokal. Sie werden **unregelmäßig** (stark) konjugiert.

Zeitformen

In der Grundschule habt ihr sicherlich schon einiges über die Zeitformen erfahren. Vielleicht erinnert ihr euch noch daran, dass es Zeitformen für die Gegenwart und für die Vergangenheit gibt.

In diesem Kapitel sollt ihr gemeinsam ausprobieren, wie ihr mit den Zeitformen in Texten umgehen könnt.
Ihr sollt aber auch einiges darüber lernen, wie die verschiedenen Zeitformen heißen und wie sie gebildet werden.
Wir fangen einmal ganz einfach an:

Der Kater und die Maus

Ein Kater hat vor dem Haus gehockt
und auf eine Maus gelauert.
Die hat in einem Mauseloch gesessen,
in das sie sich ganz schnell verkrochen hat,
– und ist nicht mehr herausgekommen.
Die Maus ist in dem Loch entlanggelaufen
und hat auch einen Notausgang gefunden.
Der Kater hat dort lange noch gesessen
und vor dem Mauseloch gewartet.

1 Das ist ein Gedicht, das eigentlich noch gar keins ist.
Es reimt sich nämlich nicht. – Noch nicht!
Du kannst aber ein Gedicht daraus machen.
Du musst nur die Zeitformen verändern.
Und das geht so:

Du schreibst **nicht**: Ein Kater hat vor dem Haus gehockt …
sondern: Ein Kater hockte vor dem Haus …

Und so musst du auch alle anderen Verben von einer Zeitform in die andere umwandeln.
Vielleicht weißt du ja noch: vom *Perfekt* ins *Präteritum*.
Schreibe das Gedicht auf.

Das Mäuslein aber dachte:
Das machte mir richtig Spaß!
– Und lachte den Kater aus.

2 Hier musst du es umgekehrt machen:
Forme das *Präteritum* ins *Perfekt* um!
Dann hast du das lustige Ende des Gedichts.

Wie die Zeitformen in Texten verwendet werden

Vielleicht habt ihr bereits den Text über die Katzen Federwolke, Tom und Kasimir aus unserem Kapitel „Entdeckungen in der Natur“ gelesen. Wenn nicht, dann bekommt ihr bestimmt Lust, diese abenteuerlustigen Katzen kennen zu lernen. Ein Abenteuer wird hier auf unterschiedliche Weise dargestellt.

A Gestern, da hab ich Federwolke beobachtet. Sie hat das gemacht, was sie immer um die Mittagszeit macht: auf einem Strohballen vor sich hindösen. Und wie immer hat sie ihre Augen halb geschlossen und ihre kleinen Pfoten ganz friedlich übereinander gelegt. Wie sie da so gelegen hat, ist doch plötzlich Tom stolz wie ein Ritter anspaziert, ganz zielstrebig an den anderen Katzen vorbei, und hat sich – so mir nichts, dir nichts – an Federwolke herangemacht. Erst hat er angefangen, sie freundlich zu lecken und zu putzen. Die hat aber gar nichts von solchen Zärtlichkeiten gehalten; jedenfalls hat sie angefangen zu maunzen und dann hat sie sogar geschrien. Und – du kannst es dir ja denken – dann ist es passiert! …

B Es passiert eigentlich nichts Besonderes: Wie immer um die Mittagszeit döst Federwolke friedlich auf einem Strohballen vor sich hin. Jetzt schließt sie sogar ihre Augen halb und legt ihre kleinen Pfoten friedlich übereinander. Aber jetzt, ich glaub, jetzt geschieht etwas: Da – stolz wie ein Ritter spaziert Tom an, geht ganz zielstrebig an den anderen Katzen vorbei, und nun – so mir nichts, dir nichts – macht er sich doch an Federwolke heran. Was tut er denn da? Er fängt an, sie freundlich zu lecken und zu putzen. Und nun reagiert Federwolke: Sie hält gar nichts von solchen Zärtlichkeiten; jedenfalls fängt sie an zu maunzen. Und jetzt? Jetzt schreit sie sogar. Und nun passiert es! …

1 In beiden Texten ist vom selben Abenteuer der Katzen die Rede. Und doch unterscheiden sich die Texte. Könnt ihr sagen, worin?

2 Überlegt einmal.
In welcher der beiden Situationen könnte der Text (A), in welcher der Text (B) entstanden sein:
a) der Beobachter verfolgt gerade die Vorkommnisse auf dem Hof und spricht den Text auf ein Band im Kassettenrekorder;
b) der Beobachter erzählt am nächsten Tag seinen Freunden von den Vorkommnissen auf dem Hof.

3 Und nun lest einmal den Text über Federwolke und Tom auf der Seite 52 im Kapitel über Katzen.
In den Situationen A und B kann der Text dort wohl nicht entstanden sein.
Könnt ihr euch denken, in welcher?

Ausflug zur Burg

(1) Wir fahren zu einer Ritterburg.
(2) Ein Mann in Ritterrüstung erklärt die Geschichte der Burg.
(3) Dabei erfahren wir viel über das Mittelalter.
(4) Dann klettern wir auf den hohen Burgturm.
(5) Ich bekomme ein bisschen Höhenangst.
(6) Ich nehme all meinen Mut zusammen und gehe mit den anderen Treppe für Treppe hinauf.
(7) Oben wage ich sogar einen Blick nach unten.
(8) Die tolle Aussicht gefällt mir.

4 Dieser Text ist im Präsens geschrieben. Bildet zwei Gruppen. Eine schreibt den Text im Präteritum auf:
Wir fuhren zu einer Ritterburg …
die andere Gruppe schreibt ihn im Perfekt:
Wir sind zu einer Ritterburg gefahren …
Lest euch die unterschiedlichen Textfassungen vor. Welche gefällt euch besser?

5 Nun ist es in Texten häufig so, dass mehrere Zeitformen nebeneinander verwendet werden. Schreibe den Text über den Ausflug zur Burg jetzt noch einmal so auf, wie er dir am besten gefällt. Dabei kannst du die drei Zeitformen mischen, wenn du es möchtest. Da kommen bestimmt wenigstens zwei Zeitformen vor.

6 Ihr könnt den Ritterburg-Text natürlich auch noch auf andere Weise schreiben. Diesmal soll er so beginnen:
In der nächsten Woche …
Das Schreiben wird euch leichter fallen, wenn ihr solche Wörter verwendet wie *wahrscheinlich, sicherlich, vielleicht, wohl, möglicherweise, bestimmt …*

Texte werden manchmal gesprochen und manchmal geschrieben. Davon hängt die Verwendung der verschiedenen Zeitformen ab.
Das **Präsens** wird vor allem dann verwendet, wenn man über etwas *spricht* und *schreibt, was in der Gegenwart passiert.*
Das **Perfekt** gebraucht man eher, wenn man über etwas *spricht, was bereits vorbei ist.*
Das **Präteritum** benutzt man vor allem, wenn man über etwas *schreibt, was bereits vorbei ist.*
Das **Futur** gebraucht man eigentlich sehr selten. Am ehesten dann, wenn man über etwas *spricht* oder *schreibt, was erst später passieren wird.*

Was passiert zuerst, was danach?

a) Nachdem ein Engländer während seines Urlaubs auf Kreta sein Gebiss im Mittelmeer verlor, konnte er sich verständlicherweise nicht mehr über die sonst schönste Zeit des Jahres freuen.
b) Als seine Kinder tagelang vergeblich danach tauchten, musste er „zahnlos“ nach Hause fahren.
c) Zwei Wochen später erhielt der Engländer ein Päckchen – mit seinem Gebiss!
d) Als es ein griechischer Fischer unter vielen gefangenen Fischen im Netz fand, brachte er es in ein Reisebüro.
e) Eine Mitarbeiterin notierte sich glücklicherweise vorher die Adresse des englischen Touristen, sodass sie ihm seine „Beißerchen“ zuschicken konnte.

7 Lest euch den Text einmal aufmerksam durch. Beschreibt euch gegenseitig, was in den Sätzen a), b), c), d) und e) eigentlich zuerst passiert – und was danach. Woran könnte das liegen, dass diese Reihenfolge des Geschehens in den einzelnen Sätzen nicht sofort zu erkennen ist?

8 Schreibt den Text nun so auf, dass ihr schon an den Zeitformen der Verben erkennt, was zuerst und was danach passiert. Tipp: Was zuerst passiert, darf nicht im Präteritum stehen:
a) Nachdem ein Engländer während seines Urlaubs auf Kreta sein Gebiss im Mittelmeer verloren hatte, …

Ein verrückter Morgen!

Nachdem ich mir die Hausschuhe angezogen hatte, stand ich gähnend auf. Als ich geduscht hatte, zog ich mir meinen Schlafanzug aus. Ich holte mir ein Glas, nachdem ich den Orangensaft getrunken hatte. Als ich mit Appetit in mein Brötchen gebissen hatte, bestrich ich es dick mit Honig. Ich packte noch schnell meine Schultasche, nachdem ich unsere Wohnung verlassen hatte. Als ich nur ein paar Meter gefahren war, holte ich mein Fahrrad. Ach, du Schreck! Nachdem ich wie ein Wahnsinniger in die Schule gerannt war, merkte ich, dass das Vorderrad einen Platten hatte. Glück im Unglück! Kurz bevor es geklingelt hatte, saß ich schon auf meinem Platz.

9 Natürlich habt ihr sofort gemerkt, dass im Text fast alles durcheinander geht. Schreibt ihn einmal so auf, dass man erkennt, was zuerst und was danach passiert. Achtung, einen Satz braucht ihr nicht zu verändern!

Die Zeitform von Verben in solchen Sätzen wie *Er hatte sein Gebiss verloren. Seine Söhne waren vergeblich danach getaucht.* nennt man **Plusquamperfekt**. Das Plusquamperfekt verwendet man, wenn man etwas erzählt, was in der Vergangenheit schon abgeschlossen ist. Es kommt deshalb oft in Sätzen vor, die mit *als* oder *nachdem* beginnen:
Als er sein Gebiss verloren hatte, freute er sich nicht mehr über seinen Urlaub.
in der Vergangenheit abgeschlossen — in der Vergangenheit passiert
Das Plusquamperfekt darf nicht mit dem Perfekt verwechselt werden:
Plusquamperfekt: *hatte verloren, waren getaucht, hatte gefunden*
Perfekt: *hat verloren, ist getaucht, hat gefunden*

Wie die Zeitformen gebildet werden

Hier könnt ihr noch einmal wiederholen und üben,
wie die fünf Zeitformen gebildet werden:
Präsens, Präteritum, Perfekt, Plusquamperfekt, Futur.

ich esse ich bin geflohen ich blieb ich habe gegessen
ich war geflohen ich bin geblieben ich singe ich hatte gegessen
ich werde singen ich bleibe ich floh ich werde essen ich fliehe
ich werde bringen ich war geblieben ich habe gesungen
ich brachte ich aß ich bringe ich hatte gesungen
ich werde fliehen ich sang ich werde bleiben

1 Ordnet die Verben oben den fünf Zeitformen zu.

Präsens	Präteritum	Perfekt	Plusquamperfekt	Futur
ich esse ich …	ich aß	ich habe gegessen	ich hatte gegessen	ich werde essen

2 Bei manchen Verben klingt das Präteritum ein bisschen merkwürdig,
weil es gar nicht so oft gebraucht wird:
ich aß, ich floh, ich brachte, ich blieb, ich sang, ich drosch, ich schmiss, ich schlang, ich fror, ich erschrak, ich trieb, ich wuchs, ich empfahl, ich schuf, ich hob
– Wie heißen die Infinitive zu diesen Verben?
– Bist du dir bei manchen Verben nicht sicher, dann kannst du sie zusammen mit Wendungen wie *ich muss, ich darf, ich soll* … verwenden.
Die Verben stehen dann **immer** im Infinitiv:
ich soll ***essen****, ich muss* ***fliehen*** …

3 Bilde zu jedem Verb das Präteritum, das Perfekt und das Plusquamperfekt.
Benutze das Personalpronomen *wir*:
laufen – wir liefen – wir sind gelaufen – wir waren gelaufen

laufen springen bleiben schlafen schreiben rennen sinken denken ziehen kennen machen fliegen trinken singen

4 Die Formen im Präteritum
kannst du zu Reimpaaren ordnen:
liefen – schliefen

Grammatik

Adjektive

S. 17

Im Kapitel *Ich und andere* habt ihr euch selbst bestimmte Eigenschaften zugeordnet und euch damit in einem Selbstporträt vorgestellt.
Und das wisst ihr schon aus vergangenen Schuljahren: Um solche Eigenschaften zum Ausdruck zu bringen, braucht man die Adjektive.

1 Denkt jetzt einmal über Eigenschaften nach, die euch an eurer Freundin oder eurem Freund **nicht** gefallen würden. Seht euch dazu die Liste von Adjektiven an. Sie soll euch helfen, solche „unsympathischen" Eigenschaften zu finden.

Eigenschaften,
die mein Freund oder meine Freundin
nicht haben sollte:

albern, angeberisch, beknackt, blöde, böse, boshaft, dämlich, dumm, dürr, ernst, fantasielos, faul, feige, frech, furchtsam, geizig, gemein, grausam, hilflos, ideenlos, kindisch, lächerlich, lahm, langsam, langweilig, launisch, leichtfertig, ruhig, schadenfroh, schmuddelig, schonungslos, schwerfällig, störrisch, streitsüchtig, töricht, träge, trotzig, unberechenbar, ungeduldig, unerträglich, unfreundlich, unhöflich, unpünktlich, unzuverlässig, verbiestert, vergesslich, verstockt, weinerlich, wild, zimperlich ...

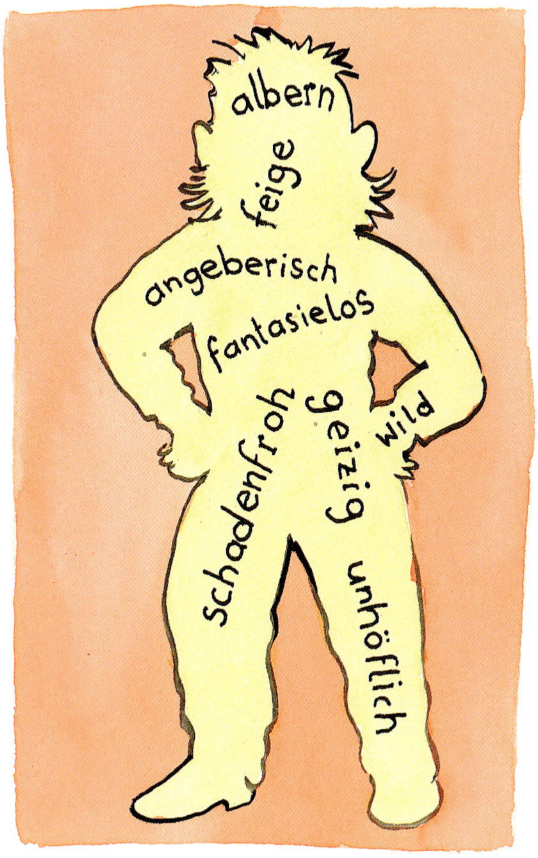

2 Schreibt in einen ähnlichen Umriss wie rechts Eigenschaften hinein, die eure Freundin oder euer Freund **nicht** haben sollte. Natürlich könnt ihr auch solche Eigenschaften nennen, die nicht in der Adjektivliste stehen.

Gesucht!

Gesucht wird ein (1) Junge.
Er hat ein (2) Gesicht. Sein Haar ist (3).
Er kann es so oft kämmen, wie er will, immer sieht es (4) aus. Jedem fallen sofort seine (5) Augen auf. Im Dunkeln leuchten sie wie Smaragde. Für sein Alter ist er recht (6) und sehr, sehr (7). Dafür kann er aber ganz (8) rennen. Er trägt eine Brille mit (9) (10) Gläsern. Dadurch sieht er irgendwie (11) aus. Übrigens hat er ein (12) Talent zum Zaubern.

3 Die Suchmeldung ist unvollständig. Es fehlen die Adjektive.
Aber die sind bei einer Suchmeldung ja besonders wichtig.
Ihr müsst nun helfen. Lest die Suchmeldung noch einmal.
Vergleicht sie mit der Abbildung.
Setzt die 12 unten stehenden Adjektive an den passenden Stellen ein.
Schreibt sie so auf:
(1) elfjähriger, (2) schmales, (3) …

dürr, elfjährig, groß, klein, dunkelschwarz, grün, intelligent, zerzaust, schnell, toll, rund, schmal

Übrigens: Habt ihr den Jungen erkannt?
Das ist der Junge, der Millionen von Kindern „verzaubert“ hat.

4 Versucht selbst einmal eine solche Suchmeldung zu schreiben.
Denkt dabei an eine bestimmte Person oder Figur, z. B. aus dem Fernsehen, oder an jemanden, den alle kennen.
Also beschreibt sie oder ihn, ohne dabei den Namen zu nennen.
Lest eure Suchmeldung vor und lasst von den anderen erraten, um wen es sich handelt.

5 Jeder schreibt auf ein Blatt 19 Adjektive, die ihm gerade einfallen, untereinander auf. Lest dann das Märchen.

Das Märchen vom Schlaraffenland

In der Schlaraffenzeit, da ging ich und sah an einem *Seidenfaden* die Stadt Rom und den *Palast* hängen, und einen *Mann,* der schneller als ein Pferd lief und ein *Schwert,* das eine Brücke durchhieb. Da sah ich einen *Esel* mit einer *Nase,* der hinter zwei *Hasen* herjagte, und eine *Linde,* auf der *Pfannkuchen* wuchsen. Da sah ich eine *Geiß,* die trug wohl hundert Fuder Schmalz an ihrem Leib und sechzig Fuder Salz. Ist das nicht genug gelogen?

Da sah ich einen Pflug ohne Ross und Rinder ackern, und ein *Kind* warf vier Mühlsteine von Regensburg bis nach Trier und von Trier hinein nach Straßburg. Und ein Habicht schwamm über den Rhein: das tat er mit vollem Recht. Da hörte ich die Fische miteinander Lärm anfangen, dass es in den Himmel hinaufscholl, und *Honig* floss wie Wasser von einem *Tal* auf einen *Berg.* Das waren *Geschichten.*

Da waren zwei Krähen, die mähten eine Wiese. Ich sah zwei Mücken an einer Brücke bauen. Zwei Tauben zerrupften einen Wolf, aber zwei Frösche droschen miteinander Getreide aus. Da kam eine Schnecke gerannt und erschlug zwei *Löwen.* Ein Bartscherer rasierte einer Frau ihren Bart ab, und zwei *Kinder* hießen ihre Mutter stillschweigen.

Da sah ich zwei Wildhunde, die eine Mühle aus dem Wasser trugen, und eine *Schindmähre* stand dabei, die sprach, es sei recht. Und im Hof standen vier Rosse, die droschen Korn aus allen Kräften. Zwei Ziegen heizten den Ofen, und eine *Kuh* schob das Brot in den Ofen. Da krähte ein Huhn: „Kikeriki, das Märchen ist auserzählt, kikeriki."

6 Einige Substantive (Nomen) sind im Text schräg gedruckt. Im Originaltext steht vor diesen Substantiven ein Adjektiv. Ihr könnt euch sicher vorstellen, warum?

7 Nun probiert einmal Folgendes aus: Lest den Text vor und setzt dabei vor jedes schräg gedruckte Substantiv (Nomen) ein Adjektiv aus eurer Liste von Aufgabe 5 ein. Wie werden die Texte auf euch wirken? Vergleicht nun eure Fassungen mit dem Originaltext. Er ist auf Seite 247 abgedruckt.

Mit **Adjektiven** können wir Lebewesen und Dinge genauer kennzeichnen.
Dadurch können wir die verschiedenen Lebewesen und Dinge auch besser unterscheiden.

Manchmal ist es gar nicht so einfach, Adjektive zu erkennen. Ihr könnt euch mit folgender Probe helfen: Wenn ihr ein Wort zwischen Artikel und Substantiv (Nomen) (im Plural) einfügen könnt, dann gehört das Wort zu den Adjektiven.

groß:	die	*großen*	Häuser
lieb:	die	*lieben*	Omas

8 Probiert das an folgenden Wörtern aus.
Sechs von ihnen sind keine Adjektive.

gesund selten nahe leer manchmal krumm offen
hier schnell verrückt rosa hoch toll stolz sofort
genug seltsam schlecht zart vielleicht schlank
entzwei schwer ausgezeichnet ideal voll federleicht

9 Einige Adjektive könnt ihr sofort an ihrem **Suffix** (Nachsilbe) erkennen.
Sucht in der Wörterliste aus der Aufgabe 1 (Seite 187) Adjektive mit folgenden Suffixen und schreibt sie geordnet in euer Heft:

Adjektive mit -ig	Adjektive mit -isch	Adjektive mit -lich	Adjektive mit -bar	Adjektive mit -los	Adjektive mit -sam	Adjektive mit -haft
?	?	?	?	?	?	?

10 Für Adjektive mit den Suffixen *-ig*, *-isch* und *-lich* habt ihr genug Beispiele gefunden.
Findest du noch weitere Adjektive mit den Suffixen *-bar, -los, -sam, -haft?*
Dazu kannst du auch im Kapitel *Abgeleitete Wörter* auf Seite 214 nachsehen.
Trage die Adjektive in die Tabelle ein.

Mit Adjektiven kann man vergleichen und unterscheiden

Mit Hilfe von Adjektiven kann man Eigenschaften von Lebewesen und Dingen genau bezeichnen. Deshalb fällt es uns nicht schwer, Lebewesen und Dinge miteinander zu vergleichen und zu unterscheiden: Es gibt eben große und noch größere Menschen.

Die meisten Adjektive lassen sich in dieser Form verändern, man nennt das „steigern".
Dabei unterscheidet man drei Stufen:

Steigerungsstufen

I	Grundstufe (Positiv):	lang
II	Mehrstufe (Komparativ):	länger
III	Meiststufe (Superlativ):	am längsten

1 Übertrage die Tabelle in dein Heft und ergänze sie.

Grundstufe	Mehrstufe	Meiststufe
schwer	?	?
wichtig	?	?
?	?	am härtesten
reich	?	?
?	?	am größten
?	älter	?
?	?	am nächsten

2 Bei manchen Adjektiven ist es nicht möglich und auch nicht sinnvoll, sie zu steigern. Schreibe für die Adjektive die Mehr- und Meiststufe auf, wenn es möglich ist.

eckig blöd witzig leer erstklassig

schriftlich fröhlich hungrig still

leblos maximal sterblich

wahnsinnig rot praktisch

Wo ist ein Satz zu Ende?

Abschied vom Meer

Die Ferien sind nun zu Ende heute Morgen
gingen wir noch einmal an den Strand zu Hause
hatten wir schon alles gepackt in der Strandburg
steckten wir ein altes Handtuch an einen Ast draußen
sahen wir die Surfer von einer riesigen Welle
sauste ein Junge mit seinem Surfbrett herunter auf eine Qualle
ist zuletzt noch meine Schwester getreten da
glitschte sie aus und fiel in den Sand mit dem Auto
sind wir dann am Mittag abgereist

1 Das ist ein Text ohne jeden Punkt. Es klingt komisch, wenn man ihn so vorliest, wie er da abgedruckt ist. Man denkt nämlich, dass in jeder Zeile ein echter Satz steht. Probiert es einmal aus.

2 Natürlich ist der Text anders gemeint! Und so, wie er gemeint ist, sollte man auch die Punkte setzen, damit der Leser nicht in die Irre geführt wird. Lest ihn einmal so vor, dass man hört, wo die einzelnen Sätze wirklich zu Ende sind.

3 Schreibe den Text jetzt ab und setze Punkte nach jedem Satz. Du weißt: Nach dem Punkt musst du großschreiben.

Der Satz

*Die **Ferien** sind nun zu **Ende**.*

Ein Satz hat eine eigene Betonung. Meistens wird eines der ersten und eines der letzten Wörter mit der Stimme hervorgehoben. Ein Satz besteht auch aus einem eigenen Gedanken. Ein neuer Gedanke beginnt meistens mit einem neuen Satz. Der Punkt zeigt dem Leser, dass ein neuer Gedanke anfängt. Punkte sind deswegen Hilfen für das Lesen.

Satzglieder ermitteln

In einer Klasse haben Schülerinnen und Schüler
die folgenden Wörter auf große Wortschilder geschrieben:

1 Fertigt euch ebenfalls solche Schilder an und verteilt sie dann an Mitschülerinnen und Mitschüler.
Stellt euch zuerst einmal so auf, dass ein Satz entsteht.
Stellt euch dann so um,
dass möglichst viele verschiedene Sätze entstehen.
Wie oft könnt ihr das machen?
Schreibt diese Sätze an die Tafel.

2 Vielleicht ist euch aufgefallen, dass bei den Umstellungen einige Wörter immer mit anderen zusammenbleiben.
Umkreist an der Tafel die zusammengehörigen Wörter.

3 Aus wie vielen Satzgliedern besteht der Satz über Obelix?
Wie viele Wörter enthalten die einzelnen Satzglieder im Beispielsatz?

Die Teile eines Satzes, die eng zusammengehören
und die umgestellt werden, nennt man **Satzglieder**.
Satzglieder können aus einem Wort oder aus mehreren Wörtern bestehen.
Durch die **Umstellprobe** kann man herausbekommen,
aus wie vielen Satzgliedern ein Satz besteht.

4 Bilde auch mit diesen Wörtern einen Satz und schreibe ihn auf.
Mache die Umstellprobe.
Wie viele sinnvolle Sätze kannst du bilden?

5 Umkreise in einem Satz die gefundenen Satzglieder.
Aus wie vielen Satzgliedern besteht der Satz?
Wie viele Wörter hat das längste Satzglied?

(1) Imke ging gestern zum Reiterhof.
(2) Ihren Unterstand hatten auf der Weide vier Pferde.
(3) Stolz stand ein brauner Hengst neben dem Schuppen.
(4) Zum Weidezaun kamen neugierig die anderen Pferde.
(5) Der Hengst folgte ihnen nach einigen Minuten.

6 Wie viele Satzglieder haben die einzelnen Sätze?
Es sind immer gleich viele!

7 Schreibe die Sätze so in dein Heft,
dass ein Text daraus wird, in dem die Sätze
besser zueinander passen.
Dazu musst du manchmal ein anderes Satzglied
an den Anfang stellen.

8 Bilde selbst drei Pferde-Sätze – erst mit drei,
dann mit vier und dann mit fünf Satzgliedern.

9 Lest euch eure Sätze vor und kontrolliert
gegenseitig die Anzahl der Satzglieder.

Das Subjekt

Die älteste Schrift

Im Mai 1999 grub **?** in Pakistan Tonscherben aus der Erde.
Auf ihrer Oberfläche enthielt **?** seltsame eingeritzte Zeichen.
? war eine Sensation für die Wissenschaftler.
Mit diesen Zeichen war **?** entdeckt worden.
? hatte sie vor etwa 5 500 Jahren in den Ton geritzt.
Leider wird **?** wohl nie entziffert werden.

Sicherlich hast du beim Lesen gemerkt, dass der Text kaum verständlich ist. Man weiß nämlich nicht, wer oder was es ist, wovon hier die Rede ist.

1 Setze zuerst einmal die folgenden Satzteile an die richtigen Stellen. Du kannst das mündlich machen, du kannst aber dazu auch die Sätze aufschreiben.

In fast allen Sätzen gibt es ein Satzglied, das sagt, wer oder was es ist, wovon im Satz die Rede ist. Dieses Satzglied heißt **Subjekt**. Es enthält meistens ein **Substantiv (Nomen)**. Manchmal besteht das Subjekt nur aus einem **Pronomen**.

Das Subjekt kann man mit den Fragen **wer** oder **was** ermitteln:
Im Mai 1999 grub ***(wer?) ein Archäologe*** *in Pakistan Tonscherben aus der Erde.*
Auf ihrer Oberfläche enthielt ***(wer oder was?) jede Scherbe*** *seltsame eingeritzte Zeichen.*

Aufregung in der Deutschstunde

1) In der Deutschstunde sollten die Kinder ein Gedicht vortragen.
2) Der Text war zum Glück nicht sehr lang.
3) Zu Hause hatte Stefanie gut gelernt.
4) Das Mädchen musste im Unterricht das Gedicht tatsächlich zuerst aufsagen.
5) Am Ende klatschte die ganze Klasse Beifall.
6) Für ihren tollen Vortrag lobte die Lehrerin ihre Schülerin.
7) Steffi war nach dieser Aufregung richtig froh und erleichtert.
8) Sie konnte auch stolz auf ihre Leistung sein.

2 Nenne die Subjekte dieser acht Sätze.

3 In vier Sätzen stehen die Subjekte am Satzanfang, in den anderen vier Sätzen befinden sie sich innerhalb des Satzes.
Stelle die Satzglieder so um, dass bei den Sätzen mit den Subjekten am Anfang ein anderes Satzglied vorn steht.
Bei den anderen vier Sätzen soll das Subjekt an den Satzanfang rücken.

4 Umkreise anschließend die Subjekte in den Sätzen.

5 Im letzten Satz ist das Subjekt anders als die anderen. Es enthält kein Substantiv (Nomen), sondern es wird durch ein ? gebildet.

Bei den folgenden Sätzen kommt in den Subjekten der Sätze 1–6 immer ein Substantiv (Nomen) vor.
Die Subjekte der Sätze a–f werden immer durch ein Pronomen gebildet.

Was gehört zusammen?

1) Die bunten Eisvögel jagen vor allem kleine Fische.
2) In Nordamerika lebt das gestreifte Stinktier in offenem Wald.
3) Der Buntspecht ist ein sehr erfolgreicher Insektenjäger.
4) Mit seinen bis zu 800 Kilogramm gehört der Bison zu den größten Säugetieren der USA.
5) Ihren Wintervorrat vergraben unsere Eichhörnchen im Waldboden.
6) Luchse haben sehr gute Augen und Ohren.

a) Bei Gefahr wehrt es sich mit einem fürchterlich stinkenden chemischen Gebräu.
b) Eine Maus können sie aus 65 Metern im Laub rascheln hören.
c) Seinem Rivalen steht er wütend mit seinem dicken Quadratschädel gegenüber.
d) Übers ganze Jahr sind sie munter und halten keinen Winterschlaf.
e) Über 2000 Beutetiere hat er bei 600 Beuteflügen zum Nistplatz der Jungen gebracht.
f) Sie gehören zu den Stoßjägern unter den Vögeln.

6 Welcher Satz rechts gehört zu welchem Satz links? Lies sie nacheinander vor.

7 Nenne die Subjekte der Sätze.
Satz 1 (die bunten Eisvögel) – Satz f (sie)

Die nächsten Sätze sind etwas für Tüftler, denn sie enthalten manchmal ganz seltsame Subjekte.

Pitt in der Achterbahn

a) Plötzlich hob ihn jemand in die Achterbahn.
b) Los ging es.
c) Vor der Achterbahn hatte er aber schreckliche Angst.
d) Zu ändern war es jedoch nicht mehr.
e) Ganz langsam fuhr er den Berg hinauf.
f) Dann passierte aber erst noch das Schrecklichste.
g) Fast gleichzeitig kamen die Abfahrt und der Looping.
h) Gut gehen konnte das doch nicht!
i) Am Ende fand er aber die Achterbahnfahrt super.

8 Es ist bestimmt nicht einfach, die Subjekte in diesen Sätzen zu finden. Daher ein Tipp: In fast allen Sätzen besteht das Subjekt aus einem Wort. Bei Satz f) und g) ist das anders. In Satz g) hat das Subjekt sogar fünf Wörter.

Schreibe den Text so auf, dass das Subjekt immer am Anfang steht:
Jemand hob ihn plötzlich in die Achterbahn.

Kaufhausdiebstahl mit fehlenden Subjekten

Wer? probierte im Kaufhaus eine neue Jacke an.
Wer oder was? gefiel ihm sehr gut.
Wer? half beim Anprobieren.
Was? passte wie angegossen.
Wer? bediente noch einen anderen Kunden.
Wer? hängte seine alte Jacke über den Kleiderbügel.
Wer? betrachtete sich in dem großen Spiegel.
Wer oder was? sah super aus.
Wer? wollte sich in der neuen Jacke heimlich davonmachen.
Wer? bemerkte davon nichts.
Wer? hatte den Davonschleichenden bemerkt.
Wer? wollte gerade das Kaufhaus verlassen.
Wer? packte in diesem Augenblick zu.
Wer? zeigte den Dieb wegen Kaufhausdiebstahls an.
Wer? hat die ganze Sache nachher furchtbar bereut.

9 Setze in diese merkwürdigen Sätze statt der Fragen passende Subjekte ein. Arbeite mit einem Partner oder einer Partnerin. So wird eine richtige Geschichte daraus.

Das Prädikat

Das Prädikat ist schon ein merkwürdiges Satzglied.
Anders als die Satzglieder, die du bisher kennen gelernt hast, lässt es sich nur schlecht erfragen.
Aber trotzdem ist es gar nicht so schwer zu ermitteln.

A
IN DER KÜCHE
AUF DEM FELDWEG
IN DER WÜSTE

B
DIE SCHLANGE
DER KOCH
DAS ALTE AUTO

C
MIT DEN SCHWANZSCHUPPEN
MIT DEM GESCHIRR
BEI DER FAHRT

D
klappert

1 Bilde mit den Wörtern aus den Blöcken A, B, C und D Fragesätze. Dazu darfst du allerdings nur die Wörter aus den Blöcken verwenden. Fragewörter sind also nicht erlaubt.

2 Sicherlich ist dir aufgefallen, dass ein Satzglied seinen Platz nicht verändert hat. Dieses Satzglied ist das Prädikat. Achte auf seine Stellung im Fragesatz.

3 Stelle in diesen Fragesätzen jetzt jeweils ein Satzglied um. Es müssen aber Fragesätze bleiben!

4 Forme aus den Fragesätzen Aussagesätze:
Der Koch ...

5 Kannst du jetzt den folgenden Merksatz vervollständigen?

In einem Fragesatz ohne Fragewort ist das Prädikat das **?** Satzglied im Satz.

6 Ermittle in den folgenden Sätzen die Prädikate durch eine Fragesatzprobe.

Gute Gärtner gießen gern große Geranienbeete.
Fürs Fliegenfest finden fleißige Fliegen fantastisches Fressen.
Sieben super Sommersongs singen sechs sächsische Sängerinnen.

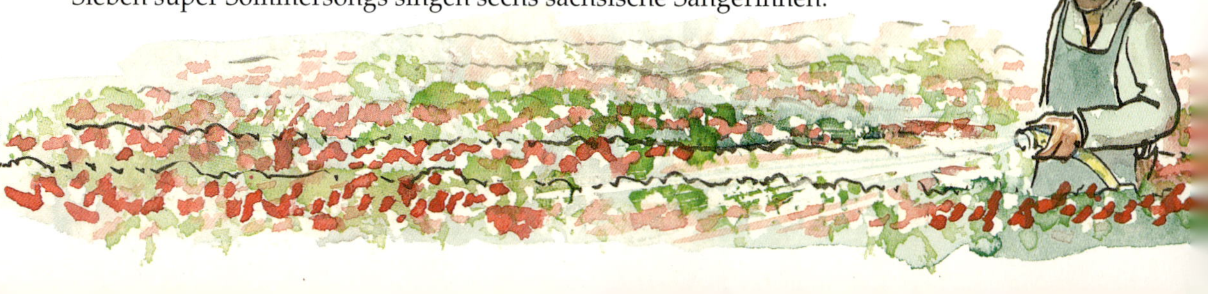

Es gibt jedoch noch eine andere Möglichkeit, das Prädikat zu ermitteln.

7 Schreibe den folgenden Satz in dein Heft oder an die Tafel. Stelle den Satz dann mehrfach um. Diesmal sind Fragesätze allerdings nicht erlaubt. Die Sätze sollten am besten untereinander stehen.
Seit Jahren wohnt Opa mit seinem Hund Harro in einem kleinen Dorf.

8 Welches Satzglied steht in jedem Satz an derselben Stelle?

9 Jetzt kannst du auch zu dieser Probe den folgenden Merksatz formulieren:

In einem Aussagesatz ist das Prädikat immer das ? Satzglied.

10 Ermittle in den folgenden Sätzen die Prädikate. Du kannst dazu die Proben in Gedanken durchführen, du kannst die Sätze aber auch schriftlich umstellen.

Sternenhimmel

a) Bei klarem Himmel sehen wir etwa 2000–3000 Sterne.
b) Nachts sehen wir sie unterschiedlich hell.
c) Besonders gut erkennen wir einige sehr helle Sterne.
d) Man bezeichnet sie wegen dieser Eigenschaft als „Sterne erster Größe“.
e) Im Weltall verändern manche Sterne ihren Platz scheinbar nie.
f) Wir nennen sie deshalb Fixsterne.
g) In jeder klaren Nacht siehst du Fixsterne am Sternenhimmel.

Von einem hohen Baum **?** Asterix die römischen Soldaten.

Die römischen Soldaten **?** Asterix von einem hohen Baum.

11 In diesen beiden Sätzen fehlt das Prädikat. Welche der Wörter rechts kannst du einsetzen, um einen sinnvollen Satz zu erhalten? Zu welcher Wortart gehören sie?

In den folgenden Sätzen sehen die Prädikate etwas anders aus. Sie bestehen nämlich diesmal nicht nur aus einem Wort.

a) Vor einer Woche haben unsere Ferien begonnen.
b) Gestern bin ich mit meinen Freunden in ein Zeltlager gefahren.
c) Als Erstes mussten wir natürlich unsere Zelte aufbauen.
d) Dabei haben wir viel gelacht.
e) Alex sollte nämlich die Heringe einschlagen.
f) Aber seltsamerweise hat er stets vorbeigeschlagen.

12 Suche zunächst die finite (gebeugte) Verbform. Welches Wort im Satz gehört noch zum Prädikat?

13 Schreibe die Sätze auf und unterstreiche die zweiteiligen Prädikate.

Das Prädikat sagt immer etwas über das Subjekt des Satzes aus.

Asterix beobachtet die römischen Soldaten.
Subjekt Prädikat

In diesem Satz besteht das Prädikat allein aus der finiten (gebeugten) Verbform. Deshalb nennt man solche Prädikate **einteilige Prädikate**.
Oft besteht das Prädikat aus einer finiten Verbform **und** einem weiteren Teil.

Asterix soll die römischen Soldaten beobachten.
finite Verbform Infinitiv

Asterix hat die römischen Soldaten beobachtet.
finite Verbform Partizip II

Solche Prädikate nennt man dann **zweiteilige Prädikate**.

Das Dativobjekt

1 In den Sätzen des folgenden kleinen Textes fehlt jeweils ein wichtiges Satzglied. Vervollständige die Sätze, indem du die rechts daneben stehenden Wörter einsetzt.

1) Der Asterix-Comic gehört ?.
2) Er hat ihn ? nur geborgt.
3) Deshalb muss ich den Comic unbedingt noch heute ? zeigen.
4) Der wird ? bestimmt gefallen.

meinem Freund
mir
meinen Geschwistern
ihnen

2 Mit welchem Fragewort könnt ihr dieses Satzglied ermitteln?
Geht so vor: ? *gehört der Asterix-Comic?*
Probiert das auch bei den anderen drei Sätzen aus.

Das Satzglied, das man mit der Frage *„Wem?"* erfragen kann, nennt man **Dativobjekt**:
Ich vertraue meinem Freund voll.
Wem?

3 Findest du auch in den folgenden Sätzen die Dativobjekte?
Frage immer so:
Wem schenkt Susann ...?
Wem helfen die Jungen ...?

a) Susann schenkt ihrem Bruder ein T-Shirt zum Geburtstag.
b) Die Jungen helfen ihrer Mutter in der Küche.
c) Die Polizistin beschreibt dem ausländischen Besucher den Weg.
d) Die Oma erzählt ihren Enkelkindern Geschichten aus ihrer Jugend.
e) Der Fußgänger musste dem entgegenkommenden Fahrradfahrer ausweichen.
f) Joschi schickt seiner Freundin eine Karte aus seinem Urlaubsort.

4 **Wem** kann der Kellner einen Eisbecher bringen?
Ergänze den folgenden Satz mit möglichen Dativobjekten.
Verwende dazu die nebenstehenden Beispiele.
Aber Achtung: Ein Beispiel passt nicht!

Der Kellner bringt ? den bestellten Eisbecher.

dem Gast einem Kind
einer Besucherin
der Gast einem Besucher
ihnen ihm Moritz
den Kindern der Frau
ihr meinem Onkel

Das Akkusativobjekt

1 In den folgenden vier Beispielsätzen fehlt nun ein anderes wichtiges Satzglied. Vervollständige diese Sätze wieder mit den Wörtern, die rechts daneben stehen. Dieses Mal musst du aber selbst entscheiden, welche Wörter in welchen Satz passen.

1) Maria hat beim Gärtner ? bestellt.
2) Ihre Freundin feiert nämlich morgen ?.
3) Und dazu hat sie natürlich ? eingeladen.
4) Ihre Schwester hat ? beim Geschenkkauf beraten.

Sie Maria Blumen ihren Geburtstag

2 Für das Ermitteln dieses Satzgliedes stehen zwei Fragen zur Verfügung: *„Wen?“* und *„Was?“*. Jeweils zwei Sätze aus Aufgabe 1 lassen sich mit ***„Wen?“*** bzw. mit ***„Was?“*** erfragen. Welche Sätze sind das? Findet heraus, wann man *„Wen?“* und wann man *„Was?“* fragt.

Das Satzglied, das man mit den Fragewörtern *„Wen?“* und *„Was?“* erfragen kann, nennt man **Akkusativobjekt**:
Ich brauche meinen Bruder. (*Wen?*) *Ich will mir nämlich ein Computerspiel kaufen.* (*Was?*)
Personen als Akkusativobjekt (meinen Bruder) erfragt man mit *„Wen?“*.
Gegenstände als Akkusativobjekt (ein Computerspiel) erfragt man mit *„Was?“*.

3 Findest du in den folgenden Sätzen die Akkusativobjekte?

a) Max sieht das rote Auto zuerst.
b) Uta macht jeden Tag ihre Hausaufgaben.
c) Der Habicht erspäht aus großer Höhe seine Beute.
d) Andi foult den angreifenden Stürmer beim Endspiel.
e) Vergeblich suchten sie den verlorenen Schlüssel.
f) Tina bringt ihren kleinen Bruder am Morgen zum Kindergarten.
g) Die Kinder gaben das Wechselgeld zurück.

4 Schreibe die Sätze ab und umkreise das Akkusativobjekt. Schreibe über das Objekt das richtige Fragewort.

5 In dem folgenden Satz fehlt das Akkusativobjekt. Ergänze es mit den Beispielen rechts. Verwende dabei die Substantive (Nomen) immer mit einem bestimmten oder unbestimmten Artikel: *den, das, die, ein, einen, eine.*
Der Kellner bringt dem Gast einen Eisbecher.

Der Kellner bringt dem Gast ?.

Eisbecher Wechselgeld Teller Glas Rechnung Besteck Speisekarte

Dativ- oder Akkusativobjekt?

Kleine Waldbewohner

In der Dämmerung verlässt die Gelbhalsmaus *(wen oder was?)*.
Ihre Augen helfen *(wem?)* nur schlecht in der Finsternis.
Aber sie hat *(wen oder was?)*.
Diese Haare dienen *(wem?)* als Antenne.
Außerdem vertraut sie *(wem?)*.
So leicht will sie *(wem?)* *(wen oder was?)* nicht machen.
Auf ihrem Weg über den Waldboden sucht das kleine Tier *(wen oder was?)*.
Bei Kälte aber verlässt sie *(wen oder was?)* nicht.
Sie frisst dann einfach *(wen oder was?)* auf.

1 Setze für die Fragen im Text die passenden Satzglieder ein.
Schreibe den vollständigen Text in dein Heft:
In der Dämmerung verlässt die Gelbhalsmaus ihr Schlupfloch.

2 In den folgenden Sätzen sind die Objekte gekennzeichnet.
Ordne sie in einer Tabelle nach Dativ- und Akkusativobjekten.

Dativobjekt (Wem?)	Akkusativobjekt (Wen? Was?)
ihrem Publikum	das spannende Spiel

Die Kinder der 5 A trugen *gelbe Trikots*.
Der Klasse 5 F hatte man *blaue Hemden* gegeben.
In der letzten Spielminute sah Sandra *Maximilian* frei stehen.
Sie spielte *den Ball* zu ihm.
Er übergab *ihn* sofort *seinem Freund Torben*.
Sandra gab *ihm* lautstark *ein Zeichen*.
Sofort warf er *dem Mädchen* mit einem Bogenwurf *den roten Basketball* zu.
Die sichere Werferin holte *ihrer Mannschaft* mit ihrem Korbwurf *den Sieg*.

3 Die Sätze rechts sagen euch nicht alles.
Ersetze die Pronomen durch passende Substantive (Nomen).
Umkreise dann die Objekte und bestimme sie.

Der Torwart hält ihn mit seiner Hand fest.
Die alte Frau vertreibt sie mit ihrem Stock.
Der Hausmeister untersagte den Kindern es auf dem Schulhof.
Die Polizei dankte ihm für seine mutige Hilfe.

Genitivobjekt – ein seltenes Objekt

Derselbe Inhalt kann sprachlich ganz unterschiedlich ausgedrückt werden. So ist das auch bei den folgenden Sätzen.

Man kann es so sagen:
Ich erinnere mich oft
an unseren schönen Ostseeurlaub.
Tom und ich brauchten wirklich
keine Pause beim Baden im Meer.
Kaum waren wir am Strand angelangt,
zogen wir unsere Sachen aus.
Wir freuten uns besonders
über die Kutschfahrt am Strand.
Uns wurde es nie langweilig,
wir beschäftigten uns mit
vielen interessanten Dingen.

Man kann es auch so sagen:
Ich erinnere mich oft
unseres schönen Ostseeurlaubs.
Tom und ich bedurften wirklich
keiner Pause beim Baden im Meer.
Kaum waren wir am Strand angelangt,
entledigten wir uns *unserer Sachen*.
Wir erfreuten uns besonders
der schönen Kutschfahrt am Strand.
Uns wurde es nie langweilig,
wir nahmen uns
vieler interessanter Dinge an.

1 Lest euch jeweils den linken und den rechten Satz vor.
Welcher von den beiden gefällt euch besser?
Könnt ihr auch sagen, warum ihr euch so entschieden habt?

Die schräg gedruckten Wortgruppen in den rechten Sätzen sind auch Objekte.
Weil die Wörter im Genitiv stehen, nennt man sie **Genitivobjekte**.
Sie können mit Hilfe der Frage *„wessen?"* ermittelt werden:
Wessen erinnere ich mich oft?
Ich erinnere mich oft unseres schönen Ostseeurlaubs.
Genitivobjekt
Genitivobjekte kommen in unserer Sprache nur noch sehr selten vor.

2 Versucht, auch in den restlichen vier Sätzen die Genitivobjekte zu erfragen. Orientiert euch dabei am Beispiel im Kasten.

3 In jedem der folgenden Sätze befindet sich ein Genitivobjekt.
Ermittelt sie. Benutzt dazu die Frageprobe mit *wessen?*.

a) Die Angehörigen gedachten in einer Feierstunde der unschuldigen Opfer.
b) Max rühmte sich auch noch seiner Missetaten.
c) Die meisten Experten waren unsicher und enthielten sich eines Urteils.
d) Die Einbrecher bemächtigten sich des wertvollsten Gemäldes der Sammlung.

Das Attribut

1 Schreibt einmal 11 Adjektive, die euch spontan einfallen, auf einem Zettel auf.
Nummeriert sie von 1 bis 11 durch.
Ihr braucht die Adjektive später noch.

2 Lest den Text zunächst einmal so vor, wie er dasteht.
Natürlich müsst ihr die Ziffern nicht mitlesen.

3 An welchen Stellen wünscht ihr euch zusätzliche Informationen zu den Substantiven (Nomen), um Genaueres zu erfahren?
An welchen Stellen genügt euch das Substantiv (Nomen)? Nennt die entsprechenden Ziffern, und begründet eure Entscheidung.

4 Nun macht einmal folgendes Experiment:
Lest euch die einzelnen Sätze des Textes gegenseitig vor, und setzt dabei eure aufgeschriebenen Adjektive in der Reihenfolge von 1 bis 11 in die Sätze ein. Wie wirken die nun entstandenen Texte auf euch?

5 Ihr wisst, dass die beigefügten Wörter inhaltlich zu den Substantiven (Nomen) passen müssen.
Ihr sollt nun einen sinnvollen Text über Lessing schreiben.
Setzt dabei die Adjektive rechts sinnentsprechend ein.
Zu eurer Hilfe sind drei Wörter schon nummeriert.
Vergleicht eure Lösungen anschließend miteinander.

Lessing (1729–1781)

Vielleicht habt ihr schon einmal den Namen Gotthold Ephraim Lessing gehört. Er ist ein (1) Dichter, der Fabeln und Dramen geschrieben hat. Schon als (2) Junge las und schrieb er lieber als draußen zu spielen. Er hatte einen (3) Vater. Der wollte, dass Gotthold genauso wie er Pfarrer werden sollte. Deshalb schickte er ihn auf die Fürstenschule St. Afra. Die befand sich in der (4) Stadt Meißen. Das Leben war dort nicht einfach. Der Unterricht fand in (5) Räumen statt. Dort zu lernen war nicht sehr angenehm. Noch unangenehmer war, dass sie den (6) Tag in (7) Kleidung und mit (8) Perücken herumlaufen mussten. Trotzdem hatten die Schüler (9) Prüfungen in vielen Fächern zu bestehen. Aber Lessing war ein (10) Schüler und er besaß eine (11) Auffassungsgabe. Deshalb konnte er die Fürstenschule vorzeitig verlassen.

dunklen (5)	**berühmter** (1)	**fleißiger**
schwere	**kratzigen**	
ganzen	**sächsischen**	
kleiner	**strengen**	
rasche (11)	**schwarzer**	

6 Probiert einmal an einigen Beispielen des Textes aus, ob man die beigefügten Wörter allein im Satz umstellen kann.

Substantive (Nomen) können durch beigefügte Wörter näher bestimmt werden:
der <u>junge</u> Lessing.
Solche Beifügungen nennt man **Attribute**.
Oft sind sie dem Substantiv vorangestellt.

Attribute können nicht allein, sondern nur mit dem Satzglied insgesamt im Satz umgestellt werden:
Lessing war *ein <u>fleißiger</u> Schüler.*
Ein <u>fleißiger</u> Schüler war Lessing.
Deshalb werden Attribute als **Satzgliedteile** bezeichnet.

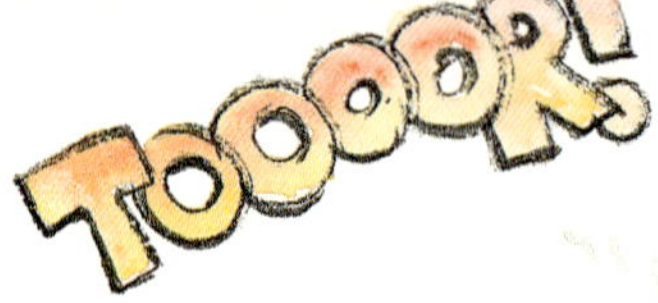

Satzverbindung und Satzgefüge

1 Lies die folgenden Sätze.
Sie sagen dasselbe aus, aber sie unterscheiden sich doch.
Finde heraus, worin sie sich unterscheiden.

Paul verließ das Spielfeld.
Der Trainer schickte Tim auf den Platz.

a) Paul verließ das Spielfeld,
denn der Trainer schickte Tim auf den Platz.

b) Paul verließ das Spielfeld,
weil der Trainer Tim auf den Platz schickte.

2 Gehe nun mit den folgenden Sätzen genauso vor,
sodass aus zwei Sätzen jeweils ein Satz wird.

1) Paul war traurig. Er fand das ungerecht.
2) Tim dagegen freute sich.
Er durfte endlich einmal mitspielen.
3) Bisher war er nur Ersatzspieler.
Er hatte lange Zeit nicht gut genug trainiert.
4) Nach dem Spiel lobte der Trainer Tim.
Er hatte nämlich das Siegtor geschossen.

Zwei Sätze können nebeneinander stehen. Man trennt sie durch einen Punkt:
Paul verließ das Spielfeld. *Der Trainer schickte Tim auf den Platz.*

Wenn man deutlich zeigen will, das sie inhaltlich zusammengehören, dann verbindet man zwei Hauptsätze miteinander, indem man ein Bindewort benutzt und ein Komma setzt:

Paul verließ das Spielfeld,
<u>denn</u> der Trainer schickte Tim auf den Platz.

Eine solche Verbindung von zwei Hauptsätzen nennt man **Satzverbindung**.

Man kann zwei Sätze auch so mit einem Verbindungswort zusammenfügen, dass ein Hauptsatz und ein Nebensatz daraus werden:

Paul verließ das Spielfeld,
<u>weil</u> der Trainer Tim auf den Platz schickte.

Ein solches Gefüge von Haupt- und Nebensatz nennt man **Satzgefüge**.

Und so ging das Spiel weiter

a) Harry ging vom Spielfeld,	*obwohl*	er sehr gut spielte.
b) Jetzt kam Pitt für ihn,	*aber*	Harry gefiel das gar nicht.
c) Harry machte ein böses Gesicht,	*denn*	er ärgerte sich darüber.
d) Der Trainer war ebenfalls wütend,	*als*	er Harrys Gesicht sah.
e) Die Mannschaft siegte trotzdem,	*weil*	Pitt noch zwei Tore schoss.
f) Am Ende waren alle zufrieden,	*und*	Harry freute sich auch.

3 Sieh dir jetzt auch diese Sätze genau an.
Achte vor allem auf die Sätze, die **nach** dem Komma stehen.
Drei von ihnen sind Nebensätze, drei sind Hauptsätze.
Welche sind es?

Einen **Hauptsatz** erkennt man in diesen Beispielen daran, dass die **finite Verbform** an ? Stelle des Satzes steht.

Einen **Nebensatz** erkennt man daran, dass die **finite Verbform** an ? Stelle des Satzes steht.

4 Lege eine Folie über den Text oben und unterstreiche die finiten Verbformen in den Sätzen – sowohl links als auch rechts.

5 Ergänze nun die beiden Merksätze.

Immerhin ein bisschen Trost!

Nach dem Spiel tröstete Jana Harry.	Er ärgerte sich so sehr.	(denn)	(weil)
Sie erzählte ihm ein paar Witze.	Er wurde etwas fröhlicher.	(und)	(damit)
Harry lachte tatsächlich.	Er war immer noch traurig.	(aber)	(obwohl)
Missmutig ging er mit Jana nach Hause.	Alles war vorüber.	(und)	(als)
Zum Schluss sagte Jana zu ihm.	Sie lachte ihn an:	(und)	(indem)
„Du warst eine Halbzeit lang klasse.	Du trafst nicht das Tor.“	(aber)	(obwohl)

6 Verbinde jede Aussage links und rechts zuerst mit dem ersten, dann mit dem zweiten Bindewort.

Schreibe die Sätze untereinander:
Nach dem Spiel tröstete Jana Harry, denn er ärgerte sich so sehr.
Nach dem Spiel tröstete Jana Harry, weil er sich so sehr ärgerte.

Unterstreiche die finiten Verbformen.

Es gibt Bindewörter, mit denen man zwei Hauptsätze verbinden kann.
Das sind zum Beispiel die Wörter: *und, oder, aber, denn.*

Es gibt Bindewörter, mit denen man einen Haupt- und einen Nebensatz verbinden kann.
Das sind zum Beispiel die Wörter:
als, weil, obwohl, wenn, ob, dass, nachdem, bevor, während, indem, wobei …

7 Versuche einmal die Nebensätze aus Aufgabe 6 jeweils vor die Hauptsätze zu stellen:

Nach dem Spiel tröstete Jana Harry, weil er sich so sehr ärgerte.

Weil er sich so sehr ärgerte, tröstete Jana Harry nach dem Spiel.

Ganz einfach!

Wenn ihr mich fragt, wie ich die Sache mit den
Haupt- und Nebensätzen sehe, so würde ich sagen,
dass das einfach so ist:
Das hier ist ein Hauptsatz, und das ist noch ein Hauptsatz.
Das hier ist auch ein Hauptsatz, während dies ein Nebensatz ist.
Während dies hier ein Nebensatz ist, ist das wieder ein Hauptsatz.
So einfach sehe ich das Ganze.
Habt ihr verstanden?

Eure Mrs. Fox

8 Schreibe die drei fettgedruckten Zeilen von Mrs. Fox heraus.
Unterstreiche die Hauptsätze, unterkringele die Nebensätze.

Wortfamilien

Menschen gründen Familien – Wörter auch

Familie KAUL

Familie SPIEL

1 Oben seht ihr ein Bild der Familie KAUL.
Alle Familienmitglieder sehen sich doch ein bisschen ähnlich.
Darunter seht ihr ein Bild der „Familie" SPIEL.
Und auch diese Familienmitglieder sehen sich alle irgendwie ähnlich ...

2 Euch wird es nicht schwer fallen, die „Familie" SPIEL zu vergrößern.

3 Ordnet die Wörter dieser Wortfamilie nach den drei Wortarten:
Substantive (Nomen), Verben, Adjektive.

Eine **Wortfamilie** besteht aus Wörtern,
die sich in einem Teil, nämlich im *Wortstamm* ähnlich sind.
An diesen Wortstamm werden einfach weitere Wortbausteine angefügt.
Sie können *vor* und *nach* dem Wortstamm stehen:
*Zu**spiel** – Kinder**spiel** – **Spiel**ball – **spiel**erisch – Fußball**spiel**er.*

Neulich gab es ein großes Treffen von drei verschiedenen Wortfamilien.
Von jeder Familie waren fünf Mitglieder gekommen.
Da ging es ganz schön durcheinander.

fehlt unfehlbar Lehrerin belehren
lehrreich fehlerhaft Ansagerin Fehler
Fete Zusage leer gefehlt vorsagen
Lehre sang sagenhaft Sage Lehrling

4 Als das Treffen zu Ende ging, mussten sich die Familien wieder ordnen.
Helft ihnen dabei und schreibt die Familien geordnet auf.
Aber Achtung: Drei Gäste waren da.
Die sehen zwar ein bisschen so aus wie die anderen,
sind aber mit ihnen **nicht** verwandt! Sie müssen also übrig bleiben.

5 Die folgenden Wortstämme geben fünf Wortfamilien ihren Namen.
Schreibt die Wortfamilien ab
und ergänzt sie durch weitere Familienmitglieder.

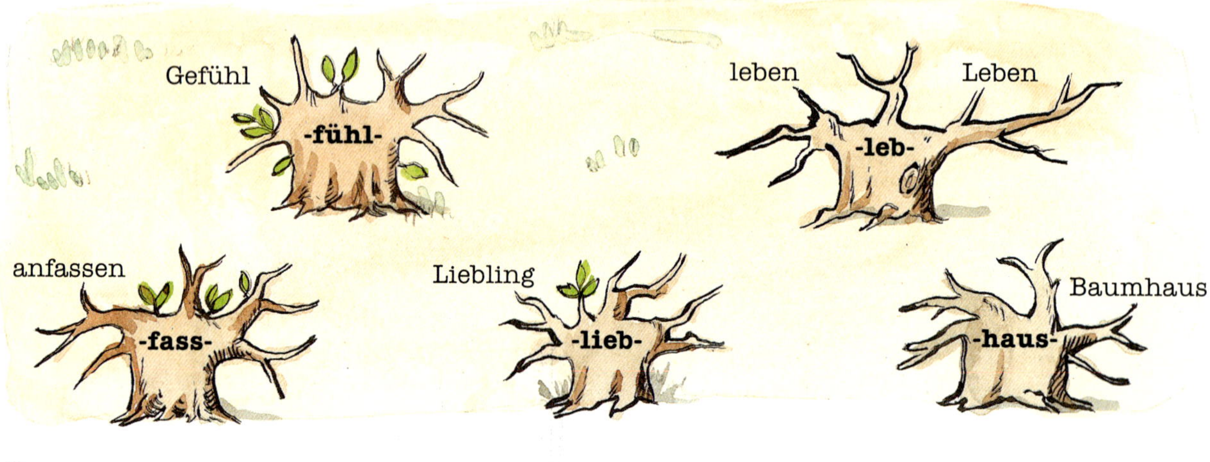

6 Suche zu jeder Wortfamilie mindestens ein Adjektiv.
Arbeitet zu zweit: Wer findet die meisten?

Wortstämme mit a/ä und au/äu

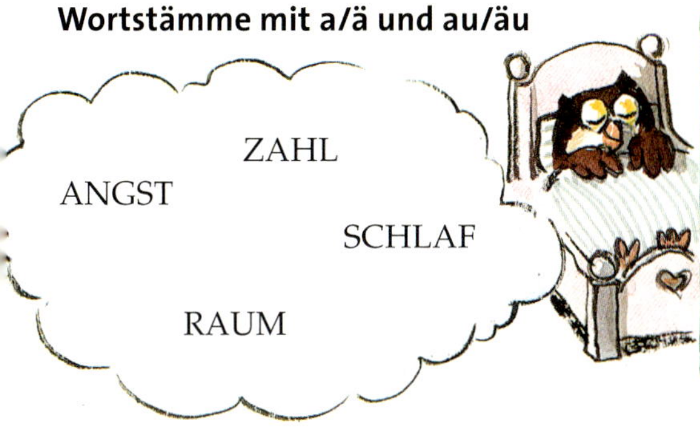

Auch die Wortstämme mit **a** und **ä**, mit **au** und **äu** sind fast immer miteinander verwandt.
Wenn ihr wisst, dass die meisten Wörter mit **ä** und **äu** zu Wortfamilien mit **a** und **au** gehören, dann hilft euch das beim richtigen Schreiben dieser Wörter.
klar → klären, erklären, Erklärung, Klärgrube …
Traum → träumen, Träumer, träumerisch …

7 Schreibt zu diesen vier Wortstämmen Wortfamilien auf.
Ihr könnt zu zweit arbeiten. Einer bildet das Wort zur jeweiligen Familie, der andere schreibt es auf. Wechselt euch dabei ab.
Achtet beim Schreiben auf den möglichen Wechsel **a/ä** und **au/äu**.

Auch Wörter, die im Stamm ein **s**, **ss** oder **ß** haben, behalten diese Konsonanten auch in anderen Wortformen. So sind alle Mitglieder der folgenden drei Wortfamilien miteinander verwandt.

Die Wortfamilien Nuss, Glas und groß

Familie Nuss

?baum ?e ?knacker ?braun

?schale Wal? Erd?e ?ig

Familie Glas

?bläser Kristall? Fern? ver?en

?auge ?ig ?ern ?kugel ?chen

Familie groß

?mutter ver?ern Ur?vater riesen?

?tenteils am ?ten ?enwahn

8 Schreibt die Wortfamilien auf.
Achtet dabei darauf, dass manche Familienmitglieder klein-, manche großgeschrieben werden.

Zusammengesetzte Wörter

1 Spielt doch mal mit Wörtern. Das geht ganz einfach.
Ihr braucht nur an die vorgegebenen Wörter weitere anzufügen.

Schwein
Wildschwein
Wildschweinbraten
Wildschweinbratenfest
Wildschweinbratenfesttag
Wildschweinbratenfesttagsschmaus

2 Ihr könnt auch lustige Wörter „produzieren".
Aber sinnvoll sollten sie schon sein. Wer findet das längste Wort?

Kinder	Spiel	Feder
Kindergeburtstag	Spielzeug	...
Kindergeburtstagsparty	...	...
...	...	...

3 Kombiniert aus den vier Substantiven (Nomen)
jeweils ein sinnvolles Wort.

Creme Schokolade Schlacht Torte
Hals Hund Schäfer Band
Tür Kind Zimmer Schlüssel

4 Wortkettenspiel
Hierbei muss der zweite Teil des ersten Wortes
immer im neuen Wort zuerst stehen.
So entsteht eine Wortkette.
Sie sollte möglichst lang sein.

Bildet zwei Gruppen.
Gruppe A hat fünf Sekunden Zeit,
das nächste Wort zu bilden;
dann ist Gruppe B dran.

Fensterscheibe → Scheibenglas → Glaskugel ...
Tischbein → Beinbruch → Bruch ...
Schulhof → Hof...

Wenn man zwei Substantive (Nomen), die es schon gibt, zusammensetzt, entsteht ein neues Wort:
Abenteuer + Film = **Abenteuerfilm**
Zimmer + Schlüssel = **Zimmerschlüssel**
Diese neuen Wörter nennt man **zusammengesetzte Wörter**.

Manchmal erscheint beim Zusammensetzen zweier Substantive (Nomen) zwischen ihnen ein zusätzlicher Buchstabe:
Maus + Falle = Mausefalle;
Stunde + Plan = Stundenplan,
Übung + Diktat = Übungsdiktat.
Diese zusätzlichen Buchstaben erleichtern das Aussprechen des zusammengesetzten Wortes. Sie werden **Fugenelement** genannt.

5 Setzt für das Fragezeichen das passende zusammengesetzte Substantiv (Nomen) ein.

a) Ein Schrank aus Glas ist ein ?
b) Ein Tuch, das man in die Tasche steckt, ist ein ?
c) Geld aus Papier ist ?
d) Eine Aufgabe, die man zu Hause erledigen soll, ist eine ?
e) Ein Lager, in dem man Ferien macht, ist ein ?
f) Eine Torte, die man zum Geburtstag bekommt, ist eine ?
g) Eine Reise in die Ferien ist eine ?
h) Ein Träger, der eine Hose hält, ist ein ?

6 Sucht in kleinen Gruppen möglichst viele zusammengesetzte Substantive (Nomen), in denen *Schrank, Tasche, Geld, Maschine, Lager, Buch, Reise* an letzter Stelle stehen: Kleiderschrank ...
Welche Gruppe findet am meisten?

7 Könnt ihr auch zusammengesetzte Substantive (Nomen) finden, in denen *Schrank, Tasche, Geld, Maschine, Lager, Buch, Reise* am Anfang stehen?
Schranktür ...

8 Das Wohnungsspiel
Jede Gruppe kümmert sich um ein Zimmer der Wohnung:
Bad, Kinderzimmer, Schlafzimmer, Wohnzimmer ...
Sie sucht zusammengesetzte Wörter, die dort vorkommen können.
Welche Gruppe findet die meisten?

9 Manche zusammengesetzte Substantive (Nomen) lassen sich auch tauschen: Reisezug – Zugreise ...
Findet weitere Zusammensetzungen, bei denen das möglich ist.

Abgeleitete Wörter

Präfixe (Vorsilben)

Ärgernis

Mein Freund hat ein neues Fahrrad, fährt aber viel zu schnell. Neulich hat er sich beim Fahren tüchtig *schätzt. Erst *legt er beinahe eine Taube, dann *stört er die Absperrung einer Baustelle. Sein Vater muss jetzt den Schaden *gleichen. Nun *kommt mein Freund die Quittung: Für eine Woche darf er das Haus nicht mehr *lassen, und das in den Ferien! Als ich bei ihm war, war er ganz schön *knirscht. Inzwischen hat er sich bei seinem Vater *schuldigt.

1 An den Stellen mit den Sternchen könnt ihr die Wörter durch einen kleinen Trick verändern.
Dadurch ist der gesamte Text überhaupt erst richtig zu verstehen.
– Wie heißen die Sternchen-Wörter **jetzt**?
– Wodurch habt ihr sie verändert?

Aus schätzen ist *ver*schätzen, aus legen ist *zer*legen geworden. Man braucht also nur einen Wortbaustein vorn (ein **Präfix**) an das Wort anzufügen, und schon ist von einem Wort, das es bereits gibt, ein neues Wort **abgeleitet** worden. Dieses abgeleitete Wort hat dann natürlich auch eine andere Bedeutung:
stellen: *verstellen, bestellen, erstellen, entstellen …*

2 Probiert das einmal mit den folgenden Verben.
Wer findet die meisten Wörter?

schreiben **legen** **beißen** **drehen**

3 Bei Verben gibt es viele Präfixe.
Probier doch einmal, die Präfixe aus der linken Gruppe an die Verben der rechten Gruppe vorn anzufügen.

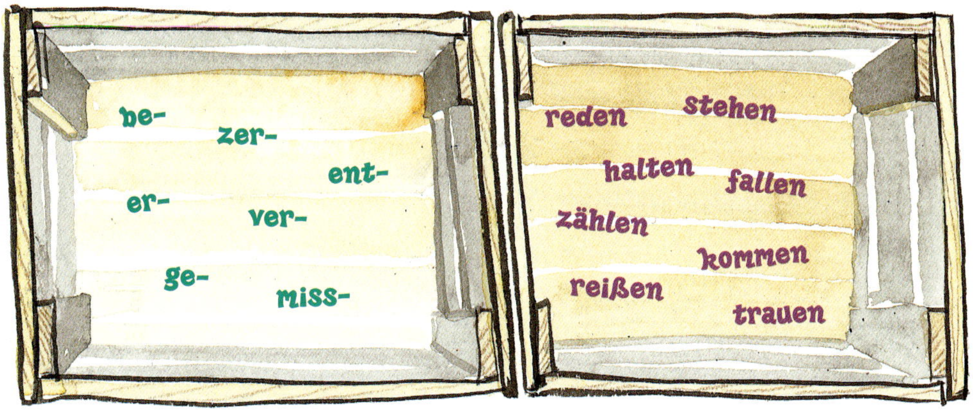

4 Tauscht euch aus. Wie viele Verben habt ihr gefunden?

Auch für die Adjektive gibt es Präfixe. Am meisten gebraucht wird das Präfix *un-*, manchmal auch *ur-* und *miss-*.

5 Welches Präfix passt zu welchen Adjektiven?
Was bedeuten die Adjektive jetzt?

dicht mutig günstig alt sicher wichtig plötzlich

Ihr könnt durch das Anfügen von Präfixen auch die Bedeutung von Nomen verändern.

6 Es gibt ein Präfix, das passt zu allen folgenden Substantiven (Nomen).
Welches ist es?

Schuld Geduld Glück Ruhe Kraut Sinn

7 Was bedeuten die Substantive (Nomen) **jetzt**?

Präfixe sind Wortbausteine, die an das Wort vorn angefügt werden. Mit Präfixen können von bereits vorhandenen Wörtern weitere mit einer anderen Bedeutung abgeleitet werden:
*halten: **be**halten, **ver**halten, **ent**halten, **er**halten*
*Erfolg: **Miss**erfolg*
*wichtig: **un**wichtig*

Suffixe

Auch mit Suffixen (Nachsilben) können Wörter verändert werden.
Die Suffixe werden am Ende des Wortstammes angefügt:
sicher → Sicherheit *Mut → mutig*

1 Probiert aus, welche Suffixe zu welchen Substantiven (Nomen) bzw. Adjektiven passen.
Achtet auf die Kleinschreibung der Adjektive.

Kind Fleiß Mühe Brauch Salz Glück Duft

-bar -sam -isch -lich -ig

feige eitel neu wahr munter schön früh

-ling -keit -heit

2 Übernehmt die folgende Tabelle in euer Heft.
Ordnet die oben gefundenen Wörter ein.

aus einem **Substantiv** wird ein **Adjektiv**	aus einem **Adjektiv** wird ein **Substantiv**
Fleiß → fleißig	eitel → Eitelkeit

3 Ergänzt den folgenden Merkkasten:

Denkt beim Schreiben der Wörter mit Suffixen daran:

Wenn aus einem Wort ein **Substantiv** geworden ist, so wird es **?** geschrieben.

Wenn aus einem Wort ein **Adjektiv** geworden ist, so wird es **?** geschrieben.

Merkwürdige Wörter!

Mrs. Fox hat auf ihrem Computer wieder einmal witzige Wörter produziert.
Sie hat Suffixe an Wörter angehängt, die absolut nicht passen.

Liebe Kinder,

es ist eine Frech**nis**, was manche über mich sagen! Kürz**bar** hatte ich ein Erleb**heit**, das mich sehr unglück**ig** gemacht hat. Da fand ich in meinem Computer eine E-Mail, die mir ein**lich**e Kinder geschickt haben. Sie schrieben mir, dass ich eine unhöf**isch**e alte Tante sei. Das war sehr kind**bar**. Und es ist für eine anständ**lich**e Frau wie mich natür**isch** furcht**ig**. Nun gut, ich bin keine Schön**keit**. Und manchmal bin ich schon etwas klapper**lich**. Aber ich bin fleiß**lich**, habe unheim**isch** viele Ideen und bin voller Nettig**heit**. Dass mir hier wieder einmal mein blödsinn**isch**er Computer einen wider**sam**en Streich spielt, dafür kann ich wirk**ig** nichts. Also bitte: Keine Beleidig**keit**en mehr!

Mit freund**bar**en Grüßen
Eure Mrs. Fox

4 Schafft ihr es, Ordnung in dieses Durcheinander von Mrs. Fox zu bringen? Ihr müsst an den hervorgehobenen Stellen die richtigen Suffixe einsetzen:
Es ist eine Frech<u>heit</u>, was manche über mich sagen!

Mit Suffixen, die an das Ende des Wortstammes angefügt werden, können neue Wörter abgeleitet werden.
Die Suffixe bestimmen die Wortart des abgeleiteten Wortes:

*Schön**heit***	→	Substantiv (Nomen)	→	Großschreibung
*fleiß**ig***	→	Adjektiv	→	Kleinschreibung

Arbeit an Wortfeldern

Wortfeld: *gehen*

1 Lies zunächst die beiden Anfänge einer Geschichte.

A Gestern haben wir etwas Aufregendes erlebt. Ich bin mit Tina, meiner Freundin in den Wald gegangen. Plötzlich hörten wir furchtbar knarrende Geräusche. Weil wir nicht wussten, woher sie kamen, sind wir schnell weitergegangen. Nach ein paar Minuten sind wir an einem Forsthäuschen vorbeigegangen. Da öffnete sich doch langsam die Tür und ein Wildschwein ging langsam auf uns zu. Welch ein Schreck! Wir gingen, so schnell wir konnten, den Weg entlang und waren froh, als wir aus dem Wald ins Freie gehen konnten …

B Gestern haben wir etwas Aufregendes erlebt. Ich bin mit Tina, meiner Freundin in den Wald gegangen. Plötzlich hörten wir furchtbar knarrende Geräusche. Weil wir nicht wussten, woher sie kamen, sind wir schnell weggeflitzt. Nach ein paar Minuten sind wir an einem alten Forsthäuschen vorbeigekommen. Da öffnete sich doch langsam die Tür und ein Wildschwein stampfte langsam auf uns zu. Welch ein Schreck! Wir rasten, so schnell wir konnten, den Weg entlang und waren froh, als wir aus dem Wald ins Freie flüchten konnten …

2 Welcher von den beiden Texten gefällt euch besser?
Warum habt ihr euch so entschieden?

3 Sicherlich fallen euch noch viel mehr „Bewegungsverben" ein.
Ordnet sie einmal in eine solche Mind-Map ein:

4 Lest euch eure Wortfelder gegenseitig vor und ergänzt sie.
Schreibt die Tabelle zum Wortfeld *gehen* auf
und heftet sie in einer Mappe ab.
Das wird euch beim Schreiben von Texten bestimmt helfen,
denn dort könnt ihr dann immer nachschlagen.

langsam gehen	schnell gehen	laut gehen	leise gehen	andere Arten zu gehen
schleichen	flitzen	schlurfen	heranpirschen	stolpern

5 Ihr seht, es gibt eine ganze Reihe verschiedener Wörter,
die die unterschiedlichen Arten des Gehens bezeichnen.
Spielt euch einige Arten des Gehens gegenseitig vor
und lasst sie von den anderen erraten.

Alle Wörter, die eine ähnliche Bedeutung haben, gehören zu einem Wortfeld.

gehen: *bummeln, eilen, flitzen, hasten, schreiten, marschieren, wandern, watscheln …*

Alle diese Wörter gehören auch meistens zu ein und derselben Wortart.
Je mehr Wörter ihr kennt, desto genauer und abwechslungsreicher könnt ihr sprechen und schreiben.

In den folgenden Sätzen stimmt etwas nicht!

Lautlos polterten Anne und Frank durch den Korridor.
Sie wateten durch den langen Gang.
Mit hohem Tempo schlenderten beide zum Klassenzimmer.
Flink humpelte Frank zu seinem Stuhl,
während Anne traurig um den Tisch hüpfte.
Im Sportunterricht mussten sie zuerst 30, dann 60 Meter staksen.
Im 60-Meter-Lauf war Anne die Beste von allen:
Sie schlurfte die Strecke in glatten 9 Sekunden.

6 Setzt aus dem Wortfeld *gehen* treffende Verben ein.
Lest euch eure veränderten Sätze gegenseitig vor.

Wortfeld gesucht!

Alle hervorgehobenen Wörter gehören zu einem Wortfeld.

ein **gewitztes** Kerlchen ein **helles** Köpfchen ein **cleverer** Typ
ein **aufgeweckter** Junge ein **pfiffiges** Mädchen
eine **kluge** Schülerin eine **superschlaue** Klasse

1 Wie könnte die Überschrift zu diesem Wortfeld heißen?
Findet noch weitere Adjektive, die in das Wortfeld passen.

Auf Seite 17 haben wir euch Adjektive angeboten,
die ihr für ein Selbstporträt verwenden könnt.
Diese Sammlung haben wir hier durch weitere Adjektive ergänzt.

ängstlich, blond, clever, cool, dünn, einfallsreich, ehrgeizig, empfindlich, erfinderisch, faul, findig, fleißig, frech, fröhlich, gescheit, gesellig, groß, gutmütig, ideenreich, intelligent, klein, klug, kräftig, lebhaft, listig, lustig, mittelgroß, mutig, nett, pfiffig, rothaarig, ruhig, rundlich, schlau, schüchtern, schwarz, sportlich, stark, still, strebsam, stur, umsichtig, ungeduldig, vernünftig, wild, witzig, zierlich …

2 Schreibt einige Adjektive heraus,
die noch zum Wortfeld aus Aufgabe 1 passen.

Was für eine Person!

In dieser Situation hat er sich echt unsportlich verhalten.
Mary bezeichnet sein Verhalten sogar als unklug.
„So was von ungeduldig“, stellt Tim fest.
Nancy meint: „Er ist schon manchmal ein unvernünftiger Kerl.“
Die meisten stimmen darin überein: „Es gibt dafür nur ein Wort: unfair!“

3 Macht aus dieser Person einen fairen Sportler.
Ihr könnt dazu das entsprechende Wortfeld oben nutzen.

Ordnung der Wörter nach Ober- und Unterbegriffen

Carolin hat den Wochenendeinkauf super vorbereitet. Alles, was benötigt wird, hat sie aufgeschrieben.

1 Carolin könnte sich den Einkauf ein bisschen erleichtern. Wodurch eigentlich?

2 Zu wie vielen Verkaufsständen muss Carolin denn gehen?

3 Schreibt die Waren so geordnet auf, dass Carolin zielgerichtet und schnell einkaufen könnte.

4 Gebt euren zusammengestellten Waren-Gruppen eine passende Überschrift.
Ihr könnt euch dabei an den unten stehenden Begriffen orientieren.
Aber Achtung! Es sind mehr Begriffe angegeben, als ihr braucht.

Schreibwaren
Backwaren
Gemüse
Süßwaren
Elektroartikel
Kosmetik
Obst
Milchprodukte
Zeitungen/Zeitschriften
Getränke
Wurstwaren
Haushaltsmittel

5 Vergleicht eure Ergebnisse.
Haben alle von euch dieselbe Zuordnung der Einkaufsartikel vorgenommen?
Wo gibt es Abweichungen?

Neben den Wortfamilien und den Wortfeldern gibt es noch eine weitere Möglichkeit, unseren Wortschatz zu ordnen.
Wörtern, die inhaltlich zusammengehören, kann ein **Oberbegriff** zugeordnet werden. Das ist ein Wort, das eine Bedeutung hat, die die Bedeutung aller Wörter dieser Gruppe umfasst. Die Wörter, die einem Oberbegriff untergeordnet sind, nennt man dann **Unterbegriffe**.

Oberbegriff: **Backwaren**

Unterbegriffe: Roggenbrot – Brötchen – Semmeln – Weizenbrot – Pflaumenkuchen – Erdbeertorte – …

6 Bestimmt könnt ihr weitere Unterbegriffe zu dem Oberbegriff *Backwaren* nennen.

7 Findet zu folgenden Wörtern jeder Zeile den jeweiligen Oberbegriff. Er sollte möglichst genau sein.

1) Pfifferling – Kaiserlinge – Champignons – Edelreizker
2) Bus – Schnellzug – Standseilbahn – Fähre
3) pink – orange – violett – beige
4) Lastkraftwagen – Personenkraftwagen – Cabrio – Van
5) Orange – Pfirsich – Kiwi – Pampelmuse
6) Füller – Bleistift – Kugelschreiber – Filzstift
7) Eiche – Buche – Ahorn – Kastanie
8) Weitsprung – Hochsprung – Dreisprung – Stabhochsprung

8 Hier befindet sich in jeder Zeile ein Wort, das inhaltlich nicht in die Reihe passt. Nennt dieses „Kuckucksei“. Ordnet dann den übrig gebliebenen Wörtern einen Oberbegriff zu.

1) Regen – Schnee – Hagel – Donner
2) lispeln – brüllen – stammeln – stottern
3) faulig – muffig – süß – beißend
4) Bernhardiner – Mops – Dackel – Pinscher
5) Sessel – Sofa – Schemel – Stuhl
6) Boden – Keller – Fahrradraum – Küche
7) Cousine – Neffe – Onkel – Bruder
8) Bach – Fluss – Strom – Kanal

9 Die folgende Aufgabe könnt ihr als Spiel gestalten. Setzt euch in Gruppen zu fünft oder sechst zusammen.
Denkt euch zunächst jeder für sich einen Oberbegriff aus und schreibt ihn auf einen Zettel.
Der Spielleiter sammelt die Zettel ein und nennt einen Oberbegriff.
Die anderen müssen möglichst viele Unterbegriffe dazu aufschreiben.
Für jeden Unterbegriff gibt es einen Punkt, für unpassende Unterbegriffe wird je ein Punkt abgezogen.
Wer die meisten Punkte hat, ist Sieger.

Teste dein Grammatikwissen!

Genau wie in der Rechtschreibung kannst du hier dein Grammatikwissen testen. Nimm dir wieder ausreichend Zeit für die Lösung der folgenden Aufgaben. Vergleiche danach deine Ergebnisse mit denen auf der Lösungsseite. Auch hier gilt: Sieh dir die Lösungen nicht schon vorher an. Der Test hätte dann keinen Sinn!

1 In unserer Sprache gibt es verschiedene Wortarten, von denen du schon einige kennen gelernt hast. Lies den folgenden Text aufmerksam. Welche Wortarten werden unter 1) bis 5) beschrieben? Schreibe sie nach den Ziffern geordnet auf.

1) Diese Wörter können als einzige in verschiedenen Personal- und Zeitformen stehen. Sie geben im Satz an, was geschieht bzw. getan wird.

2) Mit diesen Wörtern kann man Dinge und Lebewesen anschaulich und genau kennzeichnen, sodass man diese gut voneinander unterscheiden kann. Nur wenige von den Wörtern kann man nicht steigern.

3) Gäbe es diese Wörter nicht, dann könnte man die meisten Texte gar nicht verstehen. Sie bezeichnen nämlich Lebewesen, Gegenstände, aber auch Gedanken, Gefühle und Vorstellungen. Sie können in allen vier Fällen im Text vorkommen.

4) Damit die Wörter aus 3) in Texten nicht immer wiederholt werden müssen, können diese durch andere Wörter ersetzt werden. Sie stehen also für Personen, aber auch für Sachen.

5) Diese Wörter stehen sehr oft vor den Wörtern aus 3). An ihnen kann man schnell erkennen, zu welchem grammatischen Geschlecht diese gehören.

S. 247

2 Bilde mit den neun Wörtern einen Satz und schreibe ihn auf.
FREUNDIN SEHR PFERDEGESCHICHTEN IN LIEST MEINE DER GERN FREIZEIT

3 Mit welcher Probe kannst du ermitteln, wie viele Satzglieder dieser Satz enthält? Schreibe den Namen dieser Probe und die Zahl der Satzglieder auf.

4 Der folgende Satz enthält fünf Satzglieder. Schreibe sie einzeln heraus. Um welche Satzglieder handelt es sich jeweils?
Vorgestern hat mir mein Bruder eine E-Mail geschickt.

5 Übernimm die unten stehende Übersicht in dein Heft. Ordne die folgenden Wörter richtig zu.
Spielschluss – verdienen – fleißig – Klarheit – entkommen – Schlusssatz – belohnen – Wanderung – Satzzeichen

1) zusammengesetzte Wörter: ...
2) abgeleitete Wörter mit Präfix: ...
3) abgeleitete Wörter mit Suffix: ...

Gewusst wie: Einen Text erschließen

Auf den nächsten vier Seiten findet ihr Arbeitsschritte, mit deren Hilfe ihr euch grundsätzlich den Inhalt unbekannter Texte **er-lesen**, **verstehen** und **erarbeiten** könnt.
Diese Arbeitsschritte könnt ihr auch auf jeden neuen Text, den ihr noch nicht kennt, übertragen.
Auf geht's:

1 Der folgende Sachtext beschäftigt sich mit dem Thema „Schimpansen". Er enthält viele interessante Informationen zu verschiedenen Aspekten.
Aber: Ihr sollt den Text jetzt noch nicht lesen!
Notiert euch **vor dem Lesen** zunächst einmal ein oder zwei Fragen über Schimpansen, die ihr gerne aus dem Text beantwortet hättet.
Was fressen Schimpansen eigentlich?
Wo ...

2 **Überfliegt** den Text nun mit euren Augen und **orientiert** euch über den Inhalt.
Einen Text **überfliegen** bedeutet, dass jeder von euch den Text so schnell wie möglich **still** liest.
So könnt ihr euch **orientieren**,
- wenn ihr euch einen Überblick verschaffen wollt oder
- wenn ihr Genaueres zu einer Fragestellung oder einem Gesichtspunkt entnehmen möchtet.

Tipps für das orientierende Lesen

- mit dem Finger oder Stift etwa in der Mitte der Zeile nach unten fahren und dabei immer ein klein wenig nach links und rechts blicken (**vertikal**),

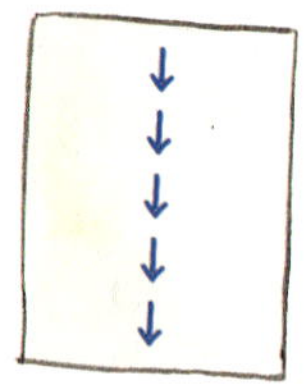

- von links oben nach rechts unten fahren und auch immer ein wenig nach rechts und links sehen (**diagonal**),

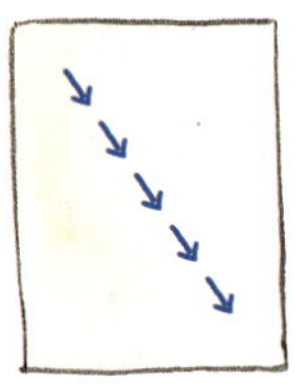

- von oben links nach rechts fahren, etwas weiter unten wieder nach links, dann weiter nach rechts und immer so fort (**spiralförmig**) und dabei Wörter und Wortgruppen aufnehmen, die wichtig erscheinen.

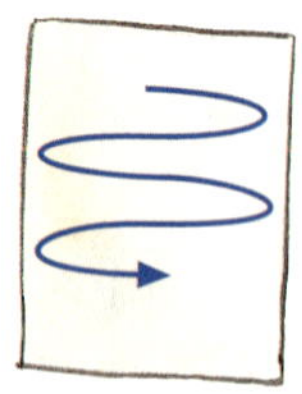

Schimpansen

Schimpansen sind die wohl bekanntesten und beliebtesten Affen. Was sie so interessant macht, ist ihre große Ähnlichkeit mit uns Menschen. Ihre Heimat ist Afrika. In Tierfilmen kann man sehen, wie die natürliche Umgebung der Affen aussieht. Sie leben dort im dichten Regenwald. Die meiste Zeit verbringen sie auf Bäumen, die sie oft durch weite Sprünge erreichen. Man findet sie aber auch in der Savanne, wo es nur kleine Büsche und wenige Bäume gibt. Dort bewegen sie sich meistens am Boden im „Knöchelgang“: Sie laufen auf allen Vieren und stützen sich dabei auf die eingeknickten Finger ihrer Hände.

Wo die Schimpansen leben

Schimpansen tragen fast am ganzen Körper ein schwarzes Fell. Nur die Innenflächen der Hände, die Fußsohlen und das Gesicht sind unbehaart. Bei jungen Affen ist diese Haut noch hellrosa, später dunkelt sie nach, bis sie fast schwarz ist wie das Fell. Alte Schimpansen besitzen oft einen weißen Bart und eine kahle Stirn wie eine menschliche Glatze. Mit ihren großen Ohren, die etwas vom Kopf abstehen, können die Tiere auch leise Geräusche hören. Über den braunen Augen wölben sich breite nackte Augenbrauen. Ihre langen Finger und Zehen sind beim Klettern sehr nützlich.

Mindestens vier Stunden am Tag verbringen die Tiere mit Fressen. Hat einer von ihnen einen Baum mit reifen Früchten entdeckt, schreit er laut und die anderen stürmen herbei. Nun können sich alle satt essen. Bevor die Affen am Abend ihr Schlafnest bauen, fressen sie ihre Abendmahlzeit: Blätter und frische Baumtriebe. In Notzeiten nehmen sie auch mit einfacher Baumrinde und Harz vorlieb. Ihre absolute Lieblingsspeise sind Termiten und Honig, aber die gibt es nicht jeden Tag. Schimpansen fressen sogar Fleisch. Hin und wieder gehen die Männchen auf die Jagd. Wenn sie Glück haben, erbeuten sie eine junge Antilope oder ein kleines Buschschwein. Aber das gelingt ihnen nur mit Schnelligkeit und guter Teamarbeit.

3 Macht jetzt die Bücher zu.
- Was habt ihr vom Inhalt des Textes behalten? Tauscht euch aus.
- Welche von euren Fragen hat der Text beantwortet?

4 Um die folgenden Aufgaben bearbeiten zu können, müsst ihr den Text jetzt **genau** lesen. Arbeitet mit einer Kopie oder legt eine Folie über den Text. Nun könnt ihr:
- wichtige Wörter oder Wortgruppen markieren oder unterstreichen;
- am Rand ein Fragezeichen notieren, wenn euch etwas nicht klar ist;
- Wörter, deren Bedeutung ihr noch nicht kennt, in einem Wörterbuch oder Lexikon nachschlagen. Ihr könnt auch versuchen, die Bedeutung des Wortes aus dem Zusammenhang des Textes zu klären.

5 Der erste Textabschnitt hat schon eine Zwischenüberschrift erhalten. Gib auch den beiden anderen Abschnitten passende Überschriften.

6 Markiere nun im zweiten und dritten Abschnitt Stichwörter, die Informationen zu deinen Zwischenüberschriften geben. Im ersten Abschnitt findest du dazu schon einige Stichwörter markiert.

7 Übertrage nun die folgende Tabelle in dein Heft. Trage anschließend die markierten Stichwörter aus dem Text in die richtige Spalte ein. Vergleicht eure Ergebnisse anschließend miteinander.

Schimpansen

Wo leben sie?	Wie sehen sie aus?	Was fressen sie?

Dass Schimpansen kluge Tiere sind, habt ihr bestimmt schon gewusst. Sie benutzen verschiedene Dinge sogar als Werkzeuge. Das macht sonst nur der Mensch. Die wichtigsten Hilfsmittel für Schimpansen sind Steine, Stöcke, kleine Zweige und Blätter. Doch was machen die Affen mit diesen Gegenständen? Im nächsten Abschnitt findet ihr einige interessante Antworten.

Wozu benutzen Schimpansen Werkeuge?

Sehr geschickt suchen sich Schimpansen Werkzeuge, die sie zu unterschiedlichen Zwecken gebrauchen. Meistens geht es dabei ums Fressen. Einige Nüsse haben eine so harte Schale, dass die Affen sie mit ihren Zähnen nicht knacken können. Dazu benutzen sie dann mittelgroße **Steine** als Hammer. Aber sie werfen auch damit, um sich zu verteidigen, etwa gegen ihren Erzfeind, den Leoparden. Mit **Stöcken** können Schimpansen eine Menge anfangen, zum Beispiel in Baumlöchern nach Käfern stochern. Mit diesem Trick kommen sie auch an ihre Lieblingsspeise heran: Sie angeln Termiten aus dem Bau und lutschen sie vom Stöckchen ab.

Nach dem Fressen achten Schimpansen sehr auf Sauberkeit. Man hat beobachtet, dass sie **kleine Zweige** als Zahnstocher benutzen. Auch **Blätter** sind sehr nützlich. Die Affen rubbeln sich damit ihr Fell sauber oder benutzen sie als Serviette, wenn ihre Finger vom Saft der Früchte verklebt sind. Ihren Durst löschen Schimpansen auf eine besondere Art: Sie zerkauen mehrere Blätter und tauchen sie wie einen Schwamm ins Wasser. Den drücken sie dann über ihrem Mund aus.

8 Markiere entsprechende Stichwörter im Text. Beantworte die Frage mit Hilfe der Stichwörter. Schreibe kurze Sätze auf.

- Schimpansen benutzen Steine als Hammer, um harte Nüsse zu knacken.
- Sie werfen mit Steinen, um sich …

9 Hier kannst du noch einmal üben! Suche im Text die entsprechenden Stichwörter und beantworte dann die Frage in kurzen Sätzen.

Wie verständigen sich Schimpansen untereinander?

Schimpansen leben in lockeren Gruppen von 80 Tieren und mehr. Da gibt es immer viel Lärm und Aufregung. Freunde begrüßen sich mit lautem Geschrei, umarmen sich und klopfen einander auf den Rücken. Manchmal kommt es zum Streit. Dann gehen sich die Gegner aus dem Weg und halten Abstand. Das dauert aber meistens nicht lange. Dann streckt der eine Affe dem anderen die Hand hin, als wenn er sagen wollte: „Sei doch wieder gut zu mir!" Schimpansen kennen in ihrer Sprache auch viele verschiedene Laute, mit denen sie sich verständigen. Sie grunzen zufrieden, wenn sie sich wohl fühlen. Aber wenn ihnen irgendetwas nicht passt, kreischen sie ganz laut, dass man es wohl hören kann. Die Affen können sogar lächeln und lachen – oder die Zähne fletschen. Was sie damit sagen wollen, könnt ihr euch sicherlich denken.

10 Bearbeite den folgenden Text über Gorillas einmal ganz allein:

- Überlege dir ein oder zwei Fragen, die du aus dem Text gerne beantwortet hättest.
- Überfliege den Text nun in einem ersten Lesen. Beachte die Tipps fürs **orientierende Lesen** auf Seite 224.
- Schreibe auf, was du nach dem Überfliegen behalten hast.
- Nun lies den Text genau. Markiere dabei wichtige Wörter oder Wortgruppen.
- Unbekannte Wörter klärst du aus dem Zusammenhang oder du schlägst sie nach.
- Gib den Abschnitten Zwischenüberschriften.
- Notiere zu jedem Abschnitt Stichwörter.
- Formuliere aus deinen Stichwörtern kurze Sätze.
- Stell den anderen deine Ergebnisse vor.

Sanfte Riesen

Die Heimat der Gorillas ist Zentralafrika. Es gibt zwei Arten, den Flachlandgorilla und den Berggorilla. Alle Gorillas fühlen sich am wohlsten in dichten Wäldern mit vielen Büschen und Sträuchern. Die meiste Zeit verbringen sie am Boden. Nur die Jungtiere turnen gerne in den Bäumen herum. Eine Familie besteht oft aus zehn, manchmal sogar aus 35 Tieren. Sie wird von einem großen „Silberrücken" angeführt. So nennt man Gorillamänner, wenn sie erwachsen sind. Dann färbt sich ihr Rückenfell silbergrau. Zur Familie gehören außerdem Weibchen mit ihren Babys und einige junge Männchen, die noch ein schwarzes Rückenfell haben.

Gorillas sind Langschläfer. Jeden Abend bauen sie sich am Boden ein gemütliches Nest aus dichten Blättern und schlafen darin manchmal 13 Stunden lang. Doch dann geht es los auf Nahrungssuche. Der Silberrücken bestimmt die Richtung. Auf dem Speiseplan stehen ungefähr 100 Pflanzenarten, z. B. Disteln, Bambussprossen und Baumrinde. Manchmal fressen Gorillas auch Schnecken, Würmer oder Insekten. Am liebsten aber mögen sie süße Früchte.

Nach der Mahlzeit ruhen sich die Tiere aus. Nur die Gorillakinder wollen noch spielen. Der Silberrücken ist ein guter Vater. Oft spielt er mit den Kleinen oder lässt sie auf seinem Rücken herumtoben. Nachts schlafen sie dicht neben ihm, denn dort fühlen sie sich am sichersten. Der Silberrücken verteidigt seine Familie auch gegen fremde Affen. Dabei kommt es aber nicht zum Kampf. Der Gorilla richtet sich zu seiner vollen Größe auf, schlägt sich auf die Brust und brüllt laut. Die Gegner suchen dann eingeschüchtert das Weite.

Gewusst wie: Gesprächsregeln

Es vergeht kein Tag, an dem ihr nicht miteinander sprecht.
Aber nicht immer sind eure Gespräche erfolgreich:
– Ihr verzettelt euch und kommt vom Thema ab;
– ihr bekommt Streit miteinander, weil ihr unterschiedlicher Meinung seid;
– ihr findet keine Lösung für ein Problem, weil ihr einander nicht zuhört.
Die folgenden **Tipps** sollen euch helfen, gute und erfolgreiche Gespräche zu führen.

Tipps für gute Gespräche

Die Vorbereitung:

- **Im Kreis sitzen**, damit alle sich anschauen können
- Jemanden bestimmen, der das **Gespräch leitet**
  (Das kann zunächst euer Lehrer/eure Lehrerin tun;
  erprobt das aber auch selbst, damit ihr diese Rolle lernt!)
- Das **Thema des Gespräches genau festlegen**
  Schreibt das Thema eventuell an die Tafel oder auf ein Plakat, damit alle es vor Augen haben.

Regeln für die Teilnehmer:

S. 20

- Sich durch **Heben der Hand** melden
- **Laut und deutlich** sprechen
- Das **Thema nicht aus dem Blick verlieren,** zur Sache reden
- Die **eigene Meinung** deutlich **äußern und begründen**
- An **vorherige Beiträge anknüpfen**

Was unbedingt zu einem guten Gespräch gehört:

- **Gut zuhören, nicht** stören oder ablenken
- Nicht einfach dazwischenreden, sondern **ausreden lassen**
- Andere **Meinungen zulassen** und **akzeptieren**
- Alle **Teilnehmer anschauen**
- **Niemanden beschimpfen** oder **lächerlich machen**

Der Ablauf (Aufgaben des Gesprächsleiters):

- Das **Gespräch einleiten**, das Thema nennen
- Die **Reihenfolge der Meldungen beachten**
- Das **Wort erteilen**
- Das **Gespräch zum Ziel lenken**
- Das **Ergebnis zusammenfassen**

Gewusst wie: Einen Text überarbeiten

Gedanken und direkte (wörtliche) Rede

Eine Geschichte ist erst dann interessant, wenn man sich in eine Handlung, in eine Situation oder in eine Person richtig hineinversetzen kann. Dazu gehört auch, dass ihr mitteilt, was Personen denken, sagen und fühlen. Ihr solltet also in euren Text Gedanken und direkte Rede einfügen.

1 Die folgende Geschichte hat der Schüler Robert verfasst.

Für den Nachmittag hatte ich mich mit Paul, Sandra und Sophie am Hafen verabredet. Wir fuhren nach der Schule in die Hafenstraße, um dort zu spielen. Das war eine Einbahnstraße mit einem Gefälle zum Hafenbecken. Eigentlich wurde sie nur selten von Autos befahren. Die beiden Mädchen kamen mit ihren Inlinern, Paul hatte ein Kickboard und ich hatte mein Skateboard dabei. Wir fuhren immer wieder die Straße hinab. Dabei fuhren wir von Mal zu Mal schneller und mussten ganz schön aufpassen, dass wir auf dem Platz vor dem Hafenbecken zum Halten kamen. Leider wurden wir nach kurzer Zeit von einem Autofahrer gestört. Der fuhr sein Auto an den Straßenrand genau in die Mitte unserer Rennstrecke, ließ es dort stehen und ging davon.

A Zuerst waren wir alle ganz schön sauer, denn jetzt konnten wir nicht mehr nebeneinander die Straße abwärts sausen. Dann hatte Sandra eine Idee.

B Wir suchten zuerst einmal kleine Gegenstände und legten sie auf die Straße. Wir hatten nun einen Slalomkurs erhalten. Sandra wollte ihn natürlich als Erste ausprobieren, da sie ja auch die Idee dazu gehabt hatte. Sie hätte das nicht tun sollen. Sie merkte schon nach dem zweiten Hindernis, dass sie zu schnell fuhr. Das Auto kam immer näher auf sie zu.

C Sie konnte zum Glück noch abbremsen, sodass sie sich nur leicht am Fahrzeug abstützen musste. Doch was war das? Sie hatte sich kaum von einem Schrecken erholt, da bekam sie einen noch viel größeren. Das Auto begann zu rollen!

D ...

An den Textstellen A–D lassen sich sehr gut direkte (wörtliche) Reden und Gedanken einfügen.

S. 159

2 Bei A könntet ihr z. B. eine direkte (wörtliche) Rede einsetzen. Wählt aus den Angeboten eine passende aus.

A

Paul sagte/meinte/schimpfte/meckerte/fluchte/schrie:
„Das ist gemein."/
„Hätte er nicht woanders halten können!"/
„Warum muss er ausgerechnet hier halten?"

Wenn du dir einen passenden Begleitsatz und eine direkte Rede ausgesucht hast, kannst du zwischen verschiedenen Möglichkeiten auswählen.

Du beginnst mit einem Begleitsatz:
Paul sagte: „Das ist gemein."

Der Begleitsatz endet mit einem Doppelpunkt.
Vor der direkten Rede stehen die Anführungszeichen unten.
Das erste Wort in der direkten Rede wird großgeschrieben.
Nach dem Satzschlusszeichen am Ende der direkten Rede stehen die Anführungszeichen oben.

Du beginnst mit der direkten Rede:
„Das ist gemein", sagte Paul.
„Das ist gemein!", rief Paul.

Zwischen der direkten Rede und dem Begleitsatz steht **immer** ein Komma. Das Komma steht immer nach den Anführungszeichen.
Nach dem Komma schreibt man klein weiter.
Zwischen direkter Rede und Begleitsatz gibt es **nie** einen Punkt.

3 Auch bei der Textstelle B könntet ihr gut eine direkte Rede einsetzen.

B

Sandra sagte/meinte/schlug vor/fragte:
„Wir könnten uns doch ein paar Hindernisse auf die Straße legen!"
„Was haltet ihr davon, wenn wir uns ein paar Hindernisse auf die Straße legen?"
„Mit ein paar Hindernissen auf der Straße wird das Fahren viel spannender."

Ihr könnt dazu wie in Aufgabe 2 verfahren; ihr könntet jedoch auch einmal probieren, den Begleitsatz in die direkte Rede zu schieben. Diese Möglichkeit ist eine interessante Abwechslung.

„Wir könnten uns doch", sagte Sandra,
„ein paar Hindernisse auf die Straße legen."

Vor und hinter dem Begleitsatz steht ein Komma.
Jede direkte Rede beginnt mit Anführungszeichen unten und endet mit Anführungszeichen oben.

C

4 Bei Textstelle C könntet ihr eine direkte Rede einsetzen.
Ihr könntet allerdings auch etwas über Sandras Gedanken schreiben.
Sie ahnt schon, dass sie dem Auto nicht ausweichen kann.
Was denkt sie? Was fühlt sie? Hat sie Angst sich weh zu tun?
Überlegt sie sich, wie sie dem Auto doch noch ausweichen kann?

Gedanken werden durch Verben wie *nachdenken, sich überlegen, denken* usw. eingeleitet.

Dabei überlegte sie sich, ob …
Dabei dachte sie: „O je …"

D

5 Bei der letzten Textstelle D sollt ihr nun allein entscheiden, was ihr einsetzen wollt.
Ihr habt ja jetzt verschiedene Möglichkeiten kennen gelernt.

6 Vergleicht in der Klasse die Beispiele, die bei den einzelnen Textstellen verwendet wurden.
Welche Lösungen haben euch besonders gut gefallen?

Treffende Adjektive

Die Leserinnen und Leser eurer Geschichte sollen sich das Geschehen, die Personen, Orte und Gegenstände genau vorstellen können. Ihr könnt ihnen dabei helfen, indem ihr durch treffende Adjektive und Verben euren Text möglichst anschaulich macht.
Die Menschen, Orte und Gegenstände in eurer Geschichte sind wie im richtigen Leben: *groß, klein, dick, dünn, schmal, neu, alt, zerkratzt, rostig usw.* Wenn diese Eigenschaften für euren Text wichtig sind, so solltet ihr das auch schreiben.

Hier ist noch einmal der Text von Robert (Seite 229).
Er hat sich schon viel Mühe gegeben, aber an manchen Stellen hätte er seine Geschichte doch noch anschaulicher gestalten können.

1 Überlegt euch, welche Adjektive ihr an den markierten Stellen (?) einsetzen könnt, um den Text anschaulicher zu gestalten. Lest euch aber zuerst den Text noch einmal durch.

a) Für den Nachmittag hatte ich mich mit Paul, Sandra und Sophie am Hafen verabredet.
b) Wir *fuhren* nach der Schule in die Hafenstraße, um dort zu spielen.
c) Das war eine (kleine ?) Einbahnstraße mit einem (starken ?) Gefälle zum Hafenbecken.
d) Eigentlich wurde sie nur selten von Autos *befahren.*
e) Die beiden Mädchen kamen mit ihren Inlinern, Paul hatte ein Kickboard und ich hatte mein (neues ?) Skateboard dabei.
f) Wir *fuhren* immer wieder die Straße hinab.
g) Dabei *fuhren* wir von Mal zu Mal schneller und mussten ganz schön aufpassen, dass wir auf dem (großen ?) Platz vor dem Hafenbecken zum Halten kamen.
h) Leider wurden wir nach kurzer Zeit von einem Autofahrer gestört.
i) Der *fuhr* sein (rostiges ?) Auto an den Straßenrand genau in die Mitte unserer (schönen ?) Rennstrecke, ließ es dort stehen und ging davon.

Wiederholungen

Beim Überarbeiten der Satzanfänge hat Robert festgestellt, dass er häufig das Verb *fahren* verwendet hat. Das stört ihn und er möchte einige Wiederholungen durch andere passende Verben ersetzen.

1 Welche anderen Verben aus dem Wortfeld *fahren* passen in Roberts Text? Tauscht euch aus oder schlagt in einem Wörterbuch nach. Vielleicht enthält es Angebote zu diesem Wortfeld.

Manchmal ist es sogar besser, ein Verb aus einem anderen Wortfeld zu verwenden. Hier ist ein Beispiel:
Sie wurde eigentlich nur selten von Autos befahren.

Für diesen Satz könntet ihr auch schreiben:
Sie wurde eigentlich nur selten von Autos benutzt.
Eigentlich kamen hier nur selten Autos vorbei.

2 Welches neue Verb könntet ihr im folgenden Satz für *fahren* einsetzen?

Wir fuhren immer wieder die Straße hinab.

3 Erprobt verschiedene Möglichkeiten und vergleicht.

Wirkungsvolle Satzanfänge

Robert war froh, dass ihm eine gute Idee für den Inhalt seiner Geschichte eingefallen ist. Bei seinem ersten Entwurf hat er deshalb gar nicht so sehr auf die Satzanfänge geachtet. Beim Durchlesen stellt er nun fest, dass sich die Satzanfänge im zweiten Teil seiner Geschichte sehr ähneln. Ihm fällt auf, dass ganz viele Sätze mit Personen beginnen.
Damit er beim Überarbeiten die Sätze wiederfindet, unterstreicht er zuerst einmal die Satzanfänge.

Zuerst waren wir alle ganz schön sauer, denn jetzt konnten wir nicht mehr nebeneinander die Straße abwärts sausen. Dann hatte Sandra eine Idee. Wir suchten zuerst einmal kleine Gegenstände und legten sie auf die Straße.

a) Wir hatten nun einen Slalomkurs erhalten.
b) Sandra wollte ihn natürlich als Erste ausprobieren, da sie ja auch die Idee dazu hatte.
c) Sie hätte das nicht tun sollen.
d) Sie merkte schon nach dem zweiten Hindernis, dass sie zu schnell fuhr.
Das Auto kam immer näher auf sie zu.
e) Sie konnte zum Glück noch abbremsen, sodass sie sich nur leicht am Fahrzeug abstützen musste.
Doch was war das?
f) Sie hatte sich kaum von einem Schrecken erholt, da bekam sie einen noch viel größeren.
Das Auto begann zu rollen!

Robert stellt fest, dass er die Satzanfänge ganz einfach verändern kann. Er muss dazu nur andere Satzteile als die Personen durch Umstellen an den Satzanfang bringen.
Außerdem findet er, dass sein Text durch die veränderte Betonung der Satzteile interessanter wird.

1 Verändert für Robert die unterstrichenen Satzanfänge.
Diese Aufgabe könnt ihr mündlich oder schriftlich durchführen.
a) Nun hatten wir …

2 Lest euch zum Abschluss den ganzen Text mit euren Veränderungen gegenseitig vor.

Eine interessante Überschrift finden

In einer guten Geschichte steckt viel Zeit und Mühe.
Also müsst ihr die Aufmerksamkeit der Leserinnen und Leser auf euren Text lenken. Das könnt ihr gut durch eine Überschrift erreichen. Sie soll Interesse wecken, neugierig machen, darf aber auch nicht zu viel verraten, weil sonst der Reiz zum Lesen verloren geht.

Eine Überschrift sollte schon etwas mit dem Inhalt einer Geschichte zu tun haben. Stellt euch vor, ihr versprecht in der Überschrift eine Sensation, die im Text gar nicht vorkommt!

Oder ihr habt eine Überschrift gewählt, die so allgemein ist, dass sie zu ganz vielen Geschichten passt. Eure Leser würden sich dann vielleicht einen Text aussuchen, dessen Überschrift stärker ihre Neugierde weckt. Es lohnt sich also, etwas mehr Zeit für eine gute Überschrift zu verwenden.

1 Seht euch einmal die folgenden Überschriften zum Text über das Auto im Hafenbecken an. Welche Überschriften würdet ihr wählen, welche gar nicht? Könnt ihr eure Entscheidung begründen?

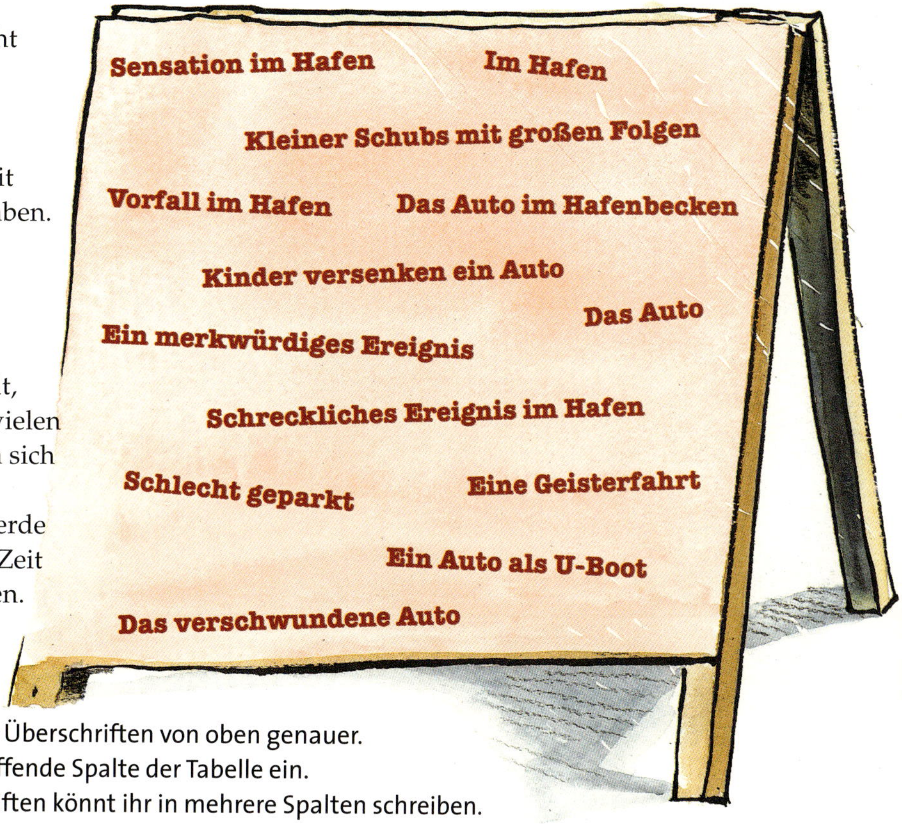

2 Untersucht doch einmal die Überschriften von oben genauer. Ordnet sie dazu in die zutreffende Spalte der Tabelle ein. Achtung! Manche Überschriften könnt ihr in mehrere Spalten schreiben.

Die folgende Überschrift …

… macht neugierig, passt aber nicht zum Vorfall	… passt zum Vorfall, macht aber nicht neugierig	… ist zu allgemein und passt für ganz viele Geschichten	… macht neugierig und passt zum Vorfall
Sensation im Hafen	Das Auto	?	?

3 Vielleicht seid ihr der Meinung, dass von den Überschriften keine so richtig zu eurem Text passt. Dann stellt eure eigene Überschrift vor und befragt die Klasse nach ihrer Meinung.

Wörter berichtigen

Nehmen wir einmal an, du hast in einem Diktat oder Aufsatz vier Fehler gemacht. Du willst diese Wörter nun berichtigen, damit du sie nicht noch einmal falsch schreibst. Schließlich möchtest du ja aus diesen Fehlern etwas lernen.

Hier sind Sätze, in denen ein Kind jeweils einen Fehler gemacht hat:

Wir sind an eine alte <u>Buhde</u> gekommen.
Sein Freund <u>komt</u> zum Geburtstag.
Nachts waren wir alle etwas <u>engstlich</u>.
Das war ein gutes <u>Ergebniß</u>.

Berichtigung

Zuerst musst du natürlich wissen, wie diese Wörter richtig geschrieben werden. Vielleicht hat sie dir deine Lehrerin oder dein Lehrer schon berichtigt.
Wenn nicht, musst du sie im Wörterbuch nachschlagen.
Und dann bekommst du heraus, dass sie so aussehen:

Bude, kommt, ängstlich, Ergebnis.

Und jetzt sollst du diese Wörter üben. So macht es Sinn:

- **Abschreiben, Fehlerstelle unterstreichen**
  Schreibe die Wörter ab und unterstreiche die Stelle, die du falsch geschrieben hast.
  <u>ä</u>ngstlich ...

- **Wörter in Sätzen verwenden**
  Alle Wörter, auch die falschen, verwendest du in einem sinnvollen Satz.
  Deshalb solltest du sie beim Üben auch noch einmal im ganzen Satz schreiben. Bilde also mit jedem Wort einen kurzen Satz, am besten einen anderen als im Diktat!
  Dieser Hund war sehr <u>ängstlich</u>!

Wortfamilien zusammenstellen
Besonders gut übt man Wörter dadurch, dass man verschiedene Formen von einem Wort bildet. Das klappt zwar nicht bei jedem Wort, doch bei vielen ist es möglich. Dabei seht ihr, dass die Wörter einer Wortfamilie oft ähnlich aussehen. In dieser Wortfamilie gibt es zum Beispiel Wörter mit **ä** und mit **a**.
ängstlich, Angst, beängstigend, angstvoll

Eine Regel angeben
Bei manchen Wörtern kannst du auch eine Regel angeben, die du schon gelernt hast. Vielleicht weißt du ja schon, dass das **ä** von *ängstlich* von dem **a** von *Angst* abstammt. Dann kannst du schreiben:
Das ä bei ängstlich kommt vom a bei Angst.

Wörter mit gleichen Suffixen oder Präfixen suchen
Manchmal musst du auf die Präfixe oder Suffixe von Wörtern achten. Da kann es hilfreich sein, wenn du mehrere Wörter mit solchen Wortbausteinen sammelst, die genau gleich sind. Unterstreiche die gleichen Wortbausteine:
ängstlich, freundlich, glücklich

Und so könnte am Ende eine Berichtigung zum Beispiel eines falsch geschriebenen Wortes wie *zehlten* aussehen:

Das Fehlerwort richtig aufschreiben und die Fehlerstelle unterstreichen:
zählten
Einen Satz mit dem Fehlerwort schreiben:
Sie zählte ihr Geld.
Einige Wörter der Wortfamilie zusammenstellen:
zählen, zählt, Zahl, bezahlen
Wenn du eine Regel kennst, schreibe sie auf:
Das ä in zählen kommt von dem a in Zahl.

1 Berichtige auch die anderen Wörter von Seite 236 auf gleiche Weise. Wenn du dich nicht mehr an die Regeln erinnerst, dann sieh noch einmal in die Kapitel zur Rechtschreibung: bei *Bude* (Seite 134, 135), bei *kommt* (Seite 131).

Mit dem Wörterbuch arbeiten

Du schlägst im Wörterbuch ein Wort nur dann nach,
wenn du nicht sicher bist, ob es so oder anders geschrieben wird.

Fremdwörter nachschlagen

Wörter mit R

RAUDI	REMULADE
REPTIL	RÜTMUS
RISIKO	REKORD
REKLAME	REUMATISMUS
REKORDER	REGISSÖR
RABARBER	RATZIA
REWOLWER	RAFINIRT
RULETT	RULADE

Rou | ti | ne *franz. [rutine]*, die (Erfahrung, Fertigkeit; gewohnheitsmäßige Ausübung einer Tätigkeit); routiniert (geschickt, geübt)
Row | dy *engl. [raudi]*, der: des Rowdys, die Rowdys; (gewalttätiger Mensch)
rub | beln (kräfig reiben); das Rubbelspiel

Diese 16 Wörter sind hier so geschrieben,
wie man sie ausspricht.
Nimm an, du weißt nicht, wie diese
Wörter geschrieben werden.
Du musst sie also im Wörterbuch nachschlagen.

Natürlich findest du sie alle unter dem Buchstaben **R**.
Doch wenn du sie rasch finden willst,
musst du unter dem Zweitbuchstaben nachschlagen,
also unter dem Buchstaben, der nach dem **R** steht.

Beachte, dass es Fremdwörter gibt,
die mit **Rh** geschrieben werden.
Also wirst du dann an verschiedenen Stellen nachschlagen.

1 Suche die Wörter in deinem Wörterbuch
und schreibe sie untereinander auf.
Achtung: Eins dieser Wörter wird kleingeschrieben!
Und: Von zwei Wörtern gibt es **zwei** Schreibweisen!

Hinter einem Stichwort, das aus einer Fremdsprache stammt, steht in den meisten Wörterbüchern, aus welcher Sprache es kommt. Die Fremdsprachen sind meist abgekürzt:
lat. = lateinisch, franz. = französisch, engl. = englisch,
griech. = griechisch, ital. = italienisch, russ. = russisch,
amerik. = amerikanisch …

Hinter den Stichwörtern findest du auch Angaben darüber, wie der Plural (Mehrzahl) des Wortes lautet.

2 Schreibe hinter die Wörter, die du herausgesucht hast, den Plural.
Schreibe dann auch ihre Bedeutung auf:
Rowdy: (englisch) die Rowdys; gewalttätiger Mensch

Die unten stehenden Wörter spricht man am Anfang alle mit **k** aus:
KARAKTER …

Du musst sie aber im Wörterbuch an ganz verschiedenen Stellen suchen, wenn du nicht weißt, wie sie geschrieben werden, z. B. dann, wenn sie mit **C** oder **Ch** beginnen: *Charakter …*

Cha | rak | ter *griech.*, der: des Charakters, die Charaktere; (Wesensart, sittliches Verhalten); der Charakter einer Landschaft – Charakter haben, beweisen; die **Charakteristik**, das **Charakteristikum** (typisches Kennzeichen); **charakterfest**, **charakteristisch**, **charakterlich**, **charakterlos**; **charakterisieren**

Wörter mit C, Ch oder K?

? ARAKTER	? ASSETTE
? ARAVAN	? REM
? LOWN	? LUB
? ABRIO	? OTELETT
? OMMISSAR	? AOS
? OMPUTER	? USINE
? ONTAINER	? HEMIE
? OMET	? LIQUE

3 Suche diese Wörter im Wörterbuch. Du musst vielleicht an zwei verschiedenen Stellen nachschlagen, unter **c** und unter **k**.
Schreibe die Wörter dann untereinander auf.
Achtung: Vier der Wörter kann man auf verschiedene Arten schreiben!

Auch bei Wörtern, die du am Anfang mit einem **f** oder **w** aussprichst, ist es manchmal nicht ganz einfach. Hier musst du unter Umständen sogar an drei verschiedenen Stellen nachschlagen, denn sie können mit **F**, **Ph** oder **V** beginnen.

Phan | tom, das: des Phantoms, die Phantome; (Trugbild; Comicfigur); das Phantombild (nach Zeugenaussagen gezeichnetes Porträt eines gesuchten Täters)

Wörter mit F, Ph oder V?

? AKIR
? ITAMINE
? ANTASIE
? AGABUND
? ERS
? INALE

? ENTIL
? ANTOM
? OTOGRA?IE
? ATA MORGANA
? ELGE
? ISAGE

4 Suche auch diese Wörter im Wörterbuch und schreibe sie richtig auf.
Achtung: Zwei dieser Wörter kann man auf verschiedene Arten schreiben!

Nachschlagspiele

Die folgenden Spiele dienen der Wiederholung der Nachschlagetechnik. Es geht darum, im Wörterbuch etwas möglichst schnell zu finden. Die Spiele könnt ihr als Klassen-, Gruppen- oder Partnerwettkampf durchführen. Jeder einzelne von euch kann sie aber auch für sich selbst – gegen die Zeit – spielen. Wichtig dabei ist, dass ihr in der Klasse alle das gleiche Wörterbuch habt!

Und wie kann man das spielen?

- Als Spiel in der ganzen Klasse:
  Wer die Lösung gefunden hat, ruft sie in die Klasse. Danach spielen nur noch die anderen weiter.

- Als Gruppenwettkampf:
  Die Gruppe, die eine Aufgabe am schnellsten gelöst hat, ist Sieger.

- Als Partnerspiel:
  Wer von beiden die Wörter (oder Seitenzahlen) am schnellsten richtig aufgeschrieben hat, ist Sieger.

- Als Spiel gegen die Uhr:
  Schau auf die Uhr – und leg los! Schreibe dann die Minuten und Sekunden auf, in denen du es geschafft hast, alle Wörter oder Seitenzahlen richtig aufzuschreiben. Spiele das Spiel an mehreren Tagen hintereinander. Vielleicht wirst du ja immer besser.

Das erste Wort unter einem Buchstaben suchen
Suche ganz schnell das jeweils erste Wort
unter den Buchstaben *F, P, E, W.*

Das letzte Wort unter einem Buchstaben
Suche das jeweils letzte Wort
unter den Buchstaben *V, P, G, D.*

Das erste Wort unter einem Zweit- oder Drittbuchstaben
Suche ganz rasch das erste Wort,
das mit *Bu, Fu, To, Sta* beginnt.

Wörtersuche
Suche ganz schnell folgende zehn Wörter.
Nenne die Seitenzahlen, auf denen du sie gefunden hast.
Gespenst, Kiosk, Fratze, Galopp, Shorts, Schienbein,
Fohlen, Pfahl, Sport, Drachen

Herkunftssprache
Suche ganz schnell heraus, aus welchen Sprachen
die folgenden Fremdwörter stammen.
Nenne die Sprachen, die im Wörterbuch angegeben sind.
Kakao, Omelett, Kaffee, Orang-Utan, Känguru,
Camping, Mathematik, Medizin

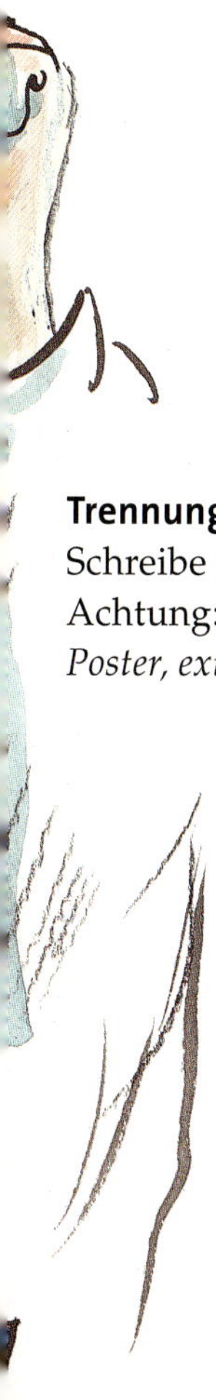

Trennungsstriche
Schreibe ganz rasch auf, wie man die folgenden Wörter trennt.
Achtung: Es gibt manchmal zwei Möglichkeiten!
Poster, extra, hinein, wackeln, lustig, Schaschlik, Tablett

So oder so?
Die folgenden Wörter kann man auch anders schreiben.
Suche so schnell wie möglich alle Wörter heraus
und schreibe die andere Schreibweise auf.
Fantasie, Ketschup, Majonäse, Delfin, Portemonnaie,
Tunfisch, Joghurt, Yoga

Fachausdrücke der Grammatik und Rechtschreibung

abgeleitetes Wort
durch das Anfügen von Präfixen wie *miss-*, *ent-*, *un-* und Suffixen wie *-heit*, *-schaft*, *-lich* an den Wortstamm können viele neue Wörter gebildet werden: *glück**lich**, **ent**scheiden, Zufrieden**heit***
→ Präfix, Suffix

Adjektiv
Wortart; Adjektive geben an, was jemand oder etwas ist *(das **blonde** Mädchen)* und wie etwas vor sich geht *(Der Sieg fiel uns **leicht**.)*. Wichtigstes Erkennungszeichen des Adjektivs: Alle Adjektive können zwischen Artikel und Substantiv vor-kommen *(ein **leichter** Sieg)*.
Viele Adjektive lassen sich steigern:
lieb – lieber – am liebsten
→ Steigerung

Adverbial
Satzglied, auch adverbiale Bestimmung/Umstandsbestimmung;
***Wegen des starken Sturms** stürzte **am Freitagmorgen** ein 15 Meter hoher Baum **mit voller Kraft auf die Straße**.*
Man unterscheidet vier Arten:
- Adverbial der **Zeit** *(wann?): am Freitagmorgen;*
- Adverbial des **Ortes** *(wo?, wohin?): auf die Straße;*
- Adverbial des **Grundes** *(warum?): wegen des starken Sturms;*
- Adverbial der **Art und Weise** *(wie?): mit voller Kraft.*

Akkusativ
Deklinationsform, 4. Fall, Wenfall; er antwortet auf die Frage *„wen/was/wohin?" (den Hund, das Spiel. auf den Schulhof)*
→ Fall

Akkusativobjekt
Satzglied; Ergänzung des Prädikats durch ein Substantiv oder Pronomen im Akkusativ. Das Akkusativobjekt kann man mit den Fragen *„wen?" (Er trifft **seinen Freund/ihn**.)* bzw. *„was?" (Wir bauen **ein Haus/es**.)* ermitteln.

Artikel
Wortart; Begleiter des Substantivs; man unterscheidet zwei Arten:
bestimmter Artikel: ***der** Hof, **die** Wiese, **das** Haus* (Singular), ***die** Höfe, Wiesen, Häuser* (Plural);
unbestimmter Artikel: ***ein** Hof, **eine** Wiese, **ein** Haus.*

Attribut
Mit einem Attribut können Substantive näher bestimmt werden: *der **junge** Lessing.*
Attribute können nur mit dem Satzglied insgesamt umgestellt werden, sie sind Satzgliedteile.

Aufforderungssatz
Satzart; in geschriebenen Texten steht am Ende einer nachdrücklichen Aufforderung oder eines Wunsches ein Ausrufezeichen. Es zeigt an, dass der Leser den Satz eher als Aufforderung oder Wunsch verstehen soll:
Gib mir bitte dein Heft! Käme er doch einmal pünktlich!

Auslaut
Am Ende eines Wortes oder einer Silbe stehender Laut; die Auslaute *[b]*, *[d]*, *[g]* werden *[p]*, *[t]*, *[k]* gesprochen, aber *b*, *d*, *g* geschrieben. Die Schreibung kann durch die Strategie Langform bilden ermittelt werden: *der Raub – rauben, das Kleid – kleiden, der Berg – die Berge.*

Ausrufezeichen
Satzschlusszeichen
→ Aufforderungssatz

Aussagesatz
Satzart; in geschriebenen Texten steht am Ende eines Aussagesatzes ein Punkt. Er zeigt an, dass der Leser den Satz eher als eine Aussage, eine Information an ihn verstehen soll: *In Dresden hat es heute den ganzen Tag geregnet.*

Begleitsatz
Teil der direkten Rede; der Begleitsatz kann dem Redeteil **vorangestellt** sein:
***Sie fragte:** „Kommst du morgen mit in den Zirkus?"*
er kann dem Redeteil auch **nachgestellt** sein:
*„Kommst du morgen mit in den Zirkus?", **fragte sie.***
→ direkte Rede

Dativ
Deklinationsform, 3. Fall, Wemfall; er antwortet auf die Frage *„wem?/wo?": dem Hund, auf dem Schulhof*
→ Fall

Dativobjekt
Satzglied; Ergänzung des Prädikats durch ein Nomen oder Pronomen im Dativ. Das Dativobjekt kann man mit der Frage *„wem?"* ermitteln:
*Das Buch schenke ich **meiner Freundin/ihr**.*

Deklination
Beugung (Flexion) von Nomen, Pronomen, Artikel, Adjektiven nach den vier Fällen:
das interessante Spiel, des interessanten Spiels, dem interessanten Spiel, das interessante Spiel; du, deiner, dir, dich.
→ Fall

direkte Rede
auch wörtliche Rede; mit ihr kann das, was eine Person gesprochen hat, direkt wiedergegeben werden:
*Peter fragt: „**Wann können wir endlich gehen?**"*
→ Begleitsatz, Redeteil

Fall
Form der Deklination von Nomen, Pronomen, Artikeln, Adjektiven. Man unterscheidet vier Fälle:
– **Nominativ** (1. Fall): *der große Sieger,*
– **Genitiv** (2. Fall): *des großen Siegers,*
– **Dativ** (3. Fall): *dem großen Sieger,*
– **Akkusativ** (4. Fall): *den großen Sieger.*

Femininum
grammatisches Geschlecht (weiblich):
die Überraschung, die Gabel, eine Sorte.
→ grammatisches Geschlecht

Fragesatz
Satzart; in geschriebenen Texten steht am Ende eines Fragesatzes ein Fragezeichen. Es zeigt an, dass der Leser den Satz eher als Frage verstehen soll: *Wie hast du das nur geschafft? Kommst du morgen? Pitt spielt nicht mit?*

Fragezeichen
Satzschlusszeichen; → Fragesatz

Fugenelement
Buchstaben, die zwischen die Teile eines zusammengesetzten Wortes eingefügt werden, damit das Wort leichter auszusprechen ist: *Hose**n**träger, Mittag**s**pause, Hund**e**fell*

Futur
Zeitform des Verbs; das Futur wird vor allem verwendet, wenn man über etwas spricht oder schreibt, was vielleicht noch passieren wird:
*Am Ende **werden** wir doch noch **gewinnen**.*

gebeugte Verbform
nach Person, Zahl und Zeit veränderte Form des Verbs, *auch* finite Verbform:
du sprichst, wir hielten an, er ist gekommen.
Gegensatz: ungebeugte Verbform

Genitiv
Deklinationsform, 2. Fall, Wesfall; er antwortet auf die Frage *„wessen?": **Richards** (wessen?) Fahrrad*

Genitivobjekt
Satzglied; Ergänzung des Prädikats durch ein Nomen oder Pronomen im Genitiv. Das Genitivobjekt kann man mit der Frage *„wessen?"* ermitteln: *Wir gedenken **der Opfer**.*

grammatisches Geschlecht
Form des Substantivs, die durch den Artikel angezeigt wird; man unterscheidet:
– **Maskulinum** (männlich): *der Berg,*
– **Femininum** (weiblich): *die Straße,*
– **Neutrum** (sächlich): *das Gebirge.*
Nur selten stimmt das grammatische Geschlecht mit dem natürlichen überein:
der Vater, die Mutter; **aber:** *das Mädchen.*

Hauptsatz
Satz, der allein vorkommt und für sich verständlich ist:
Wir gewinnen das nächste Spiel. Werden wir das nächste Spiel gewinnen? Gewinnt das nächste Spiel!

Hilfsverb
Es gibt drei Hilfsverben: haben, sein, werden; sie werden zur Bildung von Zeitformen des Verbs benötigt:
*Ich **habe** das nicht gewusst. Er **ist** seit Tagen verschwunden. Der Zug **wird** gleich ankommen.*

Imperativ
Aufforderungs-, Befehlsform des Verbs:
***Nimm** das weg! **Nehmt** das weg! **Nehmen** Sie das weg!*
→ Aufforderungssatz

Infinitiv
Grundform des Verbs, die im Satz nicht nach Person, Zahl und Zeit verändert wird: *schlafen, singen*
→ ungebeugte Verbform

Komma
Satzzeichen; das Komma wird gesetzt
– zwischen aufgezählten Wörtern: *Carolin, Daniela, Uta und Andreas fahren nach Österreich.*
– zwischen zwei Hauptsätzen: *Peter freut sich sehr, denn er hat in der Mathearbeit eine Eins bekommen.*
– zwischen Hauptsatz und Nebensatz: *Peter freut sich sehr, weil er in der Mathearbeit eine Eins bekommen hat.*

Konjugation
Veränderung (Beugung) des Verbs nach Person, Zahl und Zeit; Verben werden auf unterschiedliche Weise konjugiert:
– **regelmäßige** (schwache) Konjugation: Der Stammvokal bleibt unverändert: *rechnen, rechnete, gerechnet*
– **unregelmäßige** (starke) Konjugation: im Präteritum und manchmal auch im Partizip II verändert sich der Stammvokal: *s**i**ngen, s**a**ng, ges**u**ngen*
→ gebeugte Verbform

Konsonant
Konsonanten sind
– die Mitlaute, wie man sie spricht:
[b], [d], [f], [m], [r], [t] ...;
– die Buchstaben, die man für diese Laute schreibt:
b, d, f, m, r, t ...
Beim Sprechen der Konsonanten klingen die Mundwerkzeuge (Lippen, Zunge, Zäpfchen ...) mit.
Gegensatz : Vokal

Leitformen des Verbs
Infinitiv, Präteritum, Partizip II; an diesen Leitformen kann man sich den Unter-schied in der Konjugation von Verben deutlich machen.
→ Konjugation

Maskulinum
grammatisches Geschlecht (männlich): *der Berg, der Tanz.*
→ grammatisches Geschlecht

Nebensatz
Satz, der nicht allein stehen kann und zu verstehen ist; Nebensätze können nur in Verbindung mit Hauptsätzen vorkommen, zwischen ihnen muss immer ein Komma stehen: *Wir wollten gerade losfahren, **als Lucy kam**.*
***Ob das in dieser Zeit zu schaffen ist**, wissen wir nicht.*

Neutrum
grammatisches Geschlecht (sächlich): *das Hemd, das Schloss.*
→ grammatisches Geschlecht

Nominativ
Deklinationsform, 1. Fall, Werfall; er antwortet auf die Fragen *„wer/was?" (der Hund, die Katze, das Tier; er, sie, es)*
→ Subjekt

Oberbegriff
Wort, das aufgrund seiner Bedeutung anderen Wörtern übergeordnet ist: ***Raubtier:** Tiger, Löwe, Panter, Leopard ...*
Gegensatz: Unterbegriff

Objekt
Satzglied; Ergänzung des Prädikats durch ein Substantiv oder Pronomen.
→ Akkusativobjekt, Dativobjekt, Genitivobjekt

Partizip
ungebeugte Form des Verbs;
man unterscheidet zwei Arten von Partizipien:
– **Partizip I**: *singend, weinend*
– **Partizip II**: *gesungen, geweint*
→ ungebeugte Verbform

Perfekt
Zeitform des Verbs; das Perfekt verwendet man vor allem dann, wenn man über etwas spricht, was bereits vorbei ist:
*Am Sonntag **bin** ich nach Rostock **gefahren** und habe mir das Spiel von Hansa **angesehen**.*

Plural
Mehrzahlform von Nomen und Pronomen:
die Menschen, die Gedanken, die Mäuse; wir, ihr, sie;
Gegensatz: → Singular

Plusquamperfekt
Zeitform des Verbs; das Plusquamperfekt wird verwendet, wenn etwas in der Vergangenheit bereits passiert ist:
*Nachdem ich in Hamburg **angekommen war**, fuhr ich mit der S-Bahn zum Stadion.*

Prädikat
Satzglied; das Prädikat enthält immer ein gebeugtes Verb. Das Prädikat stimmt in der Person und Zahl mit dem Subjekt des Satzes überein. In Aussagesätzen ist es immer das zweite Satzglied: *Chris bring**t** das Buch zurück.*
*Wir bring**en** Peter nach Hause.*
Man unterscheidet
– **einteilige** Prädikate: *Er **kam** gegen 20 Uhr.*
– **zweiteilige** Prädikate: *Er **ist** gegen 20 Uhr **gekommen**.*
*Wir **haben** viel **gelacht**.*

Präfix
Wortbaustein, Vorsilbe; Präfixe können dem Wortstamm vorn angefügt werden und verändern so die Bedeutung des Wortes:
*laufen – **ent**laufen, dienen – **ver**dienen, Glück – **Un**glück*

Präsens
Zeitform des Verbs; das Präsens verwendet man vor allem dann, wenn man über etwas spricht oder schreibt, was zur selben Zeit passiert: *Da **kommt** der erste Fahrer um die Kurve, er **sieht** sich noch einmal **um**, aber keiner **folgt** ihm.*

Präteritum
Zeitform des Verbs; das Präteritum verwendet man vor allem dann, wenn man über etwas schreibt, was bereits passiert ist: *Als ich gestern über den menschenleeren Marktplatz **ging**, **hörte** ich hinter mir ein Geräusch.*

Pronomen
Wortart; Pronomen können Substantive im Text ersetzen oder begleiten:
– **Personalpronomen:** *Das Haus gefällt mir, weil **es** so geräumig und hell ist.*
– **Possessivpronomen:** ***Mein** Freund fährt für eine Woche nach Italien.*
– **Anredepronomen:** *Ich hoffe, dass ich **Sie** morgen sehe. Vielleicht kannst **du** auch kommen.*

Punkt
Satzschlusszeichen; als Lesehilfe zeigt der Punkt an, dass ein Gedanke zu Ende ist und ein neuer beginnt:
Ich werde euch morgen besuchen. Dann erzähle ich euch von meinem Berlin-Besuch.

Rechtschreibstrategie
Möglichkeit zur Ermittlung der richtigen Wortschreibung;
- Strategie Langform bilden: *sie schwi**mmt** – schwi**mm**en, er fä**ll**t – fa**ll**en; Ber**g** – Ber**g**e, Wal**d** – Wäl**d**er, Rau**b** – Räu**b**er*
- Strategie Verwandte Wortformen bilden: *Fläche – flach, Kräuter – Kraut; Erlebnis – erleben – leben – lebhaft …*

Redeteil – direkte Rede
Satz der wörtlichen Rede, der immer in Anführungszeichen steht:
„Warum muss immer ich die Tafel abwischen?“**, murrte Eddy. Eddy murrte: **„Warum muss immer ich die Tafel abwischen?“

Satz
Ein Satz beinhaltet zumeist einen Gedanken. Er weist fast immer ein Subjekt und ein Prädikat und eine eigene Betonung auf: *Die Ferien sind zu Ende gegangen. Heute Morgen waren wir das letzte Mal am Strand.*
→ Subjekt, Prädikat

Satzart
Bezeichnung von Sätzen, mit denen man eine bestimmte Absicht zum Ausdruck bringt.
→ Aufforderungssatz, Aussagesatz, Fragesatz

Satzgefüge
Verbindung von Haupt- und Nebensatz: *Paul rannte wie ein Wilder, weil er pünktlich in der Schule sein wollte.*
Zwischen einem Haupt- und einem Nebensatz ist stets ein Komma zu setzen.
→ Hauptsatz, Nebensatz

Satzglied
Teile von Sätzen, die eng zusammengehören und die man gemeinsam umstellen kann: *Am Wochenende/besuchen/alle Schüler unserer Klasse/das Motorradmuseum. – Das Motorradmuseum/besuchen/alle Schüler/am Wochenende.*
→ Adverbial, → Objekt, → Prädikat, → Subjekt

Satzverbindung
Verbindung von zwei Hauptsätzen:
Paul rannte wie ein Wilder, er wollte pünktlich in der Schule sein.
Paul rannte wie ein Wilder, denn er wollte pünktlich in der Schule sein.
→ Hauptsatz

Silbe
Einheit, die sie sich beim langsamen Sprechen eines Wortes ergibt: *Wes-pe, lau-fen, Un-ord-nung, Mi-ra-co-li.*
→ geschlossene Silbe, offene Silbe

Singular
Einzahlform von Nomen und Pronomen:
der Baum, die Hand, das Spiel; ich, du, er, sie, es.
Gegensatz: → Plural

Steigerung
Formen des Adjektivs, die Gleichheit oder Verschiedenheit von Eigenschaften zum Ausdruck bringen:
- **Grundstufe** (Positiv): *Der Stern leuchtet **hell**.*
- **Mehrstufe** (Komparativ): *Der Stern leuchtet **heller**.*
- **Meiststufe** (Superlativ): *Jener Stern leuchtet am **hellsten**.*

Subjekt
Satzglied; Subjekte bezeichnen Personen, Gegenstände, Sachverhalte, über die im Satz etwas ausgesagt wird: ***Hans** (wer?) winkt uns zu. **Das Auto** (was?) wurde stark beschädigt.*

Substantiv
Wortart, auch Nomen; Substantive bezeichnen Lebewesen, Gegenstände, Gedanken, Gefühle und Zustände.
Sie werden immer großgeschrieben:
das Tier, der Topf, die Hoffnung, das Grün
Auch Wörter anderer Wortarten können zu Nomen werden:
*etwas **Neues**, das **Grün**, das **Laufen**, beim **Schreiben***

Suffix
Wortbaustein, Nachsilbe; Suffixe können dem Wortstamm hinten angefügt werden:
*Schwäch**ling**, räuber**isch**, freund**lich**, buchstab**ieren**.*
Die Suffixe bestimmen die Wortart des neuen Wortes.

Umlaut
die Vokale *[a], [o], [u],[au]* können in anderen Wortformen umgelautet als *[ä], [ö], [ü], [äu]* vorkommen:
Hand – Hände, Rose – Röschen, tot – töten, Baum – Bäume.

Umstellprobe
Eine Probe, mit der man Satzglieder ermitteln kann:
***Das Spiel** musste wegen des starken Gewitters vom Schiedsrichter abgebrochen werden. **Vom Schiedsrichter** musste das Spiel wegen des starken Gewitters abgebrochen werden. **Wegen des starken Gewitters** musste das Spiel vom Schiedsrichter abgebrochen werden.*
→ Satzglied

Unterbegriff
Wort, das aufgrund seiner Bedeutung einem anderen Wort untergeordnet ist: *Stuhl, Tisch, Schrank, Regal: Möbel*
Gegensatz: → Oberbegriff

Verb
Wortart; Verben geben an, was genau geschieht bzw. was getan wird: *Lena* ***schreibt****. Der Zug* ***kommt*** *schon wieder zu spät.*

Vokal
Vokale sind
- die Selbstlaute, wie man sie spricht: *[a], [e], [i], [o], [u]; [ä], [ö], [ü],*
- die Buchstaben, die man dafür schreibt: *a, e, i, o, u, ä, ö, ü.* Auch die Zwielaute *au, äu, eu, ai, ei* gehören zu den Vokalen. → Zwielaut

Wortart
Einteilung der Wörter nach grammatischen Merkmalen und nach der Bedeutung;
→ Nomen, → Verb, → Adjektiv, → Pronomen, → Artikel

Wortbaustein
Teil von Wörtern, der eine Bedeutung hat;
→ Wortstamm, → Präfix, → Suffix

Wortfamilie
Gruppierung von Wörtern nach ihrer Wortverwandtschaft:
Spiel, spielen, Spieler, abspielen, bespielbar …

Wortfeld
Gruppierung von Wörtern nach ihrer Bedeutungsähnlichkeit:
langsam, gemächlich, bedächtig, schwerfällig, sacht, gemütlich …

Wortstamm
Wortbaustein; der Wortstamm ist der wichtigste Teil eines Wortes: *un-be-spiel-bar.* Er ist der Kern für die Bildung neuer Wörter, indem ihm Präfixe oder Suffixe oder andere Wortstämme angefügt werden:
Tisch – ***Tisch****ler – Ess****tisch*** *– auf****tischen***

Zeitform
Verbform, mit der man ein Geschehen als gegenwärtig, vergangen und zukünftig darstellen kann.
→ Präsens, → Perfekt, → Präteritum, → Plusquamperfekt, → Futur

zusammengesetzte Wörter
durch das Zusammensetzen von zwei oder mehreren selbstständigen Wörtern entstehen viele neue Wörter:
Wasserwerk, Badewasser, Wassertopf, Wasserhahn, Trinkwasser, Wasserleitung
→ Fugenelement

Zwielaut
Die Zwielaute (Doppellaute) gehören zu den Vokalen. Sie sind eine Verbindung von zwei Vokalen:
[a-u: au], [a-i: ai], [o-i: oi]. Geschrieben werden sie als *au, ai, ei, äu, eu:* ***Mau****s,* ***Mai****, l****ei****se, H****äu****te, h****eu****te.*
→ Vokal

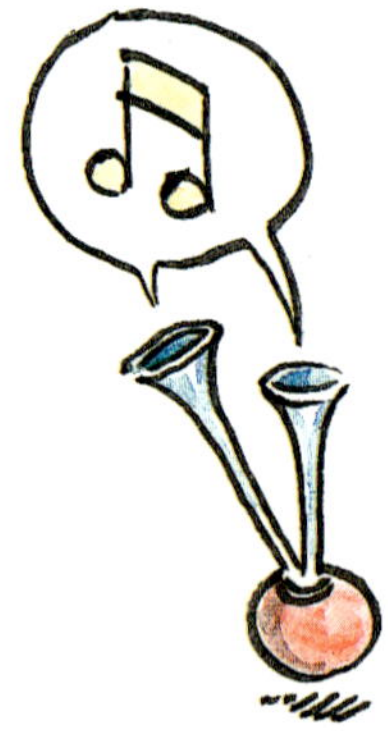

Lösungen

Seite 163: Rechtschreibtest
Ü1: 1) nähen, 2) drohen, 3) Ruhe,
4) Nähe, 5) beinahe, 6) rohe 6 Punkte
Ü2: 2) Das Dehnungs-h steht nur vor l, m, n, r:
fehlen, lahm, Stuhllehne, kehren 5 Punkte
Ü3: Strategie „Langformen bilden"
1) krumm, 2) blass, 3) er rollt,
4) er rennt, 5) der Kamm, 6) der Ball 7 Punkte
Ü4: 1) die Kälte, weil kalt,
2) der Sender, weil senden,
3) drängeln, weil Drang,
4) lässig, weil lassen,
5) der Lehrling, weil lehren,
6) träumen, weil Traum 12 Punkte
Ü5: kleingeschrieben: wandern, unternommen
großgeschrieben:
das Interessante, Erkennungszeichen: Artikel
in die Höhe, Erkennungszeichen: Artikel
beim Laufen, Erkennungszeichen: Präposition und Artikel
zwei große Blasen, Erkennungszeichen: Adjektiv
ohne großes Murren, Erkennungszeichen: Adjektiv
für mein Durchhalten, Erkennungszeichen: Pronomen
14 Punkte
Ü6: 1) Max fragte mich: „Kannst du mir bei der Mathe-Aufgabe helfen?"
(2) „Du, ich habe sie selbst nicht begriffen", antwortete ich.
(3) „Dann lass uns schnell zu Maria gehen!", rief Max.
11 Punkte

gesamt 55 Punkte

Wenn du über 50 Punkte erreicht hast, bist du schon ganz schön sicher in der Rechtschreibung.
Wenn du unter 30 Punkten geblieben bist, dann musst du noch ein bisschen üben.

Seite 189, Ü 6: Der Originaltext lautet:
In der Schlaraffenzeit, da ging ich und sah an einem kleinen Seidenfaden die Stadt Rom und den päpstlichen Palast hängen, und einen fußlosen Mann, der schneller als ein Pferd lief, und ein scharfes Schwert, das eine Brücke durchhieb. Da sah ich einen jungen Esel mit einer silbernen Nase, der hinter zwei schnellen Hasen herjagte, und eine breite Linde, auf der heiße Pfannkuchen wuchsen. Da sah ich eine alte dürre Geiß, die trug wohl hundert Fuder Schmalz an ihrem Leib und sechzig Fuder Salz. Ist das nicht genug gelogen?

Da sah ich einen Pflug ohne Ross und Rinder ackern, und ein einjähriges Kind warf vier Mühlsteine von Regensburg bis nach Trier und von Trier hinein nach Straßburg. Und ein Habicht schwamm über den Rhein: das tat er mit vollem Recht. Da hörte ich die Fische miteinander Lärm anfangen, dass es in den Himmel hinaufscholl, und süßer Honig floss wie Wasser von einem tiefen Tal auf einen hohen Berg. Das waren seltsame Geschichten.

Da waren zwei Krähen, die mähten eine Wiese. Ich sah zwei Mücken an einer Brücke bauen. Zwei Tauben zerrupften einen Wolf, aber zwei Frösche droschen miteinander Getreide aus. Da kam eine Schnecke gerannt und erschlug zwei wilde Löwen. Ein Bartscherer rasierte einer Frau ihren Bart ab, und zwei kleine Kinder hießen ihre Mutter stillschweigen.

Da sah ich zwei Wildhunde, die eine Mühle aus dem Wasser trugen, und eine alte Schindmähre stand dabei, die sprach, es sei recht. Und im Hof standen vier Rosse, die droschen Korn aus allen Kräften. Zwei Ziegen heizten den Ofen, und eine rote Kuh schob das Brot in den Ofen. Da krähte ein Huhn: „Kikeriki, das Märchen ist auserzählt, kikeriki."

Seite 223: Grammatiktest
Ü1: 1) Verb, 2) Adjektiv, 3) Substantiv,
4) Pronomen, 5) Artikel 5 Punkte
Ü2: Meine Freundin liest in der Freizeit sehr gern Pferdegeschichten.
oder: In der Freizeit liest meine Freundin sehr gern Pferdegeschichten.
oder: Sehr gern liest meine Freundin in der Freizeit Pferdegeschichten.
oder: Pferdegeschichten liest meine Freundin in der Freizeit sehr gern. 5 Punkte
Ü3: Umstellprobe; fünf Satzglieder 2 Punkte
Ü4: Vorgestern = Adverbial der Zeit
hat geschickt = Prädikat
mir = Dativobjekt
mein Bruder = Subjekt
eine E-Mail = Akkusativobjekt 10 Punkte
Ü5: 1) zusammengesetzte Wörter: Spielschluss, Schlusssatz, Satzzeichen
2) abgeleitete Wörter mit Präfix: verdienen, entkommen, belohnen
3) abgeleitete Wörter mit Suffix: fleißig, Klarheit, Wanderung 9 Punkte

gesamt 31 Punkte

Hast du 28 Punkte und mehr, bist du ein kleiner Grammatikfuchs.
Hast du weniger als 18 Punkte erreicht, dann musst du dich mehr mit Grammatik beschäftigen.

Texte

15 Die beiden Radfahrer, Wolfgang Menzel nach Johann Peter Hebel

18 Fröhlich, Roswitha, Sieben Seelen, aus: Das achte Weltwunder, hrsg. v. Hans-Joachim Gelberg, © 1979 Beltz Verlag, Weinheim und Basel, Programm Beltz & Gelberg, Weinheim

22 Krauthoff, Irmgard, Mein Liederkästchen, hrsg. v. Hans Vogel u. Andreas Unterumsberger, Volk und Wissen Verlag, Berlin 1992

31 Seiterle, Michael, Sagen, Erlenbach

33 Die Barbarossa-Sage, nach www.hoehle.de [Stand: 24. 10. 2003]

35 Rückert, Friedrich, Barbarossa, aus: Wanderatlas Kyffhäuser Bad Frankenhausen, VEB Tourist Verlag, Berlin/Leipzig 1984

36/37 Harras, der kühne Springer, nach www.burgstaedt.de [Stand: 23. 10. 2003]

38–42 Christoph Columbus, aus: Die großen Abenteurer, Wirkliche Abenteurergeschichten, nacherzählt von Richard Platt, Dorling Kindersley Verlag, Starnberg 2000, S. 20–21

44/45 Der wahre Robinson Crusoe, aus: Die großen Abenteurer, Wirkliche Abenteurergeschichten, nacherzählt von Richard Platt, Dorling Kindersley Verlag, Starnberg 2000, S. 40–41

48 Der Kartoffelbefehl, nach www.die-kartoffelkueche.de [Stand: 11. 3. 2004]

64 Fontane, Theodor, Frühling, aus: So viele Tage wie das Jahr hat. 365 Gedichte für Kinder und Kenner, hrsg. v. James Krüss, 6. Aufl., Bertelsmann Verlag, München 1989, S. 6

65 Roggendorf, Heinrich, Lebewohl, aus: So viele Tage wie das Jahr hat. 365 Gedichte für Kinder und Kenner, hrsg. v. James Krüss, 6. Aufl., Bertelsmann Verlag, München 1989, S. 24

67 Ein Volkslied, aus: Hausbuch für Feste und Bräuche, hrsg. v. Josef K. Pöllath, Südwest Verlag, München 1993, S. 97

68 Eichendorff, Joseph von, Verschneit liegt rings die ganze Welt, aus: So viele Jahre wie das Jahr hat. 365 Gedichte für Kinder und Kenner, hrsg. v. James Krüss, 6. Aufl., Bertelsmann Verlag, München 1989, S. 18

72–77 McLeish, Kenneth, Der schwarze Stier von Norroway, aus: Das Mädchen, das nicht gehen konnte, Magische Geschichten aus aller Welt, hrsg. v. Berlie Doherty, Verlag Sauerländer, Aarau/Frankfurt a. Main/Salzburg 1998

88 Tollmien, Cordula, Der Adler, aus: Die Erde ist mein Haus, 8. Jahrbuch der Kinderliteratur, hrsg. von Hans-Joachim Gelberg, © 1988, Beltz Verlag, Weinheim und Basel, Programm Beltz & Gelberg, Weinheim, S. 74

92–94 Becke, Julius, Beim Tiger, aus: Was für ein Glück, 9. Jahrbuch der Kinderliteratur, hrsg. v. Hans Joachim Gelberg, © 1993 Beltz Verlag, Weinheim und Basel, Programm Beltz & Gelberg, Weinheim, S. 177–179

96–98 Härtling, Peter, Oma, © 1991 Beltz Verlag, Weinheim und Basel, Programm Beltz & Gelberg, Weinheim, S. 63 ff.

108 Rauprich, Nina, Die sanften Riesen der Meere, 16. Aufl., © Nina Rauprich, © 1991, 2003 Deutscher Taschenbuch Verlag, München (Klappentext)

189 Das Märchen vom Schlaraffenland, aus: Die schönsten Märchen der Brüder Grimm, bearb. v. Renate Lüpke und Waltraut Villaret, Bertelsmann, Gütersloh o.J., S. 189

Alle übrigen Texte: Originalbeiträge

Abbildungen

Umschlagfoto: IFA-Bilderteam, München

10 1. von oben, Foto: Manfred Danegger, OKAPIA, Frankfurt; 2. von oben, Foto: Hans Reinhard, OKAPIA, Frankfurt; 3. von oben, Foto: Hans Reinhard, OKAPIA, Frankfurt; unten, Foto: I. van Haan, Blickwinkel, Witten

17 Foto: Klaus G. Kohn, Braunschweig

23 Screenshot Startseite „www.potsdam.de", http://www.potsdam.de

25 Stadtplanausschnitt Potsdam, Landesvermessung und Geobasisinformation Brandenburg (GB 06/04; Kartengrundlage, TSP 1:20 000)

26 Auszug aus örtlichem Telefonbuch Mittweida, Telefonbuch Sachsen GmbH

34 Wanderkarte Kyffhäuser, VEB Tourist Verlag, Berlin/Leipzig

36 Ausschnitt Wanderkarte, Wanderatlas Landkreis Mittweida, Verlag Dr. Barthel, Borsdorf

52 oben, Foto: Hans Reinhard, OKAPIA, Frankfurt; unten, Foto: J.-L. Klein & M.-L. Hubert, OKAPIA, Frankfurt

56 Foto: R. Frank, Arco Digital Images, Lünen

62 Foto: Bernd Lammel, d-foto, Berlin

64 Foto: Eric Bach, Superbild, München

65 © IFA-Bilderteam, München

68/69 Foto: Visual & Written, Superbild, München

84 Foto: Klaus G. Kohn, Braunschweig

90 Illustration, Friedrich Hechelmann – Kunsthalle im Schloss Isny

96/103 Buchcover: Härtling, Peter, Oma, 12. Ausgabe, © 1975, 1990 Beltz Verlag, Weinheim und Basel, Programm Beltz & Gelberg, Weinheim

106/107 Screenshots OPAC der Stadtbibliothek Chemnitz, www.stadtbibliothek-chemnitz.de

108 oben: Buchcover: Rauprich, Nina, Die sanften Riesen der Meere, © 2003 Nina Rauprich, © 1991, 2003 Deutscher Taschenbuch Verlag GmbH, München; unten: Illustration, Irmtraut Teltau, aus: Rauprich, Nina, Die sanften Riesen der Meere, 16. Aufl., © 2003 Nina Rauprich, © 1991, 2003 Deutscher Taschenbuch Verlag, München, S. 19

111 Foto: Julia Cumes, AP, Frankfurt/Main

112 Unser Wortschatz, Westermann Schulbuchverlag, Braunschweig, 1997

116 Westermann Kartographie/Technisch Graphische Abteilung, Braunschweig

118 Kartenausschnitt Schwarzatal, VEB Bibliographisches Institut Leipzig, Liz. Nr. K2

121 Westermann Kartographie/Technisch Graphische Abteilung, Braunschweig

158 Foto: Udo Kröner, allover, Kleve

159–161 Illustration aus: Die große Überfahrt, Egmont Ehapa Verlag, Stuttgart 1992, © Les éditions Albert René/Goscinny-Uderzo, © 2003 Goscinny-Uderzo

224/225 Foto: NAS, Tim Davis, OKAPIA, München